学校教育理论的创新与实践丛书　靳玉乐　总主编

2013年度国家社科基金教育学青年项目“大学青年教师教学学术发展机制研究”
（批准号：CIA130181）

大学教师教学学术发展研究

DAXUE JIAOSHI JIAOXUE XUESHU FAZHAN YANJIU

李小红　著

西南师范大学出版社
国家一级出版社　全国百佳图书出版单位

图书在版编目(CIP)数据

大学教师教学学术发展研究 / 李小红著. — 重庆 :
西南师范大学出版社，2019.10
(学校教育理论的创新与实践丛书)
ISBN 978-7-5621-9557-3

Ⅰ. ①大… Ⅱ. ①李… Ⅲ. ①高等学校—教师—学术研究—中国 Ⅳ. ①G644

中国版本图书馆 CIP 数据核字(2019)第 202252 号

大学教师教学学术发展研究

李小红 著

责任编辑:黄丽玉
责任校对:胡君梅
封面设计:熊艳红
排　　版:王　兴
出版发行:西南师范大学出版社
网址:http://www.xscbs.com
地址:重庆市北碚区天生路 2 号
市场营销部电话:023-68868624
邮编:400715
印　　刷:重庆市国丰印务有限责任公司
幅面尺寸:170 mm×240 mm
印　　张:15.125
字　　数:285 千字
版　　次:2019 年 10 月　第 1 版
印　　次:2019 年 10 月　第 1 次印刷
书　　号:ISBN 978-7-5621-9557-3

定　　价:45.00 元

前　言

提高教学质量、培养人才是世界各国高校共同的价值追求和社会责任。当前，我国高等教育改革发展的重点是提高教学质量。如何通过提高教师的教学能力特别是教学学术水平以保障教学质量，是我国高等教育领域一个重要的理论与实践问题。基于此，本书着力于探讨我国大学教师的教学学术发展问题。

本书宏观上明晰了教学学术理论框架。研究者主要梳理了教学学术兴起的历史渊源，阐明了教学学术的价值诉求，剖析了教学学术的理论内涵和基本特征，阐释了教学学术的评价标准和大学教师教学学术发展的理论意涵。通过分析，逐渐厘清了我们四方面的认识：其一，教学学术既是一种教学水平，又是一种学术类型。作为教学水平，它意味着大学教师具有深厚的学科专业知识、教学内容和教育学知识。教师在教学中不断探究反思，与学生互动，使教学相长。作为学术类型，它意味着大学教师具有研究者的素质，掌握本科专业的学术前沿动态，具备专业精神，能运用学术尺度评价教学。其二，教学学术不仅强调教师个体从事教学研究的重要性，更强调"教学共同体(Teaching community)"或者"共同财富(Common property)"的重要性。大学教师的教学应该公开化，能够被教学共同体成员评价以便改进，应该在学者共同体中进行交流和共享，为其他同行的教学提供借鉴。其三，教学学术不仅是一次学术性的教学或者一项研究，更是一个系统的工程，它涉及教师个人、教师群体、学校组织制度之间的相互协调。其四，大学教师教学学术的发展主要是大学教师教学学术的知识生成、大学教师教学学术的研究反思、大学教师教学学术的表达交流和大学教师教学学术制度保障四方面的发展。

本书微观上选择质化个案研究，主要以观察法和访谈法作为具体的研究方法，调查了我国某省(自治区)研究型大学教师教学学术发展的现状。通过调查，笔者得出了如下结果：

其一，教学内容是大学教师教学学术的核心知识，大学教师通过公共教学知识学习、自身的教学实践与反思以及课堂教学研究三个途径学习和建构特定的教学内容。三者之中，教师自身的教学实践与反思是教学内容的主要来源。

其二，大学教师的研究反思主要分为对课堂教学的研究和对教学反思的转化两类。在课堂教学研究方面，大学教师的教学研究主要来源于外部支持的教学改革项目，且以随机性研究居多，系统性研究较少。在教学反思转化方面，大学教师的经验性反思居多，批判性反思较少。

其三，大学教师教学学术的表达与交流指大学教师课堂教学的技艺展现、课堂教学的公开与评价、教学研究成果的表达与共享。高校教师中的"个人主义"文化影响着大学教师课堂教学的公开与评价，教师们之间自主合作交流进行听课、评课的文化氛围还没有形成。大学教师没有撰写教学总结、发表教学论文的主动性，主要是为了评职称而撰写、发表教学论文。大学教师在相关项目的资金支持下共享教学资源，进行教学研究。外部的政策激励在促使大学教师教学学术的表达交流方面作用显著。

其四，大学教师教学学术的制度保障涉及教学学术的组织机构保障、文本规范保障、交流平台保障。大学教师教学发展中心是教学学术发展的组织机构保障，高校教师岗前培训制度和新入职教师导师制度是教师教学学术发展的文本规范保障，教学研讨会和各类公开课是教学学术的交流平台保障。适应教师的需要，落实组织机构保障措施、改革文本规范、加强交流平台保障、促进大学教师教学学术的可持续发展，是大学教师教学学术机构制度保障需要改进之处。

基于上述研究结论，本书从观念、理论和制度三方面分析了大学教师教学学术发展动力欠缺的原因。首先，在教师观念方面，在大学教学回报的期待落差、教学研究的责任推诿、教学经验的意义迷茫的影响下，大学教师研究教学的动力被削弱。其次，在理论方面，大学教学理论创新不足，非师范背景的教师教学理论基础薄弱，教学研究方向不明，教学研究方法欠缺；大学教学学术自身理论不成熟、大学教学学术的内涵和评价标准不清晰、大学教学学术实施方法体系的不健全，阻碍了教学学术的发展。再次，在制度方面，大学教师教学自主性的缺乏抑制了大学教师教学创新的动力，大学学术建制中的教学卑微阻滞了其之于教师的应有回报，大学教师学术评价中的教学"低位"分散了教师研究教学的兴趣，大学教师校本培训制度的缺陷消解了促进教师教学能力提高的外部力量。

结合教学学术的分析框架，借鉴其他国家研究型大学发展教学学术的经验，研究者提出了大学教师教学学术发展的路径选择建议：其一，大学教师教学学术知识的生成要通过职前培养与在职培训两种途径，于"研修环"与"实践环"两种模式中进行。其二，大学教师的教学研究反思要以培养创新精神和研究能力为目标，开展本科生研究性教学；还要学习教学反思的方式方法，进行有效的教学反思；更要关注教学过程和教学行为，进行系统的课堂教学研究。其三，研究者借鉴图书情报领域"开放存取"的概念，提出了大学教师利用现代教育技术进行教学学术交流和共享的若干措施。其四，大学教师教学学术的制度化要从确立大学教师的学术责任、建立并完善大学教师教学学术发展的机构、制定大学教师教学学术发展的具体制度入手，在观念保障、规范保障和组织保障三方面进行。

本书既可以为高校硕博研究生提供相关学术研究的指导，也可以为高校青年教师如何从事教学，如何开始教学研究提供启发。

CONTENTS
目录

绪 论

一、研究缘起

大学是当今社会系统的有机组成部分，在社会进步、经济增长、文化传承、知识创新过程中发挥着越来越重要的作用。这种作用决定了它时刻都被社会各界所关注，它的办学质量更是成为全社会的关注焦点。自“二战”以来，重科研、轻教学的现象在世界研究型大学普遍存在。在这些大学，学术论文的数量和质量基本成了评价教师学术工作的唯一标准，“不出版，即解聘”的学术评价标准使得教师们将大量的精力用于科研论文的撰写与发表。这些教师对教学的投入严重不足，本科生的教学质量下滑引发了公众的不满。如何协调研究型大学教师的教学与科研，激发他们投入教学的热情，既保障本科生的教学质量，又能使教师们相信自己的教学投入能得到与科研同等的对待？这一问题，自 20 世纪 80 年代末以来，引起了美国高教界的深刻反思和热烈讨论。1990 年，美国卡耐基教学促进基金会第七任主席欧内斯特·博耶(Ernest Boyer)提出了“教学学术”的思想，他认为教学是一种重要的学术。这一思想的提出，让处在困境中的研究型大学似乎找到了解决教学与科研矛盾的“灵丹妙药”，纷纷进行实践，掀起了大学教学学术运动，以扭转大学科研、教学失衡的局面。我国高等教育历经精英化阶段、大众化阶段，进入普及阶段之后，社会公众对大学的教学质量也充满期待。面对公众期望，大学也开始从教师的教学着眼，寻觅保障教学质量的良方。21 世纪初，我国学者引入了大学教学学术的概念，希冀以此引导大学教师重视和钻研教学，提升教学服务水平，提高大学教学质量。由此，本书着眼于探讨大学教师教学学术的本然面貌和基本要素，探索促进大学教师教学学术的发展之道，为提高大学教学质量服务。

(一)高校人才培养质量问题的凸显

当前，中国高等教育正由宏观领域改革向提高人才培养质量的教学领域深入。《国家中长期教育改革和发展规划纲要(2010—2020 年)》提出，“要全面实施‘高等学校本科教学质量与教学改革工程’，加大教学投入，把教学作为教师考核的首要内容”。① 针对目前高校存在的重视科研，轻视教学，同时本科教学不受重视的现象，教育部党组原副书记杜玉波指出，“教学是高校的中心工作，本科教学处于高等教育的基础地位。为此，要继续加强‘本科教学工程’项目建设，支持精品视频公开课和精品资源共享课建设，加强教师教学发展示范中心建设”。② 由此可见，国家把高校教师的教学发展，摆在提高人才培养质量的关键位置。

(二)高校教学原生功能回归的需求

长期以来，高等教育界一直争议教学和科研的关系，可是关于教学和科研的关系的辩论并未从根本上解决大学在实践中对教学的定位问题。教学，是大学的原生功能，但教学的学术价值在世界范围内并未得到充分认同。美国的一项基金会调查表明，教师对“在我的院系中，不发表论文就难以获得终身任职”这一问题赞同比例非常高，以色列占 81%、德国占 78%、美国占 75%、澳大利亚占 64%、瑞典占 58%。③ 僵化、刻板的制度引发的是教师迫于压力而在短期间发表大量学术成果而造成的对教学的疏离。④ 久而久之，大学的教学质量将受到很大的影响，其受害者，将不仅仅是本科生，最终受损的还是国家。⑤ 为此，我们应另辟蹊径理解学术，站在学术的视角诠释教学，确立教学在大学的中心地位，使得大学的功能得到真正的发挥。大学也可能需要超越教学与科研对立的传统思维方式，思考大学教师、学者的学术工作范围。

(三)我国大学教师专业发展的内在诉求

推进教师专业化的进程，一直是国际组织和各国政府努力的目标。20 世纪 80 年代以来，美国掀起了两次教育改革浪潮，形成了教师专业化运动。改革的基本主张是：教师专业化是使教师职业成为一个专业岗位，像律师、医生等职业一样，不是任何一个具有一定学历水平的人都可以从事的，专业教师必须经过专门、系统的教师教育训练才能逐渐走向专业化发展道路。由美国掀起的教师专业化已经成为世界性的潮流，波及世界各国。在我国，伴随着新一轮基础教育课程改革的开展，中小学教

① 国家中长期教育改革和发展规划纲要(2010—2020 年)[EB/OL]. (2010—07—29) [2019—11—13]. http://old. moe. gov. cn/publicfiles/business/htmlfiles/moe/info _ list/201407/xxgk_171904. html.

② 杜玉波. 全面推动高等教育内涵式发展——在教育部党组学习贯彻党的十八大精神扩大会议上的发言[N]. 中国教育报，2012-11-24.

③ Altbach P G. *The International Academic Profession: Portraits of Fourteen Countries*[M]. Princeton: The Carnegie Foundation for The Advancement of Teaching, 1996: 25.

④ 陈伟，易芬云. 从遮蔽到去蔽：教学学术发展的制度分析[J]. 高教探索，2010(4)：73—77.

⑤ Boyer E L. *Scholarship Reconsidered: Priorities of the Professoriate*[M]. San Francisco: Jossey-Bass, 1990: 16.

师专业化运动开展得如火如荼，但大学目前还普遍缺乏教师专业发展的明确意识以及实施教师专业发展的针对性措施，更没有形成长效、稳定的运行机制，大学教师专业发展的制度化建设尚需进一步规范。① 与此同时，我国的高等教育，历经了精英高等教育、大众化高等教育阶段，正在向普及高等教育阶段发展，社会以及学生对大学提出了新的要求和期待，如何完善教程，改善教学方法，提高高等教育教学质量，成为大学的重要课题。面对变革和公众要求，大学不得不转变对教学一向轻视的态度，开始重视教学的实效和质量。提高大学教师的教育意识和教学能力，成为确保大学教学质量的关键途径。因而，大学教师的专业发展，得到了日益的重视。如何通过大学教师的专业发展，提高大学教师的教学水平，转变大学教师的学术观念，有效协调大学教师的教学、科研和社会服务的关系，最终促进大学教师的全面发展，进而推动大学教学质量的提升，是大学教师专业化运动要解决的主要问题。选择以教学学术为理论切入点分析大学教师教学发展问题，既可以使大学教师正确认识科研和教学之间的互动与共生统一关系，又可以为促进大学教师专业发展奠定良好的基础。②

二、学术的概念解析

(一)学术之本：学术的内涵释义

“学术”是一个非常灵活的词，因而对它的解释也是有许多种类，不一而足。本书首先通过英语和汉语词源学进行考察。

1. 汉语中的“学术”

在中国历史上，“学术”的意义繁多，如《史记：张仪列传第十》云：“张仪者，魏人也。始尝与苏秦俱事鬼谷先，学术、苏秦自以不及张仪。”③“学术”为治国之术。另外，其意义分别还有教化、学问、学识、观点、主张、法术本领等。从词源学的角度分析，《辞海》中关于“学术”的定义为“较为专门、有系统的学问”④认为学术是对存在物及其规律的学科化论证。关于学术的分类，明清之际的方以智将学术分为三类，一为测质之学，即自然科学；二是通几之学，即哲学；三是宰理之学，即社会政治。著名哲学史家张岱年认为：中国传统学术内容丰富，包罗宏广。清代以来，许多学者论学术，将学术分为三类：一为义理之学，即哲学；二为考据之学，即史学；三为词章之学，即文

① 程彦楠．大学青年教师专业发展实施模式探析——以上海海洋大学推进 FD 制度为例[J]．中国轻工教育，2008(4)：6．

② 袁维新．教学学术：一个大学教师专业发展的新视角[J]．高教探索，2008(1)：22—25．

③ 司马迁．史记[M]．曹金洪，主编．北京：北京燕山出版社，2010．469．

④ 辞海编辑委员会．辞海语词分册(下)[M]．上海：上海辞书出版社，1977：1207．

学。总结起来，中国传统学术包括哲学、经学、文学、史学、政治学、军事学、宗教学、艺术学和自然科学等。

2. 英语中的“学术”

在英语词典中，“学术” 常以 academic，scholarship，learning，science 来表达。

“academic”是西方“学术”一词最本源的词语，它的直接对应词为“academia”，本源于柏拉图在 akademeia（地名，位于古代雅典的外围，为纪念英雄阿家米德而命名）创建的高等学校（academy）。因此，academia 更常见的意义是指进行高等教育和研究的科学与文化群体。如果延伸开来，academia 也可以用来指“知识的累积”。“academic”的本源意义在西欧延续很久。如在 17 世纪，英国及法国的宗教学者常用学院（或学园）来表示高等教育机构，英语称呼为 academy，而法语称呼为 academe 及 academie。从这个意义上说，academic 主要与“学校的、学院的”相关联，它的意思有如下三层：首先，指大学或其他高深学问机构中，受过正规教育并在高等教育机构工作的学者所进行的非实用性、抽象的、非技术、理论性的工作；其次，指大学及相似机构中沉醉于卓越学术探求的专业资深学者；再次，指进行高等教育和研究的学术界或学府。[①]

在《牛津高阶英汉双解词典》中，scholarship 的解释为：“the serious study of an academic subject and the knowledge and methods involved.”意指“对一门学科知识和方法的认真研究”。因它来源于“scholar（学者）”，因而，“scholarship”指在大学大量出现以前以研究为职业的人的学问、学识或者学术成就。在现代社会，学术的意思更加广泛，博耶的《学术水平反思：教授工作的重点领域》（*Scholarship Reconsidered：Priorities of the Professoriate*）和格拉赛克（C. E. Glassick）的《学术评估》（*Scholarship Assessed：Eualuation of the Professoriate*）中提出了符合上述意义的阐述。如博耶认为“大学有责任与扩展学术的范围。我们需要一种新的学术范式，它应包括相互联系的四个方面：探究的学术、整合的学术、传播知识的学术以及应用知识的学术”。[②] 探究的学术意味着“探究的自由和对知识本身的追求，并以专业的方式沿着自己的调研前进，而不管它导向何处”。整合的学术强调“建立各个学科的联系……鉴别和把自己或者别人的研究综合到更大的智力模式中去……超出传统的学科界限，与其他领域中的同事进行交流，发现相关联的模式”。传播知识的学术希望“科学家不仅要发现真理，并传授给同伴，而且要进行教学活动，努力把这些最诚实、最富于智慧的新知

① 霍恩比. 牛津高阶英汉双解词典（第四版）[M]. 李北达，编译. 北京：商务印书馆，2010：1341.

② 欧内斯特 · L. 博耶. 关于美国教育改革的演讲（1979—1995）[M]. 涂艳国，方彤，译. 北京：教育科学出版社，2002：88—90.

识带给每一个希望学习这些知识的人”。[①] 应用知识的学术要求“学术水平不应当为学术而学术，而应当由为全国和全世界提供的服务来证明其价值”。

学术还可以用 learning，science 来表达，指有系统的专门学问，是对存在物及其规律的学科化论证，泛指高等教育和研究。

以上梳理的中西方文化中对“学术”定义的总结，有广义和狭义之分。广义的学术，指创造知识或以一定的专业知识为基础，进行的创造性的智力活动，及由此所表现出来的学术水平或者学术成就。这种水平和成就是通过评价的形式获得认可的，它涵盖探究的学术、整合的学术、传播知识学术和应用知识学术，狭义的学术是指在各种不同的场所进行各种不同的创造性工作，其完整性的标准是思维、交流和研究的能力[②]。无论是广义的学术还是狭义的学术，都必须有原创性，必须以适当的方式进行传播，要对学术领域产生积极的影响，或者能够促进社会的发展，使同行和公众受益。在现代社会，学术研究是一种职业，并形成了学术共同体、职业伦理和学科的专业化、学术表达的规范化。

(二)学术之魂：学术的价值追求

亚里士多德认为，学术的职志在于解释宇宙种种现象，解释的方法在于求得共理、原则、规律这一类工具。这给我们一条明证，学术意味着探究发现未知的、总结归纳已知的、突破扩展已经成形的，以便人们寻求真理，增长知识。

纽曼(John Henry Newman)明确指出“知识本身就是目的，这就是人类心智的本性”[③]。由这句话，可以衍生出学术的其他价值追求。

(1)追求知识充实自我，同时了解自己生存的世界，是学术价值的根本体现。学术的本义，即为在学园或者大学里追求非实用的、高深抽象的知识，以满足当时人们的“闲逸好奇”的精神追求。诚如维布伦(T. Veblen)所说：“探讨深奥的实际知识是学术事业不证自明的目的，与它可能对上帝的荣誉和人类的利益所产生的任何影响都毫不相关。”[④]

(2)为人类社会的发展服务，是学术价值的原本体现。通过梳理中外学术思想发展的历史，我们可以发现，随着学术外延的扩展和丰富，非实用性、高深知识也是学

---

① 欧内斯特·L. 博耶. 学术水平反思——教授工作的重点[A]. 国家教育发展研究中心. 发达国家教育改革的动向和趋势(第五集)[C]. 北京：人民教育出版社，1994. 22—32.

② Boyer E L. *Scholarship Reconsidered: Priorities of the Professoriate*[M]. San Franciso: Jossey-Bass，1990：15.

③ 约翰·亨利·纽曼. 大学的理想[M]. 徐辉，顾建新，何曙荼，译. 杭州：浙江教育出版社，2001：23.

④ 约翰·布鲁贝克. 高等教育哲学[M]. 王承绪，等，译. 杭州：浙江教育出版社，2011：14.

术，它们与人类的社会生活紧密联系。政治、经济、社会等经世之学是学术，制造某种工具的原理方法用于实际生活也是学术，这些为人类社会进步的知识更新和科技创新都是学术。基于这一点，博耶对学术寄予的厚望正是明证，他说“学术工作应符合更大、更人道的目的，学术的价值不是取决于学术自身的名词术语，而是取决于它对国家和世界的服务”①。

(三)学术之髓：学术的核心构成

在亚里士多德那里，学术除理论知识(学术)外，还应包括实用和制造两类学术。他认为，理论知识(学术)起源于惊疑(好奇心)，内容包括了概念，功用在于揭示为何(why)，目的在于形成真理。② 实用的学术指导人们社会生活领域，如政治、经济、伦理等，它们是经世之学。制造的学术，建筑、医学、体育、音乐、雕塑等各种技艺。至此我们可以理解，亚里士多德所称的“制造的学术”是指技艺即创造事物的学术。梁启超把学归于观察事物而发明其真理，将学术理解为取所发明之真理而致诸用。蔡元培先生则认为：“学与术可分为两个词，学为学理，术为应用。各国大学中所有科目，如工商、医学，非但研究学理，并且讲求实用，都是术。纯粹的科学和哲学，就是学，学必借术以应用，术必借学为基本，两者并进始可。”③蔡先生还指出，学以学理、求真为旨趣，术以应用、求实为目标。

从上述三位大师的观点中，我们可以略加总结，学术是人类对社会及自然界进行理性认识的结晶，是对真理的把握与应用。学重以理，术重应用。

学术有两个不同的层面意义：第一个层面是“学”，第二个层面是“术”。“学”的层面代表科学，要解决“是什么”和“为什么”的问题；“术”代表技术，要解决“怎么样”“怎么做”的问题。学术必然要与知识相联系，从认识论方面讲，科学属于认识范畴，其目的是认识物质世界，其活动程序是从理论到实践。科学成果是一种知识形态，具体表现为概念、原理、假说、理论等。技术始于实现范畴，其主要目的在于改造世界，技术成果是一定的物质形态，如工具、器械、设备等。④

学术既是一个名词，指专门、有系统的学问；也是一个动词，指学术主体联系专门和系统的学问所从事的各种正当活动，尤其指某一学科或某一科技工作领域围绕知识创新，特别是理论创新所进行的科学上的行为。如果我们把这种正当活动称为学

① 欧内斯特·L.博耶.关于美国教育改革的演讲(1979—1995)[M].涂艳国，方彤，译.北京：教育科学出版社，2002：88—90.

② 严群.亚里士多德及其思想[M].北京：商务印书馆，2011：35.

③ 王恩华.大学学术失范与学术规范[M].长沙：湖南师范大学出版社，2010：8.

④ 王恩华.学术越轨批判[M].长沙：湖南师范大学出版社，2005：24.

术活动，就包括科学实验、撰写学术论文与学术著作、授予学位，召开或出席各种学术会议，考察访问，举办或参观同行的实验室和科技展览，举办学术报告会、讨论会，学者之间就科研工作所进行的联系和对话（包括互访、交换信件及非正式出版的预印本和手稿），论文、著作的发表，成果的评定，等等。

从学术的定义和学术发展的历史可知，虽然“学术”具有很强的时空性特点，但整理综合，还是能发现学术的基本构成。也就是说，学术包含以下三方面的成分：学术的内容（系统专门的高深知识），学术的形式（研究、传播、应用），学术的保障（如图1）。

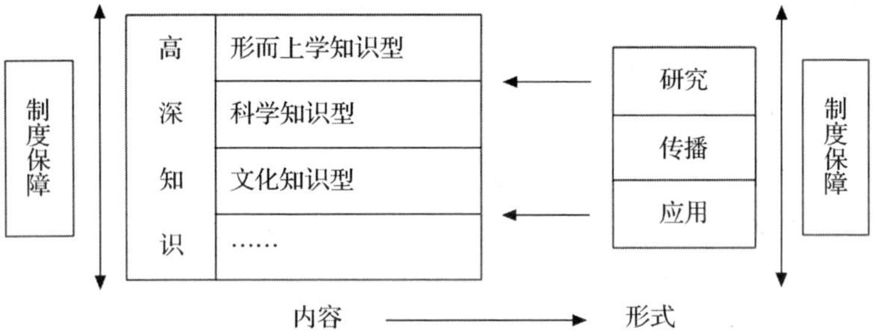

图1　学术的构成要素

1. 学术的内容：系统专门的知识

知识作为人类认识的成果或结晶，具有不同的分类方法，依照反映对象的深刻性，可分为生活常识和科学知识；依照反映层次的系统性，可分为经验知识和理论知识。经验知识是知识的初级形态，系统的科学理论是知识的高级形态。[①] 从中外对学术的定义可见，学术是系统的、专门的科学理论知识，即这些知识是建立在一般性的常识之上，需要人们经过一定时间思考、探索、实践才能定论的部分。同时，这种知识应该是某个领域内具有较强的指向性的高深知识。系统性、专门性决定了对学术知识的获得必须通过接受某种程度的正规专门教育和训练。这就意味着，任何一种学术活动必然要以一定的知识作为基础和支撑，只有具备相应的专门知识，接受过一定程度的专门教育的人，才可以从事学术活动，对系统专门的知识的掌握是一个人是否能够从事学术活动的资格条件。

从总体上说，人的一切知识（才能也属于知识范畴）都是后天在社会实践中形成的，是对现实的反映。社会实践是一切知识的基础和检验知识的标准。[②] 社会实践的动态性决定了知识的动态性和学术的动态性。知识是受制于特定时代的动态性的概念。关于知识型的历史演变，我国学者石中英教授认为，从古至今，人类的知识先

① 余源培，等. 哲学辞典[M]. 上海：上海辞书出版社，2009：23.

② 余源培，等. 哲学辞典[M]. 上海：上海辞书出版社，2009：23.

后经历了神话知识型、形而上学知识型、科学知识型和文化知识型四个阶段。与此相对应,系统专门的知识也相应经历了四个形态的转变,并会因知识型未来的转变而继续变化,知识、学术也因此具有动态性。这在学术的历史发展中已经明证。

2.学术的研究:知识发现的基本方式

从整体上说,学术的形式主要体现为对系统而专门知识的研究、传播和应用。其中,研究是学术各种形式中最核心、最能体现学术特性的一种学术形式。正是基于一定的研究,学术才实现了其对于知识的生成,使学术得以获得持续发展的生命力。最明显的例证,乃是指某一学科或某一科技工作领域围绕知识创新所进行的科学上的行为,包括诸如做实验、撰写学术论文与学术著作的科学研究。亚里士多德认为,从整个知识程序方面来说,包含了知觉、记忆、经验、学术和最普遍的原理五个次序和层级,在这五个次序中,"学术的职志在于解释宇宙种种现象,解释的方法在于求得共理、原则、规律这一类工具"[①]。此种"解释和求得共理",也即吾辈的"研究"。关于研究,就其程序而言,研究体现为反思、研究和研究结果的生成三个环节;就其类别而言,研究有基础研究和应用研究之别。研究的程序也是学术的程序,研究的类别也即学术的类别。

3.学术的交流:知识传播的主要途径

知识(精神的东西)必须借助于一定的形式,即某种可以交流的形式,才能传递给下一代,成为人类共同的精神财富。由此可见,学术的职责不仅在于发现、实践和探索,更在于将那些已经发现的专门系统的知识,以一定的形式交流和共享,使之得到更多人的评判和认可。这种交流和传播的形式,既包括学者们召开或出席各种学术会议,参观考察访问,举办学术研讨会,也包括学者之间就科研工作所进行的联系和对话、信件手稿、论文、著作和成果的评定等。

4.学术的保障:知识生成的制度系统

学术活动是追求真理的活动。对真理的追求与探索,必须具有一定的保障系统。学术的保障系统主要包括对学术自主的制度保障和对学术研究交流的平台环境保障。

关于学术自由,历史上许多著名哲学家有过精辟论述。1895年,约翰·穆勒出版《论自由》(*On Liberty*)一书,反对对言论自由和思想自由的限制,认为这与人类追求知识的永久利益相违背。他认为,知识的探究活动必须在一个自由自在的、不受外界干扰与强制的环境中进行,否则,在思想、言论都受到禁锢的环境中的所谓学术,是

---

① 严群.亚里士多德及其思想[M].北京:商务印书馆,2011:61.

不能达成真理的高度的，也不会有真正的创造。①

通过这一点，我们就会认识到，确定学术自主的目的，是保证学术工作者不受限制地去探讨、发现、表达并教导他们在各自专业领域内传播真理。学术人员只有在享受这种自由的时候，才能忠实于他们自己的探究，不受外在诸如政治的、经济的、宗教的或认识论的因素的约束。这种不受限制性，才能实现学术的一个重要特点——创新性，因此，学术必须生存于自由的环境之中。可以说，学术自主与学术相伴而生。学术自由被西方高等教育界视为学术发展的重要保障。一部学术的发展史也可以被视为学术界对学术自由的争夺史。是否拥有一定的学术自主权，是现实中衡量一种活动是否是学术及其学术性彰显程度的重要指标之一。

学术的自主不仅是指自由的环境和较少受外在因素的干扰，还需要一种理性的自由。所谓理性的自由，意味着学术研究者一方面要理性地认识外在世界，另一方面要理解自己并自为自控。要把握外在的必然世界，必然要学习、掌握许多现实、客观的知识和规律，然后在这个基础上通过研究超越现实。而这一目的的实现，与学者们的自决、自控相关，即学者们必须有自己的判断和决断能力。总是依赖外在的必然，仅仅听从于教科书、现有规范或者其他媒体的宣传，渐失自己作为独立个体的自觉能动性与学术自由的能力，达不到对自我的突破，不会带来学术的创新。

关于学术研究的平台环境保障，则主要包括为学术研究提供足够的人力、物力、经费、时间的保障，为学术研究搭建合作的平台保障，为学术成果的公正评价研制合理的标准。

通过上述分析可以得出，学术基本上有四个要素：知识、研究、交流和保障。四者中，知识是基础，贯穿于学术始终，也是其他成分存在的前提，更是研究、交流和应用等学术形式的结果。研究是知识得以被发现、更新的基本方式。交流是学术知识扩大和传播的重要途径。制度系统是知识、研究、交流等学术元素得以进行的重要保障。

(四)学术之度：学术的衡量标准

对学术进行评价，涉及学术的核心构成及学术的知识、方法和效果等。由于学术的核心构成上文已经论述，此处笔者重点结合格拉塞克的学术评估标准，分析学术的评价标准。

格拉赛克从学术评估的角度，对学术的衡量标准进行了阐述，这集中于他的《学术评估》一书之中。这些衡量标准是：

---

① 高晓清．学术自由与学术规范[J]．现代大学教育，2003(2)：13.

①具有明确的标准。学者是否清楚地阐述了自己工作的目标？这个目标是否现实可行？学者能否找出该领域中的重要问题？

②需要充分的准备。学者是否对自己学科领域中的东西有所了解？能否运用本学科的相应技能展开研究？能否有效利用所具有的资源推动研究的进行？

③采用适当的方式。学者能否运用恰当的方法达到自己的目标？能否根据情境的改变调整研究的方法和策略？

④产生显著的效果。学者是否达到了目标，产生了相应的效果？这些工作能否对自己的领域的前进有所帮助？这个工作是否开辟了一个新的研究领域？

⑤提供有效的阐述报告。学者能否运用合适的方式组织和呈现自己的研究成果？能否借助合适的交流工具和方法介绍自己的成果？

⑥要经得起反思性的评议。学者自己是否对自己所做的工作进行了批判性评价，使得自己的研究能站得住脚？这些评价和结果是否有利于学者日后研究工作的提升？[①]

综合学者的观点和前述学术的核心构成分析可知，学术的标准主要体现在理论层面和实践层面。理论层面，成为学术的标准在于学术的基本特性。一种活动只要具备了高深性、复杂性、专业性、研究性等学术的基本特性，它就是一种学术。实践层面，学术主体在实践中对知识的掌握、进行知识的研究和交流的频率以及对研究和交流自主权拥有的程度，是一种活动是否成为学术的实践层面的标准，这也体现了理论层面的学术在实践中的彰显程度。理论层面的学术的彰显程度，要通过学术主体在学术的四种维度中相应行为的频度、程度得以体现。因而可以认为，理论层面的学术标准具有绝对性，而实践层面的学术标准具有相对性。

三、教学学术的历史渊源

教学学术这一术语的提出，是美国卡耐基教学促进基金会(Carnegie Foundation for the Advancement of Teaching，成立于 1906 年)第七任主席博耶在其 1990 年出版的报告《学术水平反思：教授工作的重点领域》中提出来的。这一思想的产生，一方面源于美国高等教育实践发展的必然性，另一方面来源于高等教育理论尤其是大学教学理论自身发展的结果。下文将从实践背景和理论渊源两方面分析教学学术的历史渊源。

---

① Glassick C E, Huber M T, Maeroff G I. *Scholarship Assessed: Evaluation of the Professoraite*[M]. San Francisco: Jossey-Bass, 1997: 6—9.

(一)教学学术的实践背景

教学学术概念在美国的提出,既源于高等教育界传统的教学与科研地位的争论,也源于美国高等教育界希望提高本科教学质量的诉求。

1.回应大学教学与科研之争

大学的功能,发展到19世纪,从最初的教学,扩展到了科研和社会服务。并且,从世界范围来看,功利主义的思想也影响了大学的办学,重科研、轻教学在一些研究型大学普遍存在,这导致了大学教学与科研职能的失衡。在美国,尤其是威斯康星大学成立之后,大学的科研与社会服务职能掩盖了教学作为大学安身立命的基础,教学在大学中的地位逐渐旁落到科研之后。相应地,大学教师的评价和奖励,也偏向了重科研而轻教学。与此相应,美国评价教师学术工作的标准却狭窄而单一,学术出版基本成了唯一的尺度。在一些研究型大学,甚至存在着"不出版,即解聘"的现象。作为教学机构,加强本科生教育的期望在一些大学也被鲜明地提了出来。加利福尼亚大学建议在确定授予教师终身职位时,应更多地考虑教学情况。[①]

上述的矛盾,使得大学教授长期处于各种相互竞争的义务的掣肘之中……很多教授对自己的作用感到模糊。教师评价和学校规定上的矛盾影响了他们的积极性,减弱了学校的活力,对学生产生了负面的影响[②]。面对这种矛盾,如何正确处理教学与研究的关系?如何能对教师工作的各个方面更恰当地加以评估和奖励?关于教师究竟应当如何安排其时间的讨论愈来愈多,愈来愈活跃。人们希望通过这样的讨论,能澄清大学教师对自己工作的定位,能明晰自己努力的方向,能避免人们对教学和科研二元对立的传统认识,重新认识和界定大学中的教学、科研以及学术的关系,最终使得教授工作的重点领域既同教师奖励制度,又同美国高等学校的使命结合起来。使得高校既能把学生教好,又要把所有的教师的创造性都充分发挥出来,同时使每一个学校的目标都恰当确定下来[③]。

2.提高本科生教育质量,改革教师评价方式的需要

从20世纪七八十年代以来,由于联邦和州政府减少了对教育的财政拨款,美国各高校纷纷增加了本科生的学费,美国高校的学费持续增长。[④] 公众认为,学费上

---

① 国家教育发展研究中心.发达国家教育改革的动向和趋势(第五集)[M].北京:人民教育出版社,1994:9.

② 国家教育发展研究中心.发达国家教育改革的动向和趋势(第五集)[M].北京:人民教育出版社,1994:10.

③ 国家教育发展研究中心.发达国家教育改革的动向和趋势(第五集)[M].北京:人民教育出版社,1994:10.

④ 张春蕾.浅析美国大学学费上涨新趋势[J].牡丹江教育学院学报,2013(3):82－83.

涨，教育质量应该有所提高。但遗憾的是，“二战”后到20世纪80年代，“经过几十年的实践，美国高等教育的重心发生了较大调整，重视本科生教育的传统，被欧洲大学重视科研和研究生教育的传统罩上了一层阴影”，[①]本科生教育质量持续下滑。学费的增长和教育质量的下降引起了社会对美国高等教育的不满，同时新的技术革命对劳动力的教育质量表现出了迫切需求。在社会中，进行教育改革的呼声越来越强烈。在这种背景下，美国教育部优质教育委员会1983年发布了教育报告书——《国家处于危险中：教育改革势在必行》，[②]改革的措施之一就是强化本科生教学改革、促进教师队伍建设。[③] 1984年，优质教育委员会又发布了《投身学习：发挥美国高等教育潜力》的报告，该报告的中心目标是关注美国高等教育的质量。

作为美国教育的主要推动者，美国卡耐基教学促进基金会以“去做并履行一切必要的事情，鼓励、支撑教学这一职业并给教学以相应的地位和荣誉”[④]为宗旨，促进高等教育领域将教与学工作视为基金会所有工作的中心，在促进教学进步方面做了许多工作和研究。20世纪70年代末，美国卡耐基教学促进基金会在完成了对美国宏观高等教育政策问题的研究之后，在1979年第七任主席博耶上台后，针对美国本科生教育、教学与研究的关系以及教师评价等关涉大学最根本、最重要的问题展开研究，对包括教学状况、学校改革、教师和校园生活在内的微观问题进行调查。博耶陆续做了数次演说，发表了《大学：美国大学生的就读经验》《学术水平反思：教授工作的重点领域》等报告。通过这些演说和报告，博耶首次对“学术”内涵进行了拓展，提出了四种不同类型的学术研究，将学术分为发现的学术、整合的学术、应用的学术和教学的学术，提出了教学学术的概念。教学学术概念的提出，一方面使美国高等教育界围绕大学教师学术工作的内涵进行了广泛的讨论；另一方面，推动了美国高等教育界的教学学术运动。

从上述方面分析，教学学术思想是美国高等教育界要解决现实问题促成的结果，这是其现实必然性。

(二)教学学术的理论渊源

在“教学学术”这一专门的概念出现之前，西方一些著名的教育研究者就对

---

① 国家教育发展研究中心.发达国家教育改革的动向和趋势(第五集)[M].北京：人民教育出版社，1994：21.

② 姚丽霞，洪明.美国真的处于危险中吗？——20世纪80年代以来美国教育改革主旨探析[J].福建师范大学学报(哲学社会科学版)，2006(1)：145.

③ 陈志伟.20世纪80年代美国高等教育改革启示[J].河南科技，2009(6)：37.

④ 本刊记者.宗旨：促进人类的教学进步——美国卡内基教学促进基金会主席舒尔曼访谈录[J].教育发展研究，1999(8)：66.

教学问题进行过系统而深入的研究。这些研究的成果，成为教学学术概念提出后，一些研究者研究大学教学的重要理论依据。在教学学术思想的萌芽方面，杜威(John Dewey)的探究理论、反思性思维和教学理论，舍恩(Donald A. Schon)的"实践认识论"，帕特·克罗斯(Pat Cross)和汤姆·央格罗(Tom Angelo)的课堂研究理论等是这个时期的重要成果。

1. 探究理论

探究是杜威哲学里的一个重要概念，也是其教育理论中的核心思想。秉持实用主义哲学，杜威于1938年在其著作《逻辑:探究的理论》(*Logic: Theory of Inquiry*)中提出探究认识论，希望把科学探究的方法推广到广泛的人文社会领域。杜威认为探究是反思性的有机体通过适应自然环境，以建立稳定性的基本方式。与这种生物性属性相似，科学探究活动是一种认知活动，是不确定情境向确定情境的受控制的转化，以便产生有根据的结论。[①] 杜威认为，探究活动是一种动态的认知活动，随着探究活动的不断进行，知识也在发展和修正(modification)，教育应该是经验的不断改造或者改组。[②] 这些思想对美国20世纪后半叶的教育思想产生了极为重要的影响，使得探究教学在美国高等教育教学领域内受到极大的关注，如美国20世纪60年代到80年代教育注重培养学生的创造能力和探究能力。博耶提出"教学学术"的概念论述中，也阐述了好的教师要对教学进行持续探究的思想。

2. 反思性思维和教学理论

反思性思维和教学理论是现代美国教育家杜威教育思想体系的一个重要组成部分。"如何思维"是他所论述的一个重要命题。在1933年出版的《我们怎样思维:再论反省思维与教学的关系》(*How We Think: A Restatement of the Relation of Reflective Thinking to Educative Process*)中，他主张在经验的情境中进行思维，这种思维被称为"反思性思维"，指对某个经验情境中的问题进行反复、严肃、持续不断的思考，其目的在于求得一个新情境，使困难得以解决、疑虑得以排除、问题得以解答。同时，他非常重视学生思维能力的培养，认为"思维是明智的学习方法"。在教学中，要根据特定的情境找出解决问题的办法，并根据变化的情况随时调整行动策略。这种在行动中根据变化的情境进行调整策略和方法的路径，即行动研究的形式。[③] 大学的教学和研究，应该选择反思性实践的认识论，发展反思性行动研究的新模式。这既

---

① 徐陶. 杜威的探究理论与当代认知科学研究[J]. 天津社会科学,2010(5):35—37.

② Dewey J. *Logic: The Theory of Inquiry*[M]. Carbondale and Edwardsville: Southern Illinois University Press, 1991: 59.

③ 约翰·杜威. 我们怎样思维:经验与教育[M]. 姜文闵,译. 北京:人民教育出版社,1991:46—51.

是教学研究的重要理论成果，也是教学学术的重要实践方式。

3. 实践认识论

杜威之后，美国学者舍恩认为，在新的时代，需要新的学术范式进行研究和专业教育。大学应该选择反思性实践的认识论，发展反思性行动研究的新模式，进行学术研究和教学。基于此，他提出了“反思的实践者(Reflective Practitioner)”概念。1983年，舍恩出版了《反映的实践者》(*The Reflective Practitioner*)一书，他提出了一种新的实践认识论，认为“技术实践本身具有的能力和技艺(Artistry)，是专业知识本身的出发点，尤其是实践者有时在不确定的、独特而矛盾情境下所表现出的行动中反映(在行动过程中实践者们表现出的思考)”。[①] 基于此，舍恩认为专业工作行动中的反映和探究，不仅仅是制订计划，更是执行计划和反馈执行结果的过程。正是通过这种行动中的反思过程，使新产生的实践知识得到修改完善，并整合到实践者的技能中，以便用于未来的实践中。引申到教育教学当中，在课堂教学中，教师在教学过程中面对那些不确定的情景时，所表现出来的就是教师的专业知识。

实际上，“反思性思维”和“反思的实践者”具有相同的含义。在杜威那里，探究和反思相互融合，甚至说探究本身就是反思性行动，即怀疑、解决疑问、新怀疑产生的循环过程，通过这个过程，人们解决问题，形成新知。从舍恩的角度出发，知识始于实践中(Our Knowing is in our action)，人们是在遭遇现实困惑，需要提出与以往不同的解决途径时，瞬间或者一段时间里所展现出来的技艺。这种技艺，是人们面对现象，结合自己以往经验中的各种显性或者隐性知识，所进行的“实验(Experiment)”。这种实验，一方面产生了新的知识，另一方面解决了问题，改变了情境。[②] 当人们开始实践反思时，他就是这种实践环境中的研究者，因为他并非依靠已知的方法和智慧去解决问题，而是在解决问题的过程中开发了新的策略，建构了新的理论。[③]

杜威和舍恩都认为，教学既是专业领域的工作，也是需要通过反思进行探究的专业领域，需要结合教学的实际情境(包括课堂和实践)传递知识，发展学生的才智。大学教授从事教学工作，不能仅仅依靠已知的专业知识或者技术理性，而必须面对不同的教学环境进行探究和“实验”，从而帮助学生获得发展，也发展自身关于教与学的知识，这为教学学术的现实行进提供了理论渊源。

---

① 唐纳德·A.舍恩. 培养反映的实践者[M]. 郝彩虹，等，译. 北京：教育科学出版社，2008：前言.

② Schon D A. *The Reflective Practitioner: How Professionals Think in Action*[M]. New York: Basic Books, 1983: 68.

③ Schon D A. *The Reflective Practitioner: How Professionals Think in Action*[M]. New York: Basic Books, 1983: 69.

4. 课堂研究理论

课堂研究理论是美国加州大学伯克利分校的帕特·克罗斯教授和波士顿学院的汤姆·央格罗教授所倡导的方法。他们认为,传统教育和教学研究,常常是与教育学院或者教育心理系合作,借助自然科学的方法,希望通过排除其他变量而把某类学生"理想化",得出关于学习或教学的一般性的设计原理和方法。但事实上,这种研究方式的缺陷是显而易见的,因为相同的变量放在不同的、真实的课堂教学中,"结果"会相差甚远,课堂研究必须依托于特定的场景。这种研究,在目的和设计上不同于传统的"技术性"的教育研究,而类似于"自然主义的"的探究。课堂研究倡导在真实的课堂情境中进行互动的、对话的、多焦点的、相关的、形成性的和具体的研究方式,进行师生互动的双向改进。也就是说,教师的教学需要进行课堂的调查,需要探究和分析教学的性质,需要在教学和学习的过程中应用已知的关于学生学习的知识,需要整合不同的知识来理解和应对课堂教学情境。实际的教学,不仅仅是传递知识,更重要的是改造和扩展知识。这与博耶的教学学术的分析相似。

5. 大学教学改革思想

战后美国的第四次高等教育改革焦点,转向了本科生教学改革,目的在于提高高等教育质量。响应这一改革号召,关于大学课堂教学改革的各种思想,在这个时期活跃涌现。

1984 年,约瑟夫·罗曼出版的《掌握教学技巧》(*Mastering the Teniques of Teaching*)一书提出了新的学习模式——模范教学。罗曼结合传统的结构认知观点和当代认知观点,提出了模范教学的要素、技艺、技巧和艺术,说明教学对学习的影响,阐述教师的教学情况和课程安排。① 罗曼将认知理论引入大学教学的研究中。

从 1987 年开始,玛丽埃伦·韦默(Mary Ellen Veimer)编辑关于大学教学的月刊《教学型教授》(*Teaching Professor*),出版"以学习者为中心的教学:给教学实践带来的五项关键变化",提出美国"大学教学改革须以学习者(学生)为中心"的主题,指出大学教学应从五个方面(师生在控制教学过程中的权力平衡、教学内容的多样化、教师角色的改变、学习的责任以及教学目标和评估过程)进行改革。② 此书的出版,引起了高等教育学术界研究以学生为中心,进行教学改革的热情。

1988 年,托马斯·A. 安吉洛(Thomas A. Angelo)和 K. 帕特丽夏·克罗斯(K. Patricia Cross)等人出版了《课堂评价技巧:大学教师手册》(*Classroom Assessment*

---

① 参见约瑟夫·罗曼. 掌握教学技巧[M]. 洪明,译. 杭州:浙江大学出版社,2006.

② 参见玛丽埃伦·韦默. 以学习者为中心的教学:给教学实践带来的五项关键变化 [M]. 洪岗译. 杭州:浙江大学出版社,2006.

Techniues: A Handbook for College Teachers)，强调教师对自身课堂教学的反思和评价，阐述了课堂评价的基本工具、概念以及实施方式，集中介绍了50种不同的课堂评价技巧。此书的出版，将学界的注意力引至大学教学的问题上。①

此后，戴尔蒙德的《课程与课程体系的设计和评价实用指南》(*Designing and Assessing Courses and Curricula*)一书为教师在教学中设计课程体系，以及学习发生所需要的环境结构进行重新设计，总结美国各所大学研究教学开发的教师的经验，体现出了美国高等教育的广泛性，对教学人员有效地进行建设性的教学变革，从容地进行课程设计提供了一套模式。②

芭芭拉·G.戴维斯的《教学方法手册》针对高等院校教学从制订课程计划到最后的成绩评定等环节，系统地论述了各种策略，希望在教学中达到最佳效果。③

1990年，布鲁克菲尔德(S. D. Brookfield)教授出版《大学教师的技巧——论课堂教学中的方法、信任和回应》(*The Skillful Teacher: On the Techniques, Trust and Feedback in the Classroom*)一书，对大学教师的课堂教学进行了全面而深刻的阐述，提出大学教学要按照学生的学习节奏调整教学，在教学中创造性地推动讨论、处理教学中的各种情绪，建立学生之间的互信，使用批判性回应式教学，培养学生的批判性思维。④ 此观点的提出，使得以学生为中心的教学观点，得到了更多学者的注意和认同。同时，也引起了学术界关注教学情绪的问题。

L.迪·芬克《创造有意义的学习经历：综合性大学课程设计原则》(*Creating Significant Learning Experience: An Integrated Approach to Designed College Courses*)提出了新的教学视野，即有意义学习、综合性课程设计和更好的机构支持，以帮助大学教师超越理解一记忆型学习的教学目标，将教学目标扩展到应用型学习领域，以改进常用教学方法。⑤

威尔伯特·J.麦肯齐(Wilbert J. Mckeachie)出版的《麦肯齐大学教学精要——高等院校教师的策略、研究和理论》(*Teaching Tips: Strategies, Research and Theo-*

① 参见托马斯·A.安吉洛，K·帕特丽夏·克罗斯.课堂评价技巧：大学教师手册(第2版)[M].唐艳芳，译.杭州：浙江大学出版社，2006.

② 参见戴尔蒙德.课程与课程体系的设计和评价实用指南[M].黄小苹，译.杭州：浙江大学出版社，2006.

③ 参见芭芭拉·G.戴维斯.教学方法手册[M].严慧仙，译.杭州：浙江大学出版社，2006.

④ 参见布斯蒂芬·D.鲁克菲尔德.大学教师的技巧：论课堂教学中的方法、信任和回应[M].周心红，洪宁译.杭州：浙江大学出版社，2005.

⑤ L.迪·芬克.创造有意义的学习经历：综合性大学课程设计原则[M].胡美馨，刘颖，译.杭州：浙江大学出版社，2006.

ry for College and University Teachers)一书,以相关研究和理论的论述为支撑,详细阐述了所有大学教师必须具备的基本技能,例如让学生参与教学;对学生的学习进行评价,确定评分等级;认识和尊重学生存在的差异,并在教学中适应这种差异;教学的技能与策略;教师的继续发展;等。对指导大学教师进行有效的教学,适应特定时期、特定班级的教育需求,形成他或她自己的教学方法,具有操作性的指导意义。①

在美国高等教育第四次改革的背景下,各种关于教学改革的讨论和尝试此起彼伏,既表现出美国高等教育界对教学工作的高度重视和深化教学改革的持续努力,也为教学学术框架的形成提供了理论素材。

6. 其他人的思想

1929 年,赫钦斯(Robert Maynard Hutchings)在就任芝加哥大学校长的演说中提出,研究型大学所培养的大部分研究生,不仅应该从事研究工作,而且要承担教学工作。研究生的培养制度,不仅仅要培养研究生和博士生的研究能力,而且要培养他们教学的能力。这种能力的培养,不能通过让他们参与导师的研究课题获得,而应该设法帮助他们参与观摩本科生的课堂教学,参与本科教学改革实践。他强调大学教师应该积极对本科教学进行实验性改革。这也成为教学学术这一概念提出的思想来源之一。派力诺等人(Pellino, Blackbum, and Boberg,1984)认为,教学过程具有学术特性,因而提出了"教育学术"(Scholarship of Pedagogy)的概念。布莱克斯顿等人(Braxton, Toomb S,1982)认为教学活动及其成果(如课程内容)是学术的一种形式,即教学的成果是学术。

上述思想和方法,既为教学学术概念的提出提供了理论基础,也为教学学术的实践推进提供了操作方法的指导。

(三)教学学术的价值诉求

价值是一个哲学概念,主要表达人类生活中一种主客体关系,即客体的存在、属性和变化对主体人的意义。价值因主体不同而表现出个体性、历史性和多元化等特点②,也就是说,在不同的时代,大学具有不同的教学和学术价值取向,通过上述教学学术的实践与理论背景、理论内涵的分析,对教学学术的价值诉求分析如下:

1. 培育理智,使大学教学保持教育的责任

把教学作为大学最重要的学术,意味着对教学在大学中的价值和地位的认可。西方社会从精英型高等教育走向大众型高等教育的过程中,伴随大学社会角色的多

① 参见威尔伯特·麦肯齐.麦肯齐大学教学精要——高等院校教师的策略、研究和理论[M].杭州:浙江大学出版社,2005.

② 李德顺.价值论:一种主体性的研究(第 3 版)[M].北京:中国人民大学出版社,2013:52.

样化和科技知识对社会影响的加深，大学的科学研究功能被无限放大和重视，大学教师将过多精力用于科学研究。在这种情况下，大学教师对本科生教学的投入，无论从时间还是精力方面都不尽如人意，高等教育质量下降的问题成为普遍的问题。美国高等教育界从20世纪80年代开始，对大学本科生教育、大学本科生的课程设置和校园生活质量高度关注，发布教育报告书《国家处于危险中：教育改革势在必行》，发起美国战后第四次教育改革浪潮。教学学术概念，也正是在这样的背景下被提出的。由此分析，教学学术的价值诉求在于：呼吁大学教师像重视研究一样重视大学教学，让大学真正担负起培养人的固有责任，提高教学质量；希望大学教师能如博耶所描述的那样："能在每个孩子上学的第一天，对学生说'大家好！今天，我们将学会阅读。'"[①]牢记自己的特殊责任，给予学生精神的食粮和前进的希望；呼唤教师改变陈旧的观念，将教学作为终生的志业，认真钻研，通过优秀的教学，点燃学生求知的火炬。总体上，通过这种努力，一方面为教育改革奠定基础，将教学的价值提升到学术的层次；另一方面，重新树立大学教师的权威地位，重视对课堂教学艺术性和创新性的探索。

2.培养学者，唤起大学教师探究大学教学的热情

教学被视为学术，它便如亚里士多德所言，成为"最高形式的理解"，"既教育同时也培养未来的学者"，[②]能激发大学教师像探究其他学术一样探究教学的热情，养成如其他学术一样认真、严谨的态度。换言之，教学成为学术，大学教师就要像科研那样对教学进行科学的、创造性的探究。探究的精神和研究的丰富成果，使得大学教师成为研究教学的专家学者。大学教学是一项高度复杂的工作，仅凭良好的意愿和勤奋的工作不一定能够成为一名优秀的大学教师。在高等教育大扩张时期，随着大量的新人进入高等院校教师队伍从事教学工作，提高大学教师的教学水平、教改意识、教学技能的任务已经迫在眉睫。大学教师的教学意识、态度、知识和技能的提高，需要包括大学教师在内的很多人的共同努力和探究。因而，教学学术的价值诉求是：倡导大学教师和研究人员一方面重视自己的教学，提高教学的学术性水平和艺术性；另一方面要研究大学教学，使这些研究的成果可以像传统的学术论文一样成为可以传递、共享的财富，帮助其他的教学人员提高教学的有效性，促进教学的不断发展，从而使得人类的知识不断地、更加有效地传递下去，不会被削弱。

---

① Moser D. To Lift the Leaden－Eyed: The Historical Roots of Ernest L. Boyer's Scholarship Reconsidered[J]. *American Educational History Journal*, *2014*, *41*(2): 337－356.

② Boyer E L. *Scholarship Reconsidered*: *Priorities of the Professoriate*[M]. SanFrancisco: Jossey-Bass, 1990: 23.

3. 发挥具有教学专长的教师的潜能

如果大学自豪于它的特色化和多样性，它就必须承认教师多种多样的才能。即，在大学里，“教师队伍的多种多样的才能应当予以庆祝，而不应当进行限制，只有每一位教授的特长得到肯定，其学术水平的潜力才能全面实现”，大学的多样性才有人去发挥。因此，“大学不仅要支持和奖励那些在研究工作中表现特殊才能的学者，而且要支持和奖励那些特别适应教学工作的人”。① 由此观之，教学学术的价值诉求在于：希望那些特别适合教学的教师，能得到如同科研方面有贡献的教师一样的肯定、支持和奖励，使他们的才能得到肯定和发扬，能够潜心钻研教学，为美国的高等教育和国家的强大带来新的活力。

四、教学学术的理论意蕴

博耶在其著名报告《学术水平反思：教授工作的重点领域》中提出了四种学术，即发现的学术、整合的学术、应用的学术、教学的学术。在博耶那里，发现的学术是“研究”内涵的首要水平。发现是学术最高的宗旨和追求，对知识本身的探究和追求是学术本身的职责和使命。在学术界，发现知识既非偶然顿悟，也非生活常识的总结，更非道听途说，而是以持续的、专业的方式沿着自己的研究道路前进。这种研究和发现是高等教育的重心和各学科学术活动的核心。综合的学术水平就是建立各个学科之间的联系，对各种孤立的现象加以解释，把专门知识放到更大的背景中去考察，并在阐述数据时有所发现。同时，把自己和别人的研究综合到更复杂的智力模式中去，进而总结、提出新见解去影响基础研究。运用的学术水平是大学的学者们运用自己的专业知识进行专业性的社会服务，使知识发现与知识运用有机地相互促进，相互更新，从而在理论和实践之间架起连通的桥梁，服务并促进知识和社会的发展。教学的学术水平指传播知识的水平。博耶指出，作为大学的学者，“他们不仅要发现真理，并传授给同伴，而且，他们要进行教学活动，要努力把这些最诚实、最富于智慧的新知识带给每一位希望学习这些知识的人……以便使人类知识的传承不被中断”。②

博耶还认为，“事实上知识是通过研究、综合、实践和教学取得的，所以四种学术活动有机结合，形成一个相互依赖的整体”③。“大学教师的工作也是有机统一的整

① Boyer E L. *Scholarship Reconsidered: Priorities of the Professoriate*[M]. SanFrancisco: Jossey-Bass, 1990: 27.

② Boyer E L. *Scholarship Reconsidered: Priorities of the Professoriate*[M]. San Francisco: Jossey-Bass, 1990: 23－24.

③ Boyer E L. *Scholarship Reconsidered: Priorities of the Professoriate*[M]. SanFrancisco: Jossey-Bass, 1990: 20.

体，但学术界越来越狭窄的评价标准，遮蔽了大学教师其他的学术价值。”①“因此，只有通过这样的分类，才能使得大学教师工作的多样性得到充分的、合理的认可，也才能使大学教师对自己职业生涯中的多样性工作保持同样的积极性和热情，更能使大学教师不同的工作体现应有的价值。”②

“教学学术”概念的提出，引发了美国高等教育界强烈的反响。究竟教学何以成为学术？教学学术的内涵具体指什么？本部分将进行详细分析。

(一)教学成为学术的分析

学术的理论标准在于复杂性、专业性、研究性。依此标准，笔者将从学术的理论标准分析，探寻教学成为学术的可能性。

1.大学教学的复杂性：教学是一种非常复杂的工程

其一，大学教学对象的身体、心理、需求、文化、价值观等方面具有多样性、变化性、多元性和复杂性。

其二，大学教学过程具有复杂性。大学教学情境是易变的，教学过程中随时随处都有可能出现不确定的情况，需要教师做出及时的、机智的应对。

其三，大学教学需要复杂的教学知识。一般地，大学教师的教学知识分为两类，即“理论性知识”和“实践性知识”。理论性知识通常指教师在职前培养阶段或者在职培训中，通过阅读和听讲座获得的，包括自己的学科内容、学科教学法、教育学、心理学和一般文化等原理类知识。实践性知识是指教师在教育教学实践中，实际使用和表现出来的知识(显性的和隐性的)。两类知识中，“理论性知识”既包括教师自己复杂的学科专业知识，还包括不断更新、日益负载的教育学、心理学知识，更包括庞杂的一般文化知识。“实践性知识”是教师内心真正信奉的、内隐的、在日常工作中有意识无意识“实际使用的理论”。这些知识，包括了教师的教育信念、教师的自我知识、教师的人际知识、教师的情境知识、教师的策略知识。它们基于教师的个人经验和个性特征，镶嵌在教师日常的教育教学情境和行动中，具有隐蔽性、非系统性、缄默性，因而显得复杂而难以把握。③

---

① Boyer E L. *Scholarship Reconsidered: Priorities of the Professoriate*[M]. SanFrancisco: Jossey-Bass, 1990: 15.

② Boyer E L. *Scholarship Reconsidered: Priorities of the Professoriate*[M]. SanFrancisco: Jossey-Bass, 1990: 15－25.

③ 陈向明. 实践性知识：教师专业发展的知识基础[J]. 北京大学教育评论，2003(1)：104－112.

2. 大学教学的专业性:教学需要专业的知识基础

教学是一个犹如医生、律师等行业,一样需要具有专业的知识才能够胜任的工作,早已被很多学者论述,得到了学界普遍的认同。大学的教学,更加具有高度的专业性和技术性。

其一,大学教学的内容——专业知识决定了教学的专业性。

高等教育与基础教育和职业教育相比,它的本质特征在于,它培养高层次专门人才,它以学科为基础建制“专业共同体”(Professional Community)——学院。[①] 高等教育与科研院所、厂矿企业、技术培训等最大的区别在于,它以专业为基础,向学生传授专业的基本理论、基本知识和基本技能,为学生将来适应某种专业工作,构筑具有专业倾向的知识和能力的结构框架。由此分析可见,高等教育实施的是专业教育,这决定了大学教学必然具有显著的专业性,担任某专业教学任务的教师必须具备相应专业的知识、技能。

其二,大学教师准入标准反映了大学教学的专业性。

大学教学经过长期的学科学术和教学两方面的训练,这既可以从大学的研究生培养制度中得到明证,又可以从大学教师的准入制度上进一步判断。

学科学术方面。大学教师需要具备深厚的专业学术积淀,至少需要取得相应学科硕士以上学历。这可以从很多大学的教师准入制度中窥见一斑。例如,国内顶尖大学清华大学 2019 年能动系招聘教师,要求为:获得博士学位且毕业 3 年以上;要至少有 1 年以上国外博士后或研究机构的研究经历;能独立从事燃气轮机气动热力学方面教学与科研工作,完成的研究成果在国际或国内有一定的影响。[②] 其他“双一流”建设高校西南大学的教师招聘基本要求是:“应聘者原则上应为校外博士或博士后,有海外留学背景或科研成果突出,具有一定的研究经历和相对稳定的研究方向,近 3 年在本学科领域有一定数量及质量的学术成果。”[③]

从以上两所学校的教师准入条件分析,专业学术水平是成为大学教师的首要条件。只有教师具备较高的专业水平,才能保证大学教学所传播的内容是真正的、高深的专业知识。

教学方面。目前,我国大多数培养研究生的大学,都要求研究生担任助教(教学

① 龚放. 高等教育的本质特点不容忽视[J]. 高等教育研究,1995(1):22—26.

② 清华大学应聘岗位招聘信息明细 [EB/OL]. (2019—11—11)[2019—11—25]. http://zhaopin.rsc.tsinghua.edu.cn/zpgl/user/zpxx/showYbryZpxxDetail.dox? id=2019111121223724830.

③ 西南大学 2017—2018 学年教师岗位招聘公告[EB/OL]. (2017—04—11)[2019—11—25]. http://rczp.swu.edu.cn/s/rczp/zlm1/20170412/1843868.html.

助理),以便熟悉教学环节,为以后从事教学做准备。例如,清华大学 2007 年公布了研究生培养制度改革方案,出台了《清华大学研究生助教、助研和助管岗位管理细则(试行)》,规定研究生院、教务处和教学研究与培训中心会同管理助教,助教由博士研究生(特殊专业硕士研究生)担任。博士生担任助教不超过 6 学期,硕士生不超过 2 学期。对担任助教的内容,说明如下:担任助教主要是随堂听课,熟悉教学过程;在主讲教师的指导下,批改作业、为学生答疑,做小组和个别辅导,参与课程监考批卷,指导实验课程,收集和准备资料。有助教经验或者评估优良的研究生,还可以在主讲教师的指导下,独立承担基础课程的辅导课、习题课及讨论课程等教学任务。考虑到助教工作进入了教学环节,因而学校要求担任助教工作的研究生,还必须参加培训,并通过一定的考察后方可上课。培训的方式为组织培训课程、提供自学材料和资源,组织小组学习讨论,聘请专家讲座咨询等多种方式。①

3. 大学教学的研究性:教学以探究的方式进行

"教师即研究者"已经成为广大中小学教师的共识。对大学教师而言,教学更加是一种研究。这种研究首先表现为,作为教学内容的高深知识,需要经过研究发现,教学过程就是对高深知识进行探究的过程。其次表现为,教学的目标、教学过程和教学评价的设计,都需要结合教学对象、教学情境进行。再次表现为,大学教学以探究性教学为主要方式。高等教育的培养目标,除了要求学生掌握系统的科学知识以外,更重要的是要培养学生自主探究的意识,训练学生科学研究的能力。在这样的培养目标要求下,大学的课程体系的设计体现着探究的特点。以北京交通大学为例。2008 年,北京交通大学在本科人才培养方案中设计了基于研究性教学的课程体系框架,将整个课程体系划分为通识教育、学科门类教育和自主教育三个层次。并设计了研究方法论课程群,贯穿于整个课程体系。对各个专业的主干课程,学校全面实行研究性教学,鼓励并推进启发式、研究式、问题式、案例式、研讨式等研究性教学模式。在教学方案设计时,学校强化了研究性教学方案设计。明确教学目标之后,由任课教师提炼课程研究专题主线,以问题为导向,确定教学内容,确立研究性教学训练载体。教学过程中鼓励师生、生生互动,质疑批判、创造创新,体现科学研究思维特点,确保教学过程的自主探究和体验知识的发现过程。让学生体会到,知识体系不是神圣和绝对的真理,而是人们在客观世界探索中猜测、验证、总结出的规律。教学评价上,学校研制了与研究性学习相适应的考核办法,加大了过程性教学评价的比例,把教师在平时教学过程中组织学生调查研究、指导学生探究、帮助学生解决探究中的困难、课

① 清华大学研究生助教、助研和助管岗位管理实施细则. [EB/OL]. (2014-01-01)[2019-11-24]. https://wenku.baidu.com/view/361e2d92852458fb760b56a3.html.

外学习指导和答疑辅导纳入了教学评价的框架中，建立形成性评价与终结性评价相结合的考核办法。①

(二)教学学术的内涵剖析

教学学术具有相对性，它既是一种教学，也是一种学术。在教学领域内，它是一种教学水平。在学术领域内，它是一种学术类型。

1. 教学学术是一种教学水平

教学是一项需要认真准备和钻研的艰巨的教育任务，同时也要能促进教师的自我成长。第一层面，需要教师具有深厚的专业知识、宽广的视野和敏锐的意识。恰如博耶所言："教学作为一门学术性事业，要求教师一定要消息灵通，沉浸在自己专业领域的知识之中，教授只有广泛涉猎并在智力上不断深化，其教学才能得到好评。"②第二层面，教学的过程，是一个能动的过程，不是教师机械地将教材或者自己准备好的知识原本传递给学生那样简单。教学需要教师用尽心思，用各种类推、比喻和形象，使得教师和学生之间能够互相理解和沟通。这些程序，都需要教师结合具体的任教科目，认真计划，在上课时不断调整，课后及时反思总结。不仅如此，教学过程中教师还要创造一种使师生共同学习的"求知共同体"，要调动学生学习的积极性，将培养学生在认知、思维和能力方面的提升作为己任，帮助学生获得自我教育的能力，而不仅仅是表达自我，传授知识。第三层面，教学意味着教与学同行，也意味着教学相长。教师既是学者，又是学生。他需要准备充分的讲课内容，传授给学生能够记忆并且可以反思的信息，更重要的是，教师要通过教学扩大师生的认知，扩展知识。教师要通过学习文本材料，引导学生思考，组织课堂讨论，使学生思维拓展、认知扩大，同时自身也被推向新的创造性的方向。第四层面，教学发挥着文化传承和知识连续的作用。这要求教师要将教学作为自己毕生的追求，为知识的连续和积累做出贡献。

2. 教学学术是一种学术类型

另一方面，教学是一项如学术一样需要不断创新才能使学术之火常旺的事业。大学教师首先应该是一个合格的研究者。无论是进行原有项目的检查，还是开始一项新的、专门的调研，他们应当按照学术研究的程序，必须要具有从事基础研究、探讨严肃的智力问题并把结果公之于众的能力。只有具备这种能力，教师才能通过讲课、调研和论文或者其他的形式将知识传递给学生。其次，大学教师要在其整个职业生

---

① 屈波，程哲，马忠. 基于自主性学习和研究性教学的本科教学模式的研究与实践[J]. 中国高教研究，2011(4)：84－86.

② Boyer E L. *Scholarship Reconsidered：Priorities of the Professoriate*[M]. SanFrancisco：Jossey-Bass，1990：23.

涯中，与本专业发展“保持联系”，知晓本专业、学科发展的动向和前沿，在专业上保持活力。这种保持联系，既可以通过专业领域内的研究项目，定期发表论文或者出版专著，也可以通过研读本专业进展的论文，并撰写读书体会，以便加深理解，熟悉本领域的最新进展。再次，每一位教师都必须坚持学术的道德，在进行教学研究论文撰写时，不抄袭论文，不随意修改研究数据；在上课时，进行充分的准备，在课堂上和学生共同探讨，在课外辅导学生和答疑。最后，教师的教学工作应该得到如学术一样的认真评价。“高质量是衡量一切学术活动的尺度。必须找到有效方法对教师在教学方面的知识、研究、交流的表现进行高标准的衡量。”①

3. 教学学术是一种“共同的财富”

一方面，教学是一种与他人互动的活动，只有教师之间、教师与学生之间在知识、观点、智力等方面公开共享的情况下，教学才能体现其交往的本质，才能使得教学的成果（无论是知识的传播，还是观点的更新）惠及更多的人。另一方面，教学应该同其他学术成果一样，应该成为能让学术团体成员共同分享的“财富”。正如舒尔曼所言，“大学教师作为传统学术的学者，能够走出实验室和试验田，积极参与各种论坛，发布研究新成果，交流新方法”。正是这些行动上的努力，使研究成果获得更大的承认和奖励，同时成为人们生活和工作中“共有的财富”。由此论，如果教学能够获得更大的承认和奖励，它必须由私人性活动转变为共同的财富。只有大学教师打开教室之门，打破“教学的隔离”，教学不受重视的局面才能改观，大学教学的重要性和价值才能显现。② 总之，大学教学是一种学术，其理论、方法、成果、评价等应同其他学术一样，能够共享，成为一种共同的财富，为人类教学实践的进步和文化的发展贡献力量。

4. 教学学术是一个系统工程

教学学术是对教和学的问题进行系统的研究。对教师而言，教学学术是一种系统的实践。他们首先是植根于教育教学以及本学科领域中的相应的理论和知识，对教与学的问题进行系统的调查和了解，之后科学地、有计划地进行课程设计、开发、传授、互动和评价，改进大学课堂教学实践。其次是致力于教学工作的公开、同行评议以及学术团队成员沟通工作，搭建教学研讨的平台和论坛，以便教学能被系统地反思和研究，让他人进行建构。最终，促进整个教学团队教学实践的超越。

---

① Boyer E L. *Scholarship Reconsidered*: *Priorities of the Professoriate*[M]. SanFrancisco: Jossey-Bass, 1990: 27.

② Shulman L S. Teaching as Community Property: Putting an End to Pedagogical Solitude[J]. *Change*, *1993*, *25*(6): 6-8.

换言之，教学学术的系统性体现于：对教与学问题的系统研究，而不是对某一类问题进行研究；对课程的系统设计与开发，而不是对某个环节的重视；对大学课堂的教学的系统改革而不是针对某个项目的改进；为了教学工作公开、便于研讨，要进行系统的工作。例如，使用多种载体记录下教学活动或教学结果的形式，以供同行对课堂教学进行评价；对教学进行的各种创新性试验研究进行总结，撰写成文或者制作成其他可见形式，供同行们进行交流；创建一定范围内的交流者沟通研究的平台，可以是期刊、论坛、会议等。

5.教学学术非专业学术

教学学术与学科领域中的专业学术究竟有何不同？卡罗琳·克莱博（Caroline Kreber）认为："教学学术是教师指向于对教和学的研究，生产研究性和创造性的可见成果。"[①]李·舒尔曼认为，教学学术具有所有学术共有的特点，即一种需要付出探究的努力并形成专业成果的过程。教学学术也有与专业学术不同的特征，专业学术更多是对外在对象的研究，而教学学术则具有更强的自我反身性，教师更多地对自己的教学实践活动本身进行反思与研究，以生成教学成果。与专业学术强调学术的高深知识相比，教学学术更强调教学实践改进过程中的理论生成，即理论与实践之间高度的彼此互动；与专业学术分属各自不同的学科专业相比，教学学术是一种跨学科研究，它要求研究者在具备多样化的知识与能力的基础上产生对真实教学的深刻洞见。正如他所言："将教学视为学术的一种，就要不仅将教学作为一种活动，而且要作为一个探索的过程。教学像其他形式的学术一样是一种成果，这种成果的显露需要经过一段长时间的过程。当教师将工作公开、接受同行评价，并与所在社团的其他成员进行交流时，反过来又加强了自己的工作。这时教学就变成了教学学术。"[②]

总结上述内涵，我们不难发现，教学学术不仅仅是一项简单的教学或者研究实践，更是一个系统工程，它涉及教师个人、教师群体、学校组织制度之间的相互交流与协调；教学学术不仅仅强调教师个体从事教学研究的重要性，而且强调"教学共同体"或者"共同财富"的重要性。教学学术的核心内涵表现在：教学工作的公开化而不是隔离态；教师之间相互评价以便改进教学的重要性；教学要以成果的形式呈现以便与学术界成员进行交流和分享，使教学变成教师共同体的"共同体财产"，进而使教学知识在交流、辩论和批判中深化创新并积累。简而言之，教学学术是教师以本学科的认识论为基础，对教学实践进行系统研究和反思，把自己的教学和研究结果公开，与同行交流并接受同行的批评，传播自己的教学成果并能够让同行进行建构的过程。系

---

① 王建华.大学教师发展——"教学学术"的维度[J].现代大学教育，2007(2)：2.

② 王玉衡.试论大学教学学术运动[J].外国教育研究，2005(12)：25.

统的反思、教学研究、教学公开化、交流分享、接受同行评价等成为教学学术的核心词汇。

(三)教学学术的基本特征

教学学术概念的提出,引发了众多学者的讨论及对其特征的探讨,下文通过研究不同学者的讨论来总结教学学术的特征。

1. 系统的反思

博耶在提出教学学术的概念时就曾明确指出,“教师需要认真计划,将教学需要的各种类推、比喻和形象与所教科目直接联系起来,并且不断检查和认真反思其程序”①。舒尔曼在区分学术性教学和教学学术时指出,多数人误以为教学学术就是学术性教学,事实上,学术性教学包含于教学学术之中。学术性教学是教师在教学中有所判断,策略性地选取根植于所教学科资源的思想和方法,有计划地对课程进行设计、开发、传授、评价。同时,设法使自己的教学工作公开、适应同行评价和评论,并努力就这种教学与其他同行进行交流分享,构筑交流的桥梁和分享的平台。倘若教学止步于此,并不对上述行为及其方法和后果进行反思,则仅仅是学术性教学。当这种学术性教学在面对系统的反思分析,即分析行为本身,分析采取这些行为的合理性、方法及结果时,就是教学学术。正是这种反思才使教学变得更加全面和有意义②。克莱博和卡洛廷(2000)提出,教师在三个水平上的反思构成了教学学术:关于教什么的反思、如何教的反思和为什么如此教的反思。③

2. 教学公开化

卡耐基教学促进基金会的第八任主席舒尔曼认为,教学之所以在大学不受重视,一个重要的原因,是我们把它移出了学者的学术范围。“封闭化”和“隔离态”使教学本身的价值无法像高度公开化的研究的价值那样被认识和重视。教学的价值若能得到普遍的重视,就必须改变教学被隔离隐蔽的状态,成为公开化的事物,这也是教学学术的重要特征。凯姆布理德(Cambridg B. L.)也指出,公开是教学学术最重要的特点。特里格维尔等人(Trigwell K., Martin E., Benjamin J., and Prosser M.)认为,教学学术主要的目的是,将教学的过程加以公开,这种公开的主要方法就是交流

① Boyer E L. *Scholarship Reconsidered: Priorities of the Professoriate*[M]. SanFrancisco: Jossey-Bass, 1990: 24.

② Shulman L S. From Minsk to Pinsk: Why a Scholarship of Teaching and Learning? [J]. *Journal of the Scholarship of Teaching and Learning*, *2000*, *1*(1): 48—53.

③ Kreber C, Cranton P A. Exploring the Scholarship of Teaching[J]. *The Journal of Higher Education*, *2000*, *71*(4): 476—495.

和推广优秀的教学经验。①

3. 成果的共享

舒尔曼认为教学公开化的目的，是让它成为学者共同体的“共享的财富”。这种能够被“共享的财富”应当是“能体现教学的丰富性和复杂性的某种可见的物品，能够保存。如果没有这种可视化的物品佐证，所谓的教学原则、方法无法得以负载。有了这些以物品呈现的学术形式（或者是传统的文件资料、可以放映的视频），教学才有了被分享、研讨、评判和交流、提升的载体，进而可以为其他人提供指导或者借鉴。”②

4. 接受同行评价

对学术共同体财富的价值评判，是学术重要的活动之一。也就是说，教学学术像传统的科研成果一样，承受被同样评议的责任。只有经过同行的评议，教学的优点才能被进一步发扬，教学的缺陷才能被发现，教学的改进才有可能。

综上所述，系统的反思、教学的公开化、成果的共享、能够被评议是教学学术的核心特征。这些特征使得大学教学学术远远有别于传统的、发生于教室的教学活动，变成一种需要系统研究实践的学术。要体现教学学术的上述特征，需要大学的教师和管理人员观念上的改变，更需要大学系统的改革。

（四）教学学术的评价标准

要使大学及教师对教学学术予以承认，进而形成一种文化，就必须对教学学术的评价进行明确。否则，教学学术的落实以及进一步的发展，将难以保障。几乎与教学学术的提出同步，学者们进一步对教学学术的评价标准展开了一系列的研究。

1. 博耶的学术工作六条标准和四条原则

博耶在探讨学术概念的基础上，参照主张建立新的学术评价体系，提出了学术工作的六条标准和学术评价的四条原则。

学术工作的标准分别是：①知识。对一个专业领域知识的全面掌握是任何成功学术工作的首要任务。大学教授，首先应是在自己的专业领域内外具有渊博知识和丰富经验且受过良好专业训练的学者。②明确的目标。如同教学首先要确定教学目标一样，学者们的研究目标在研究中极其重要，它是衡量学术效益的重要依据。因此，学者们有没有以清楚、有效的方式阐述其工作项目的目标，是学术工作的标准之一。③适当的方法和程序。各种学术，在形式上都应当有恰当的方法和程序。如一

---

① Trigwell K, Martin E, Benjamin J, Prosser M. Scholarship of Teaching: A Model[J]. *Higher Education Research and Development*, *2000*, *19*(2): 155－168.

② Shulman L S. From Minsk to Pinsk: Why a Scholarship of Teaching and Learning? [J]. *Journal of the Scholarship of Teaching and Learning*, *2000*, *1*(1):48－53.

项研究设计是否合乎规范？一部科学研究报告在科学上是否有说服力？学术研究在方法论上是否恰当？教师的课程讲授是否按照学科和课程的逻辑关系？评估学生学业的方法是否公正、有效？等等。④创造性地使用资源。学术工作是一种创造性的工作，必须有效地、创造性地使用适当的资源，要考虑物力资源、人力资源和智力资源等的搭配和使用。根据资源的使用情况对学术工作进行评价。例如，可以根据资源的使用情况对教学的学术性做出判断，教师教学资料的来源有没有使用原始文献，教师有没有邀请某个专题的权威人士解答，一些动手的课程教师有没有进行校外现场教学，为了更好地教学效果教师有没有充分利用各种现代技术手段。⑤有效而良好的交流。博耶认为，各种学术都是一种公众行为，所有学术都必须而且能够通过有效的交流变成人类的"共同财富"，必须为其他许多人所知道和理解，以发挥其更大的效益。因此，良好的交流是各种学术的共同特征，学者必须善于交流。⑥重要成果。博耶认为，成果是衡量任何学术活动价值的重要载体。应用的学术也好，教学的学术也好，最终必须由结果来判定其优劣。

上述六方面标准，可以广泛用于评价教学、研究和服务。如果这些标准用于不同的学科和不同的学术形式，则共同的标准具有更多的具体形式。

评价学术工作的四条原则分别是：第一，学者的品质。第二，学术标准的共识。第三，学术证明的原则。第四，过程的可靠性。博耶认为，大学教师既是教师，又是学者，学术水平是与学者的品质相关的，学术生活要求教师具有坚韧不拔、谦逊和正直的品质，要有创造性动机和思维。学术标准的共识包括知识、明确的目标、适当的方法、创造性地使用资源、有效而良好的交流、重要的成果。学术证明至少要包括自我评估、同行评议、学生评估、委托人评估四个方面。值得注意的是，学术评价应当是一个动态的过程，需要不断收集资料以证明其丰富性。过程的可靠性是学术评价成功的关键，即学术评价必须让教师感到评价程序和过程是公正的，做出决定的人是可以信任的。

2.舒尔曼和其他人的评价标准

博耶之后，舒尔曼（Shulman，1993）认为："教学像其他形式的学术一样，是一种成果。当教师将工作公开，与所在专业团体其他成员进行交流，接受同行评价，反过来又加强了自己的工作，使教学的成果共享成为学术共同体'共同的财富'时，才是教学学术。"①舒尔曼认为，当进行学术性教学的教师进行系统的、惯常性的反思研究时，就变成了教学学术。这为合理科学的教学学术判断标准提供了依据。

---

① Shulman L S. Teaching as Cummunity Property：Putting an End to Pedagogical Solitude[J]. *Change*，*1993*，*25*(25)：6—7.

克莱博和卡顿(Creber,Carton)提出了教学学术的六个标准,分别是:①高水平的与学科相关的专业知识;②教学具有创新性;③教学的知识可以复制或详尽描述;④教学的知识可以用文献或资料予以证明(包括教案和关于自己教学的反思性论文);⑤教学能被同行评论(发表有关本学科教学的研究论文);⑥产生了重要影响。[1]

特里格维尔(Trigwell)等人以对教学学术的理解为主题,对澳大利亚的20名学者进行了访谈,并抽象出了一个评价教学学术程度的模型,从知识(信息)维度、反思维度、交流维度、观念维度四方面评价教学学术的程度。

表1 教学学术的衡量模型[2]

知识(信息)维度	反思维度	交流维度	观念维度
使用非正式的教学,学习理论	没有反思或者无意识地反思	没有交流	以教师中心的方式看待教学
熟悉掌握一般的教学、学习理论	在行动中反思	同本系教师进行交流	
熟悉掌握学科教学、学习理论		在当地或者全国性会议上做汇报	
进行行动研究,掌握句法能力以及教育学知识	站在学生的角度做出反思	在国际学术性期刊上发表文章	以学生中心的方式看待教学

上述模型从上至下,代表教学中教学学术特征的彰显程度。显然,不具备教学学术特征的教师倾向于用非正式的教学和学习理论指导其教学实践,认为教学应以教师为中心机械地传播知识,在教学过程中和教学之后很少有意识地反思其教学行为;具有明显的保守倾向,将教学视为一种个体的、私人的活动,自我封闭,缺乏与其他教师的有效交流和沟通。与此相反,具备教学学术特征的教师,不仅主动学习相关教育学知识和学科教学法知识,而且通过行动研究,在自己的教学中生发教学知识;关注学生并且以学生为视角进行教学的反思;具有开放性思维,不断地与同行进行各种形式的交流。位于两极之间的教师,则部分地具有教学学术的特征。

理查德·M.菲尔德(Richard. M. Felder)认为评价教学学术时,应该从价值观

① Kreber C, Cranton P A. Exploring the Scholarship of Teaching[J]. *The Journal of Higher Education*, *2000*, *71*(4): 617.

② Trigwell K, Martin E, Benjamin J Prosser M. Scholarship of Teaching: A Model[J]. *Higher Education Research and Development*, *2000*, *19*(2): 155—168.

和目的、知识、反思、交流、成果、评议六个方面进行。具体来说，价值观和目的指教学学术的哲学陈述和学习成果的衡量数据；教学学术的知识包括教学所涉及的教学资料和有代表性的学术成果；反思可以是课程结束后对学生过去2～3年的学习结果进行回顾，也可以是对以前的学习结果评价进行回顾；交流包括了教师参加过的教学讨论和会议，参加过的关于教学和讨论的工作小组，与教师同事商议等。成果指教师获得的奖励和其他荣誉、出版的教材和公开的课件、发表的文章和专著、写出的研究计划和所获得的奖励等。评议指教师自我评价、毕业生评价和同行评价。①

迈克尔·希尔(Micheal Theall)等从更广阔的视野上，提出应该从教师、院系和学校三个层面进行教学学术评价。每个层面均从分享教学、强调学生的学习成果和相关的教学实践、学科和教学法知识及创新方面对教学学术进行评价。②

总结上述学者关于教学学术评价的见解，如下表。

表2 不同学者的教学学术评价见解

学者	评价的标准
博耶	知识、明确的目标、方法和程序、有效利用资源、交流、重要成果
舒尔曼	教学公开化、交流、同行评议、成果共享
克莱博和卡顿	专业知识、创新性、知识可以复制、知识可以被证明、教学可以被同行评价、产生了重要影响
特里格维尔等人	知识、反思、交流、观念
理查德·M.菲尔德	价值观和目的、知识、反思、交流、成果、评议
迈克尔·希尔	(教师、院系和学校三个层面)分享教学、学生的学习成果、学科和教学法知识及创新

3.研究者提出的教学学术评价标准

由表2可见，不同学者评价教学学术的标准虽各有侧重，却有相同的成分。本研究遵循学术的环节和要素，同时结合学者们提出的评价标准中的重复关键词，将上述要素进行了整合。我们发现，博耶提出的标准中的“明确的目标”是学术工作的前期准备，故不作为学术的要素。“方法和程序”以及“有效利用资源”可以归为“研究”，“交流”和“重要成果”可以归于“表达交流”。由此，博耶的标准可以简化为知识、研

① Felder R M. The Scholarship of Teaching[J]. *Chemistry and Engineering Education*, *2000*, *34*(2): 144－147.

② Micheal T, John A. Assessing the Scholarship of Teaching: Valid Decisions from Valid Evidence[J]. *New Directions for Teaching and Learning*, *2001*(86): 31－43.

究、表达交流。舒尔曼提出的“教学公开化、交流、同行评议、成果共享”均属于学术要素的“表达交流”。克莱博和卡顿提出的标准中,“创新性”是教学学术的目的,“专业知识”属于学术要素的“知识”,“知识可以复制”及“知识可以被证明”属于学术要素的“研究”,“教学可以被同行评价”及“产生了重要影响”,属于学术要素的“表达交流”。特里格维尔等人提出的教学学术评价标准中的“观念”不属于学术的要素。理查德提出的教学学术评价标准中的“交流”“成果”和“评议”属于学术要素的“表达交流”。迈克尔提出的教学学术评价标准涉及了教师、院系和学校三个层面,为与其他学者的标准在同一层面比较,笔者仅分析其教师层面的评价标准,发现“分享教学”和“学生的学习成果”属于学术要素的“交流”,“学科和教学法知识及创新”属于学术要素的“知识”。

基于上述简化,本书总结出了教学学术评价标准中的(专业、创新性的)知识、研究(反思)、表达交流三个关键标准。

如同其他学术形式一样,教学学术的知识生产、研究和表达交流也需要一定的保障。同时,教学学术不仅仅强调教师个体从事教学研究的重要性,更在于强调“教学共同体”的重要性,只有“教学共同体”公开、交流、评价教学及其研究成果,教学才能像其他学术形式一样成为一种“共享的财富”。由此,教学学术的交流共享的保障极为重要。此处,保障既包括教师对教学学术认可的观念保障,也包括为保障教学学术研究和交流而设立的组织机构保障,还包括组织机构所出台的规章制度保障。因而,笔者认为,保障也应成为教学学术的重要评价标准。

结合上述分析,笔者提出了教学学术评价标准,具体是教学学术的(专业、创新性)知识、教学学术研究反思、教学学术的表达交流和教学学术保障制度。其中教学学术(专业、创新性)的知识指大学教师对本学科专业知识和教育教学知识的理论基础和前沿动态的掌握程度,也指大学教师通过教学研究和反思,对本科学科和教育教学知识的创新。研究反思指大学教师在授课之前、授课过程中和授课之后有意识反思其教学行为,以及对课堂教学的实验改革。教学学术的表达交流是指大学教师开展课堂教学实践,不断地与同行进行各种形式的交流,包括课堂教学的交流、各种会议汇报和发表论文交流等。教学学术的保障制度指各种教学学术的组织机构和规章制度等。

五、研究设计

(一)研究方法的选择

教育研究是生产关于教育世界的知识,卡尔和凯密斯(Carr and Kemmis,1986)对教育现象做了三种基本范式的区分——实证主义者的、诠释学的以及批判理论。

在诠释学的研究中，教育被看成一种过程，学校是一个活生生的存在。对于过程和经验意义的理解构成了知识，这种知识是通过归纳、生成假设和理论的探究模式获得的。多元的社会现实是由个人的社会性所建构的。作为人文社会科学的研究，教育研究的主要对象是作为人的存在的教师，作为生活的教学，以及教学生活，是因人而异的，这样的教学现实，是若干教师个体所建构的具体的教学情境，对研究可能更有意义，因而，诠释学的质化研究方法更适合本书的研究。质化研究主要以研究者本人作为研究工具，在自然情形下采用多种资料收集方法对社会现象进行整体性探究，使用归纳法分析资料和形成理论，通过与研究对象互动对其行为和意义建构获得解释性理解的一种活动。[①] 质化研究要求研究者需要对模棱两可有足够的忍耐力、敏感度及良好的沟通能力。[②] 笔者认为自己具备这三方面的品质，因此选择了质化研究。

所谓个案应该是特定的、复杂的、具有特定功能的事物，它可以是一个人，一个项目，一个事件，一次干涉，一所学校或者一个社区等。所谓有边界的系统或者事件，既指在常识上具有明显边界的案例，如一个教师、一所学校等，又指因为“具有内在的吸引力而被选取出来，通过对它的研究，研究者对此现象也可得到尽可能多的理解”[③]。

结合质化研究和个案研究的双重特点，本书选择质化个案研究，而对质化个案研究收集资料的方法，根据实际情况和研究需要，本书选了质化个案研究的四个主要方法：文献分析法、标准随机半开放型访谈法、参与式观察法和话语分析法。

1.历史个案研究：文献分析法

历史个案研究是对于特定的事件在时间维度上的变迁给予整体性的描述和探究。在本书中，笔者将主要借助文献分析法，进行教学学术的文献梳理，为本书中大学教师自我认识提供理念的铺垫。研究主要运用此方法整理分析国内外学术界关于大学教师教学学术的研究现状和未来的发展趋势，总结以往研究教学学术的理论路向和实践选择，同时总结有关国家、地区的研究型大学发展教师教学学术的框架策略，为本书提供研究的理论框架指导。

2.标准随机半开放型访谈法

在社会科学研究中，访谈是研究者获得第一手资料的重要方法，是研究者通过口头交谈的方式从被研究者那里收集（建构）资料的方法。相对于观察法而言，访谈法

---

① 陈向明. 质的研究方法与社会科学研究[M]. 北京：教育科学出版社，2000：12—13.

② 莎兰·B. 麦瑞尔姆. 质化方法在教育研究中的应用：个案研究的扩展[M]. 于泽元，译. 重庆：重庆大学出版社，2008：18.

③ 莎兰·B. 麦瑞尔姆. 质化方法在教育研究中的应用：个案研究的扩展[M]. 于泽元，译. 重庆：重庆大学出版社，2008：21.

能帮助访谈者了解受访者的价值观念、情感感受、行为规范、生活经历、经历的具体事件及其意义解释等。同时,会使受访者感到更加有力量,被理解,受信任,甚至是“宣泄”情绪。除此之外,可以使研究者与受访者之间由陌生变得熟悉和信任,从而建立良好的人际关系。因此,本书也将访谈法作为研究的基本方法之一。

就研究者对访谈结构的控制程度而言,访谈法可分为“封闭型”“开放型”及“半开放型”。[①] 在质的研究中,研究者在初期往往使用开放型访谈的形式来了解受访者关心和思考的问题。随着研究的深入,逐步转向半开放型的访谈。在本书中,研究者与受访者共事多年,多次接触,对他们的生活、思想、信念等有比较深入的理解,这减少了通过开放型访谈进行过渡、与受访者建立信任关系的过程。经过简短的沟通,受访者都欣然同意接受访谈,并与研究者分享和讨论自己的教学经历、观点和思想。因此,研究者采用了半开放型访谈。笔者预先设定好关于教师教学学术的系列问题,在访谈每个访谈对象时,基本按照相同的顺序和相同的措辞。对每一个问题,研究者根据被访者回答的情况和自己的理解情况进行随机追问,以鼓励受访者表达其隐性观点。

具体的访谈提纲见附录一(本书第 229 页),访谈结构如图 2 所示。

- 大学教师教学学术
  - 教学学术的知识生成
    - 学科专业知识
    - 教学专业知识
  - 教学学术的研究反思
    - 课堂教学的探索与研究
    - 教学的反思转化
      - 反思的技能
      - 反思结果的处理
  - 教学学术的表达与交流
    - 教学实践的公开与评价
      - 自然交流
      - 听课评课
    - 教学研究成果的表达与共享
      - 表达目的观
      - 共享的途径
  - 教学学术的保障环境
    - 观念环境
      - 教学研究观
      - 教学意义观
    - 组织环境
      - 机构设施环境
      - 制度环境

图 2 大学教师教学学术发展访谈结构图

① 陈向明. 质的研究方法与社会科学研究[M]. 北京:教育科学出版社,2000:171.

3.参与式观察法

人类认识世界的最基本方法之一，就是观察。如果从大的方面来分，观察可以分为日常生活中的观察与在科学研究中的观察两种。日常生活中的观察是人的基本生活方式，没有明确的计划性和目的性。而科学研究中的观察是观察者有目的、有计划进行的一种活动，是观察者运用自己的感觉器官或者借助仪器对自然或者社会现象进行感知和描述，从而获得相关的事实和材料的方法。[①] 作为社会科学领域中的质化研究方法中的观察，是一种有目的、有计划的研究活动。并且，这种观察主要使用的是实地观察而非借助一定的仪器。

质化研究中的观察，可以分作两类：参与式观察和非参与式观察。参与式观察是指“观察者和被观察者一起生活、工作，在密切的相互接触和直接体验中倾听和观看他们的言行”[②]。在这种观察方法中，观察者不仅对观察地的社会文化现象得到比较具体的感性认识，而且可以深入被观察者文化的内部，了解他们对自己行为意义的解释。

与参与式观察不同的是，非参与式的观察并不要求观察者进入被观察者的日常活动，观察者通常置身于被观察者的世界之外，是旁观者。在非参与式观察中，观察者与被观察者具有一定的“距离”。这能使得研究者可以作为“局外人”，对被研究者有比较“客观”的观察。被研究者知道自己在被观察，往往会受到“研究效应”的影响。但是，研究者较难对被研究者进行比较深入的了解。

事实上，在研究实施中，参与式观察和非参与式观察不一定截然分开。从某种意义上来说，所有的社会科学研究都是一种‘参与式观察’，研究者只有成为社会世界的一部分，才有可能理解这个世界。[③] 笔者在研究中主要观察课堂。每次上课时，笔者在征得被研究者同意后，作为他们的“学生”而真正融入课堂生活，与同学们一起参与课堂所有的活动。但课后的生活中，笔者与被研究者是非常友好的朋友或者同事，平时与他们一起生活和工作，能够通过他们的言行了解他们内心深处的关于教学的倾向和观点。因而，笔者在此，将自己的方法也定义为参与式观察法。

在观察的实施过程中，通常做好如下工作：①观察前的准备；②具体进行观察的策略和方法；③记录观察内容的方法；④观察者的自我反思。[④]

记录观察内容的方法和观察者的自我反思，将在研究过程中详细阐述，此处主要

① 陈向明. 质的研究方法与社会科学研究[M]. 北京：教育科学出版社，2000：227.
② 陈向明. 质的研究方法与社会科学研究[M]. 北京：教育科学出版社，2000：228.
③ 陈向明. 质的研究方法与社会科学研究[M]. 北京：教育科学出版社，2000：229.
④ 陈向明. 质的研究方法与社会科学研究[M]. 北京：教育科学出版社，2000：236.

说明观察前的准备工作与具体进行观察的策略和方法。

观察前的准备包括确定观察问题、制订观察计划、设计观察提纲。根据观察的需要，笔者设计和制订了大学教师课堂教学行为记录表，主要的观察点：教师具体采用的教学方式，教师讲课时使用参考资料和讲稿的情况，教师对直观教具的使用，教师对学生的提问情况，教师上课时学生的投入程度，学生听课时的提问，教师指导学生学习的情况，教师和学生的互动和讨论，教师结束课程的方法，教师的语言、教师的着装与仪态等情况。

确定了上述需要观察的重点后，笔者主要考虑制订观察计划。观察计划的制订通常包括观察的内容、观察的对象、观察的范围、观察的地点、观察的时间长短、观察的方式和手段、观察的效度、观察中的伦理道德考虑等。在本研究中，观察的内容主要是大学教师的授课，观察的对象是大学教师，观察的地点主要是教室，观察的时间主要以上课的时间为准。一般情况下，G 大学每大节课 2 小时，每小节课 40 分钟。为获得尽量全的信息，研究者每次观察，基本是 2 小时。为尽量减少研究者在参与式观察中可能发生无意识角色转换，即过度投入于课程内容而忘记自己的观察，研究者在自己的观察本上进行一定的文字性提醒，以便自己尽量保持比较客观和清醒的眼光，保证观察的有效性。至于观察伦理问题，则是不希望自己的研究给别人带来不便，因而每次听课都是提前与授课教师及班长联系，解释听课的目的，承诺对课堂的各种隐私问题绝对保密。通过上述途径，征得他们的同意后，笔者才加入他们的课堂听课。

对上述内容确定后，研究者制订了比较详细的观察提纲——大学教师课堂教学行为观察记录表（见附录二，本书第 230 页）。

4. 话语分析法

独特性、描述性和解释性是个案研究的主要特征。本书要对样本大学的政策文本等进行分析，进而解释其对大学教师教学学术的关联和意义。由此，研究中还要采用话语分析法作为重要方法之一。

话语分析法作为一种研究方法，是从美国结构主义语言学家哈里斯（Z. S. Harris）在 1952 年发表《话语分析》开始被关注的。对于“话语”，不同的语言学家给予的定义有别，维森多（Wissendo）的定义是句子的使用；斯蒂娜和维特曼（Steiner，Vektmen）强调话语的动态本质，将话语视为“作为过程的语言”；克拉什（Caire & Kransch）认为话语既是讲话方式、阅读方式和写作方式，同时也是某一话语社区的行为方式、交际方式、思维方式和价值观念。①

---

① 李悦娥，范宏雅. 话语分析[M]. 上海：上海外语教育出版社，2002：2.

在社会语言学的视角下，话语是一种文字符号，是有思想、有意识的文字性表述，这些话语之中，包含着文本信息所传达的价值意蕴。因此，从文本话语之中分析话语发出者的思想内涵和价值倾向，便是本书的设想之一。话语分析的方法，既需要解释者对文本认知的描述过程，也需要联系文本产生的时代背景，赋予文本时代意义。

费尔克拉夫提出了“词汇”“语法”“连贯性”和“文本结构”四个逐渐递升的话语分析框架，作为最基本范式。具体包括：

①词汇的表达方式和特点、暗含的隐喻、意义和价值等。

②语法中句子采用的表达风格、时态结构、句式特点、人称称谓关系、思想在话语表达中的清晰程度以及与现实的距离等。

③句子之间借用了哪些代词或者修辞表达方式，从而使得句子有连贯性。

④不同的语素以怎样的顺序、方式进行连接，构成了文本结构。

费尔克拉夫在上述四个范畴的基础上总结出了“文本”“互动”和“语境”三个空间向度的话语分析模式，具体如图3所示。①

图3　文本、互动和语境分析的关系

话语的分析是解释者在对文本的解读过程中所进行的内在主观性和外在客观化的双向过程，是文本解释者和制订者以及执行者之间的互动交流过程。

根据上述分析，研究者采用了“主题—文本—语境化”的分析框架。② 具体是：以“大学教师教学学术”作为研究的主题，经过文本结构分析，同时将文本社会语境化，从而揭示文本所含的意蕴、价值和追求。

---

① 李钢．话语　文本：国家教育政策分析[M]．北京：社会科学文献出版社，2009：92.

② 李志超．三级课程管理的权力运作研究[D]．重庆：西南大学，2013：39.

(二)研究对象的确定

1. 具体个案的选择——目的性抽样

“质化研究的抽样方法是非概率抽样,目的性抽样是非概率抽样的一种主要方式。这种抽样方法的假设就在于研究者倾向于选择能够获得最多资料的样本。其逻辑在于选择一个有丰富意义的、能够进行深度研究的个案,从而获得相对研究目的而言可信的资料。在开始目的性抽样时,首先要确定研究的主体和地点标准,然后确定符合研究者兴趣、最典型的事例和现象。”

从研究者的文献研究来看,教学学术一词在中国高校的“知名度”,还仅仅为从事大学教学研究的学者们所知,并未被普通的大学教师所了解。我国一些大学虽然纷纷成立大学教学发展中心或者教师教学发展中心,并开展教师教学发展的各项实践运动,但也并未将“教学学术”作为一个欲让教师们领会、深入人心并贯彻实践的概念。因此,并非每一所大学都是个案。本书研究的对象,必须在实践上已经进行了大学教师教学学术的相关行动。因此,个案研究的对象在经过精心思考后要基于下列因素考虑:

(1)典型。研究者之所以选择G大学,是因为该大学有重视本科生教学的传统,其具有教学学术的文化特征。G大学是该省(自治区)唯一的“211工程”大学,也是该省的最高学府。在武书连的大学排行榜中,该大学属于教学研究型大学。2012年,G大学将自己的发展目标定为高水平区域特色研究型大学。该校有重视教学的传统,并在2005年的教育部本科教学质量评估中获得“优秀”。可以说,该校在推动本科生教学方面一直是积极行动者,它彰显着教学学术发展的要素。

G大学响应国家提高高等教育质量的号召,于2012年成立了教师教学发展中心,与教务处合署办公。这标志着G大学促进教师教学发展的举措,走上了新的台阶。2013年学校执行该省(自治区)《广西高校青年教师教学业务能力提升计划》,由人事处组织选送该校青年教师赴省(自治区)高校接受培训及随堂听课。2013年,该校为加快学校师资队伍国际化进程,完善高水平区域特色研究型大学师资培养体系,根据中西部高校提升综合实力建设规划,启动了“海外引智与送培计划”(简称“海纳计划”),选派高级访问学者、一般访问学者和课程进修学者到国(境)外著名大学和研究机构访学。该校希望通过进修和学习,使教师除了获得学术能力的全面提升以外,回国后能够承担一门课程的双语或全英文教学,要求教师进修期间完成相应课程教学方法和技能的学习。同时,从2005年到2015年的11年中,G大学教师抓住学校发展的辉煌时期,积极进行(课堂)教学研究,申报高等教育教学改革项目达600多项。G大学教师具有研究教学的基础。

G大学坚持把人才培养作为根本任务，以提高人才培养质量为核心，不断深化教育教学改革，教学发展和改革取得了众多标志性成果。2007年至今共获得教育部“质量工程”建设项目、“本科教学工程”项目192项，获得项目数居地方“211工程”高校前列。其中，国家特色专业12个，国家精品课程3门，国家级教学团队3个，国家教学名师2人，国家级专业综合改革4项，国家级精品开放课程6门，国家级大学生校外实践教育基地5个，入选教育部“卓越工程师教育培养计划”和“卓越法律人才教育培养计划”。

总之，选择G大学作为调查教师教学学术发展的个案，具有典型性。

(2)便利。本书所指的便利性，是指便利观察和访谈研究对象。笔者是该大学的老师，并与该校教师讨论过一些教学问题。在讨论中，所要观察和访问的教师都认为，本研究是提高他们教学能力的“棱镜”，对笔者的研究十分支持和配合，这对研究来说十分便利。

(3)真实。研究者本人对该校的相关规章制度和校园文化传统有深入其境的了解。基于这种了解，研究者和受访教师之间具有沟通的“共同话题”，对受访教师的各种言语和非言语信息，研究者能捕获其真意。另外，研究者和受访教师之间大多已建立了较为深厚的友谊基础，研究者也事先说明访谈的目的并非官方的“民意调查”，更加会保密他们的隐私。这排除了他们的忧虑，因此他们非常信任研究者，能将最真实的想法表达出来。鉴于研究能获得大学教师教学学术发展的最真实的信息，本人选择了G大学作为个案。

综合上述三个因素，笔者认为，选择G大学作为个案研究的对象，能获得关于大学教师教学学术发展的丰富、典型、真实的资料。

2.研究对象的确定

本书所选取的个案G大学，位于南方某省首府，是该省办学历史最悠久、规模最大的高水平特色研究型大学，也是国家“211工程”学校。2013年，学校成为“中西部高校提升综合实力计划”入选高校。在2013年由中国管理科学研究院武书连先生研究公布的中国大学排行榜中，综合排名第89位。

G大学现设30个学院，学科涵盖哲、经、法、文、理、工、农、管、教、艺等10大学科门类，有94个本科专业，36个一级学科硕士点，186个二级学科硕士点，8个一级学科博士点，58个二级学科博士点和10个博士后科研流动站。学校着力提高教师水平和质量，加大高层次人才培养和引进力度，造就了一支品德高尚、业务精湛、结构合理、充满活力的高素质教职工队伍。现有在职在编教职工3555人，其中，专任教师2263人，具有正高级专业技术职务574人，副高级专业技术职务855人，有专业技术二级岗位人员57人，终身教授6人。博士生导师233人，硕士生导师1557人。

基于G大学的师资状况，本书的研究选择了访谈和观察专任教师。访谈对象的选择，主要以教学学术的彰显程度为选取标准，同时考虑教师的学科、年龄、职称的分布。具体标准是：首先是教学认真，具有较高的教学水平，如获得学校的教学质量优秀奖、青年教师教学观摩竞赛课奖、优秀教学成果奖的教师。其次是注重教学研究，如获得学校的教学改革项目立项。再次是尽量兼顾学科、职称、年龄、教龄分布的合理性。相关研究证明，教师的教龄、工作年限、教学态度、专业水平对教师的教学学术水平具有影响，因而，研究者也将以此为依据确定研究对象，既选择教龄20年左右的经验丰富的教师，也选择入职10年左右、具有一定经验的教师，更选择刚入职的新教师。

选择了访谈和观察对象后，对访谈和观察对象分别进行了编码。但对访谈记录和观察记录采取了不同的编码方法。对访谈记录编码规律是：I—专业—教龄—教师姓名汉语拼音首字母，如I—EDU—17—YG表示对教育学院教龄17年的YG老师的访谈。观察主要是对访谈的部分教师的课堂授课进行参与式观察，因此编码规律为O—专业—教龄—教师姓名汉语拼音首字母。

本书拟分析2012年至2014年该校教务处、教师教学发展中心、人事处和职改办有关教师教学发展的各种文件资料。G大学实行无纸化办公，将各种文件资料和通知放在网上。研究者分析这些资料，一般会引用网址。

受访教师分布如表3所示。

表3 G大学教师访谈对象分布

专业	专业—化名	性别	学历	教龄	职称	编号
教育学4人	EDU—YG	男	博士	17	副教授	I—EDU—17—YG
	EDU—ZH	女	博士	11	副教授	I—EDU—11—ZH
	EDU—RM	女	博士	10	教授	I—EDU—10—RM
	EDU—JJ	男	硕士	10	讲师	I—EDU—10—JJ
管理学3人	MAN—JK	男	博士	12	副教授	I—MAN—12—JK
	MAN—FP	男	博士	9	副教授	I—MAN—9—FP
	MAN—CX	女	博士	1	讲师	I—MAN—1—CX
经济学2人	ECO—LF	女	博士	8	讲师	I—ECO—8—LF
	ECO—ZP	男	硕士	10	副教授	I—ECO—10—ZP

续表

专业	专业一化名	性别	学历	教龄	职称	编号
农学3人	AGR—WY	女	博士	11	教授	I—AGR—11—WY
	AGR—LH	女	学士	21	副教授	I—AGR—21—LH
	AGR—ZL	男	博士	1	讲师	I—AGR—1—ZL
理学1人	SCI—SZ	女	硕士	9	讲师	I—SCI—9—SZ
社会学1人	SCO—GX	男	博士	9	副教授	I—SCO—9—GX
语言学1人	LAN—DX	女	硕士	17	讲师	I—LAN—17—DX
哲学2人	PHI—LX	男	博士	10	副教授	I— PHI—10—LX
	PHI—HXZ	男	博士	2	副教授	I— PHI—2—HXZ
工学4人	ENG—LF	男	硕士	4	讲师	I— ENG—4—LF
	ENG—XL	女	博士	1	讲师	I—ENG—1—XL
	ENG—ML	男	博士	9	教授	I—ENG—9—ML
	ENG—LW	男	博士	9	副教授	I—ENG—9—LW
合计21人,其中男12人,女9人;博士15人,硕士5人,学士1人;教授3人,副教授10人,讲师8人						

研究者还参与式观察了16位教师的课堂教学实况,获得了教学技艺展现的第一手资料。具体分布如表4所示。

表4 G大学教师观察对象分布

专业	专业一化名	性别	学历	教龄	职称	编号
教育学3人	EDU—YG	男	博士	17	副教授	O—EDU—17—YG
	EDU—ZH	女	博士	11	副教授	O—EDU—11—ZH
	EDU—RM	男	博士	10	教授	O—EDU—10—RM
管理学2人	MAN—FP	男	博士	9	副教授	O—MAN—9—FP
	MAN—CX	女	博士	1	讲师	O—MAN—1—CX
农学3人	AGR—WY	女	博士	11	教授	O—AGR—11—WY
	AGR—LH	女	学士	21	副教授	O—AGR—21—LH
	AGR—ZL	男	博士	1	讲师	O—AGR—1—ZL

续表

专业	专业一化名	性别	学历	教龄	职称	编号
社会学 1 人	SCO－GX	男	博士	9	副教授	O－SCO－9－GX
语言学 2 人	LAN－DX	女	硕士	17	讲师	O－LAN－17－DX
	LAN－QK	女	硕士	21	讲师	O－LAN－21－ QK
哲学 2 人	PHI－LX	男	博士	10	副教授	O－PHI－10－LX
	PHI－HXZ	男	博士	2	副教授	O－PHI－2－HXZ
工学 3 人	ENG－LF	男	硕士	4	讲师	O－ENG－4－LF
	ENG－XL	女	博士	1	讲师	O－ENG－1－XL
	ENG－LW	男	博士	9	副教授	O－ENG－9－LW
合计 16 人，其中男 9 人，女 7 人；博士 12 人，硕士 3 人，学士 1 人；教授 2 人，副教授 8 人，讲师 6 人						

（三）研究资料的分析

英国经验主义科学家培根认为，科学研究应该采取蜜蜂的方法，需要从大量的事实证据中抽象出关于事物的知识来。确如其所言，对资料的整理和分析，是一个研究者的加工、“重组”和“浓缩”的过程。在质化研究中，整理资料和分析资料是需要同步进行的活动，不能将其作为两个截然分开的阶段区别对待，两者之间相互交叉、重叠发生。其最终目的，是对资料进行合理的解释，从资料中间“寻找”出共同的模式和主题（Glesne，Peshkin，1992）。

经过近一年的观察和访谈，研究者收集了大量的信息。对这些信息进行分析处理的方法如下：

1. 观察结果的处理和分析

对于每一次的观察，都做好观察记录。可以简单地把记录分成三个部分：一部分属于记录规范，要写上观察的标题、时间、地点、参加人员、标号和页码，这些工作都是为了回忆和检索；一部分属于事实笔记，记录在观察中所看到的事实，可以是感觉和知觉的东西；一部分是个人思考，记录下当时自己的感受或者解释。

在观察的当时或者事后对观察结果进行反思。波格丹和比克兰（Bogdan，Biklen，1982，pp. 87－88）提出观察者在做实地笔记的时候应该对如下几个方面进行反思：①反省自己的思维方式，也就是询问自己是如何进行观察的，如何注意到目前自己所观察的内容，自己当时是如何想的；②了解自己的研究方法和过程，也就是分析自己的观察角度、记录时使用的语言等；③对伦理问题进行反思，看自己在观察的时候是否违背了公认的伦理规则和研究规范；④反省观察者的问题前设、个人的生活经历、社会地位等对观察的影响；⑤对自己目前仍旧感到困惑的地方加以澄清。陈向明认为重点在于对自己的思维方式和使用的方法进行反思。在观察过后，研究者有些时候也从上述几个方面做一些反思，但是不可否认，有些时候做得并不好。除了上述及时的整理和粗浅的分析之外，还运用类似于上述文件分析的方法对观察的资料进行归类整理。

2.访谈结果的处理和分析

笔者在访谈的过程中征求了受访对象的同意，对所有访谈记录都做了录音，以保证访谈者和受访者所说的一切都被保存下来以备分析。每次访谈结束后，访谈者都记录下自己对访谈的反思笔记。这些反思包括访谈中浮现出来但没有来得及表达的观点，对受访对象的言语和非言语行为的描述等。这些反思笔记让访谈者在对信息收集过程进行掌控的同时，也开始对信息本身进行分析。

对21个访谈对象的访谈录音，笔者自己将其完全转录为文字。虽然这项工作耗费了笔者的大量时间，但对笔者来说，是一个熟悉数据的过程。对每一个访谈录音转录之后，为防止个别的受访者扭曲或者放大一些真实信息，笔者还把不同的受访对象对同一类事件的看法进行了对比，同时将受访对象的所说与笔者对他们的观察信息逐一对比，进行了探察和纠正扭曲的工作。

这项工作完成之后，笔者运用了扎根理论的三级编码对访谈资料进行分析。即直接从原始材料中归纳出概念和命题，然后通过比较、归类等方法建立概念或命题间的联系，从而形成能够解读现实的理论。

扎根理论的最重要的一环就是三级编码：

(1)一级编码，也称开放式登录。这个过程中，笔者尽量搁置自己个人的“偏见”，也不运用已有的理论术语来代替访谈话语，真正根据数据所表达的意义对数据进行概念化，建立类属。在这个过程中，笔者尽量“让数据自己说话”。

(2)二级编码，也称关联式登录或者轴心登录。笔者主要发现和建立类属之间的各种联系。具体做法是，每次对一个类属进行深度分析，在这个类属之下找出不同的部分、层次之间的关系，有些时候通过图表来编写这些关系。

(3)三级编码，也称作核心式登录。经过笔者对二级编码的整体图景思考，出现了一些核心概念，能够说明通过前面的编码和比较所形成的那个整体的画面。由此，笔者以这些概念为轴心，建立概念和类属之间的有机联系，建构理论。

在这个过程中，不断的比较十分重要。首先，笔者还把教师与教师之间的见解进行不断比较，以便让研究者明白现实中所发生的故事有什么意义。其次，笔者在资料分析的过程中，也不断比较研究的总体目的和规划及研究的每个概念和类属之间的意义和关系。即研究者既要理解教师谈话的具体含义，同时也要知道这样的见解在整个研究中处于什么位置。再次，在研究的过程中，笔者也随时阅读一些研究报告，让自己分析的结果与已有的理论和研究结果进行对话，以便从自己的分析结果中建构理论。

(四)研究的效度与伦理性保证

1. 研究的效度保证

质性研究一般不关注信度而关注内部效度。它关注的重点是人们在不同的、特定的文化社会脉络下的经验和解释(姚美华，胡幼慧，1996)。这种意义和解释的价值和判定标准，更多是在追求一种真实性。学者们提出用“可靠性”“真实性”“可信性”等来衡量质性研究的效度问题。

本书通过以下方法来保证研究的效度：

其一，通过提高访谈和观察过程中对研究对象的言语信息和非言语信息的敏感度，及时捕捉“言外之意”来提高研究的效度。其二，通过“三角验证”的方法来提高效度。具体通过对比访谈对象的信息和非访谈对象的信息，对比文献分析，用半开放式访谈和参与式观察所获得的资料等方法来提高效度。其三，拿自己的研究总结和研究对象进行交流，检验自己的解释是否准确，以此提高效度。其四，请教做过质性研究且在研究主题方面有经验的学者，对研究的过程和结果进行评判。具体是，笔者在访谈之前，通过远程交流，请教了在高等教育教学研究方面的专家——厦门大学高等教育研究院某教授审阅了访谈提纲和观察记录表。在访谈和观察的前几次，请已经做过质性研究的老师对笔者的提问方式、访谈和观察行为逐一指导，她认为可以独立研究以后，研究者再独自访谈和观察。

2. 研究的伦理规范

在研究的伦理考量方面，主要有以下几点。首先，对受访者公开研究者的身份和目的，在征得受访者自愿参与研究的情况下，进行资料收集。访谈录音事先征得访谈对象同意。其次，尊重受访者的隐私，研究资料仅用于研究，不外泄或用于研究之外的其他用途。在研究资料书写过程中，进行匿名处理，并省略可能暴露受访者身份的相关信息。再次，尊重受访者的感受和意见，不强加自己的意见和感受，建立平等互信的良好关系。最后，对访谈对象的参与和贡献心怀感激，通过耐心倾听、在研究中公正表述他们的感受和意见、分享研究成果等方法给予回馈。

第一章　教学学术研究的文献回顾

“教学学术”这一概念自提出以来，国内外关于其理论内涵的剖析和实践措施的总结丰富多样，理解有所差异。因此，本书将分教学学术的国外研究和国内研究两部分进行文献回顾。

一、教学学术的国外研究

1990年，博耶在《学术水平反思：教授工作的重点领域》一书中，针对美国研究型大学不重视本科阶段教育、“重科研，轻教学”及“不出版，即解聘”等情况，拓展学术内涵与边界，首次提出了“教学学术”。这引发了在美国长达10多年的关于教学学术的大讨论，并且这种讨论形成了巨大的国际影响力，在西方学术界掀起一股研究教学学术的热潮，关于教学学术的研究和实践已经超出美国，波及英国、加拿大、瑞典、澳大利亚等国，从而逐渐形成了一个影响广泛的教学学术运动。国际上出现了若干种期刊和专著主要发表教学学术的研究报告、不同学科教师的反思性文章、文献综述、案例研究等，呈现出教学学术的研究视角、研究内容和研究方法的多样化趋势。本章通过梳理西方教学学术的发展脉络，从教学学术的理论建构、实践路径、研究困境、未来之路等方面展开论述，力图全面地勾勒出西方既有研究图景，并提出后续研究者今后亟待思考与解决的问题。

(一)教学学术的理论建构

1. 教学学术研究的渊源探析

在“教学学术”这一专门的概念出现之前，西方一些著名的教育研究者就对教学问题进行过系统而深入的研究。这些研究的成果，成为教学学术概念提出后一些研究者研究大学教学的重要理论依据。因此，关于教学学术思想萌芽的研究，也应当成为教学学术研究成果的重要组成部分。

在教学学术思想萌芽方面，约翰·杜威的探究理论、反思性思维和教学理论①，唐纳德·舍恩的“实践认识论”②，帕特·克罗斯和汤姆·央格罗的课堂研究理论，是这方面研究的重要成果。

---

① 约翰·杜威. 我们怎样思维：经验与教育[M]. 姜文闵，译. 北京：人民教育出版社，1991：46—51.

② 唐纳德·A. 舍恩. 培养反映的实践者[M]. 郝彩虹，等，译. 北京：教育科学出版社，2008：前言.

杜威认为,探究活动是一种动态的认知活动,随着探究活动的不断进行,知识也在发展和修正,教育应该是经验的继续改造或者改组。[①] 这些思想对美国20世纪后半叶的教育思想产生了极为重要的影响,使得探究教学在美国高等教育教学领域内受到极大的关注,如美国60年代到80年代教育注重培养学生的创造能力和探究能力。博耶提出"教学学术"的概念论述中,也阐述了好的教师要对教学进行持续探究的思想。

反思性思维理论是杜威教育理论的核心命题,他主张在经验的情境中进行思维,对某个经验情境中的问题进行反复、严肃、持续不断的思考,为求得一个新情境,使困难得以解决、疑虑得以排除、问题得以解答。在教学中,要根据特定的情境找出解决问题的办法,并根据变化的情况随时调整行动策略。这种在行动中,根据变化的情境调整策略和方法的路径,即行动研究的形式。[②]

杜威之后,美国学者舍恩认为,在新的时代,需要新的学术范式进行研究和专业教育。大学应该选择反思性实践的认识论,发展反思性行动研究的新模式,进行学术研究和教学。基于此,他提出了"反思的实践者"概念。并说明专业工作者通过这种行动中的反思过程,使新产生的实践知识得到修改完善,并整合到实践者的技能中,以便用于未来的实践中。这种模式在教学中同样适用,教师面对不确定的情境,设法解决问题,一方面克服困难,另一方面使得自己的教学经验得到修正和扩展。

美国加州大学伯克利分校的帕特·克罗斯教授和波士顿学院的汤姆·央格罗教授反对"实验室"式的教学方法训练模式,倡导在真实的课堂情境中进行师生互动的双向改进,形成具体的教学方法。实际的教学,不仅仅是传递知识,更重要的是改造和扩展知识。这与博耶的教学学术的分析相似。

2. 教学学术概念的拓宽发展

自从博耶首次提出教学学术的概念以来,西方高等教育界出现了大量探讨教学学术内涵的文献。包括博耶(Boyer E.,1990)、赖斯(Rice,1991)、赫钦斯和奎那(Hutchings, Quinlan, 1991)、德爱门德和亚达姆(Diamond, Adam, 1993)、泰勒(Taylor, 1993)、里奇林(Richlin, 1993)、韦默(Weimer,1992、1996)、鲍尔森和佛尔德曼(Paulsen, Feldman, 1995)、卡恩塞勒等人(Cunsolo, Elrick, Middleton, Roy, 1996)、门杰斯(Menges, 1996)、默汉德和善德(Morehead, Shedd, 1996)、克莱博和卡

---

① Dewey J. *Logic: The Theory of Inquiry*[M]. Carbondale and Edwardsville: Southern Illinois University Press, 1991: 59.

② 约翰·杜威. 我们怎样思维:经验与教育[M]. 姜文闵,译. 北京:人民教育出版社,1991:46—51.

洛廷(Kreber, Cranton,Edgerton, 1997)、舒尔曼(Shulman L. S. ,1999、2000)、普罗斯(Prosser,1999)、海利(Healey,2000)、卡姆布雷德(Cambridge B. L. ,2000)、布莱斯顿等人(Braxton, J, Luckey, W, Helland, P, 2002)。针对众多定义,可从如下几个视角分述。

第一类教学学术的概念定义,从传统学术概念化的视角出发,将教学学术定义为教师研究、创新和生产有关教学的新知识,并以实体成果展现。对教和学的研究被视为教学学术的一个重要方面。如发表论文、提交教学论文、编写学科专业教学教材等。对教学和学习的研究,是教学学术的重要组成部分。在这方面定义的,有博耶和赖斯及其他人。

博耶将学术的定义拓展为发现的学术水平、整合的学术水平、应用的学术水平、教学的学术水平。博耶指出:“教授只有在被他人理解的情况下才会变得重要。今天,教学往往被视为一种例行功能,几乎每个人都能做到。然而,当教学被定义为学术时,教学既教育又吸引未来的学者。事实上,正如亚里士多德所说的,教导是最高形式的理解。”[①]。在阐述教学学术时,博耶指出,教学学术要求教师“见闻广博”,“主动学习并鼓励学生成为批判性、创造性的思考者,进而拥有进一步学习的能力”,好的教学要求教师既应是一名学者又应作为知识的传播者而存在。[②] 因此,传输、转换和扩展知识的能力是教学学术的必要条件。

博耶试图将学术的定义拓展至包括学术成果的各个方面,而不仅是出版或者发表,扩展了人们对学术成果仅仅限于发表论文或者出版著作的认识。同时,对于当时美国大学普遍存在的重科研、轻教学的现实,无疑具有振聋发聩的影响力。

遗憾的是,博耶始终没有严正指明教学学术的确切定义,这种松散的概念使得人们对教学学术概念无法清晰地理解,以至于布莱斯顿等人认为,教学学术定义是一个“概念性的困境”。[③] 但正是这种“困境”,促使后来的研究者不断阐释和解读,引发了持续多年的关于如何真正构建教学学术理论的争论。

赖斯在博耶的基础上,拓展了教学学术的内涵,他认为大学教师的概括能力、教

① Boyer E L. *Scholarship Reconsidered: Priorities of the Professoriate*[M]. San Francisco: Jossey-Bass,1990:23.

② Boyer E L. *Scholarship Reconsidered: Priorities of the Professorate*[M]. San Francisco: Jossey-Bass,1990: 24

③ Braxton J, Luckey W,Helland P. *Special Issue Institutionalizing a Broader View of Scholarship through Boyer's Four Domains*[M]. San Francisco, CA: Jossey-Bass, 2002:106.

育内容知识、有关学习的知识是大学教师发展教学学术的三个关键因素。[①] 概括能力是使用学科知识把学科元素和背景或者语境联系起来；教育内容知识是为了识别教学主题的领域特殊性，从本质上是教师如何帮助学生理解所讲授的内容和专业；有关学习的知识意味着教师需要调查了解学生的学习过程以及他们如何建构课堂意义。[②] 赖斯假设学生学习的关键在于从教师提供的知识中获得意义，仅局限于对教师的关注，是教师中心的范式。

为了得到更简化的定义，韦默(Weimer)选择避免使用教学学术这个具有模糊性的术语，而是把这个概念称为教育学术，将其简要地定义为"由大学教师在专业领域而不是教学领域出版的关于教与学的作品"[③]。这个通过简化得到的阐释，由于排除了教学，看起来太狭隘。

第二类视角的教学学术所指的教师是由学生和同行评价出的优秀教师，他拥有广泛的关于教和学的知识，能提供好的教学，或者教学优秀。如博耶认为，教学学术具有相对性，它既是一种教学，也是一种学术。在教学领域内，它是一种教学水平。作为一种教学水平，要求教师认真准备和钻研艰巨的教育任务，需要教师具有扎实的专业理论知识、宽广的视野和敏感的课堂观察和调控能力，要运用各种策略促进学生对课堂所教知识的理解和掌握，要调动学生学习的积极性，在促进学生多方面思维发展的同时，实现自我的成长。[④] 米凯利(McKinney K.)认为，好的教学要求教师运用合适的教学方法达到既定教学目标。这个过程可以通过学生满意度、同行评议或反思性档案袋等途径来评价。[⑤]

第三类视角认为教学学术是教学领域的学者们所使用的将教育理论和研究运用

---

① Rice R E. Toward a Broader Conception of Scholarship: The American Context[A]. In Whiston T G and Geiger R L(eds.), *Research and Higher Education: The United Kingdom and the United States*[C]. Buckingham: Society for Research into Higher Education and Open University Press, 1992: 125.

② Rice R E. Toward a Broader Conception of Scholarship: The American Context[A]. In Whiston T G and Geiger R L(eds.), *Research and Higher Education: The United Kingdom and the United States*[C]. Buckingham: Society for Research into Higher Education and Open University Press, 1992: 125.

③ Weimer M. *Enhancing Scholarly Work on Teaching and Learning*[M]. San Francisco, CA: Jossey-Bass, 2006: 19.

④ Boyer E L. *Scholarship Reconsidered: Priorities of the Professoriate*[M]. San Francisco: Jossey-Bass, 1990: 23.

⑤ McKinney K. The Scholarship of Teaching and Learning: Past Lessons, Current Challenges, and Future Visions [J]. *To Improve the Academy*, *2004*(22): 3−19.

于实践中的学术性取向。教学学术意味着教师通过对理论和研究的反思与以往来自教学经验的知识相结合产生的一种实践智慧。①

第四类视角的教学学术定义指的是教师对教学的系统反思。如克莱博(Kreber)和卡洛廷(Cranton)等提出,教师在三个水平的反思构成了教学学术:教什么的反思、如何教的反思和为什么如此教的反思。② 在克莱博看来,教学学术的内涵在于上述三个水平的反思。鲍尔森(Paulson)认为,教学学术实践需要评估和考察两个关键因素,即评估教学的学术水平,考察教师的教学反思情况。③

第五类视角将学生纳入教学的视角,认为教学学术是教师和学生一起探究教学、发现新知的过程。巴利和塔格(Barr R. B., Tagg J.)认为,受教学新范式的影响,世界范围内的教育改革由教师范式向学生范式的转变,以及知识学习的复杂和多样化,人们对于教学学术内涵的认识随之扩展,认为教学学术应该是学生与教师一起作为知识和学习的生产合作者。④ 海利(Healey)提出,当前关于教学学术的研究主要集中在教学学术的知识构成,但不可否认,所有关于教的讨论,不能离开学的活动而独立进行。⑤ 舒尔曼也认为,教和学是紧密联系的两个方面,因此,教学的学术应既是关于教的学术也是关于学的学术。⑥ 于此,他提出了"教与学的学术",并获得了广泛认可。这样,"教学学术"(Scholarship of Teaching, SoT)就发展成了"教与学的学术"(Scholarship of Teaching and Learning, SoTL),教学学术活动也就发展成为教与学的学术活动。学生进入研究者的视野,标志着西方学者对教学学术的内涵认识,开始由教师转向了学生范式,也意味着,学者们开始对教和学的问题进行系统的研究。

第六类运用学术交流的视角审视教学学术,将教学学术定义为教学可以公开、得到同行评议、和同事进行交流。⑦ 实际上,舒尔曼精确地阐述了构成学术的三个标准

---

① Kreber C, Cranton P A. Exploring the Scholarship of Teaching[J]. *The Jounal of Higher Education*, *2000*, *71*(4): 476—495.

② Kreber C, Cranton P A. Exploring the Scholarship of Teaching[J]. *The Journal of Higher Education*, *2000*, *71*(4): 476—495.

③ Paulson M B. The Relation Between Research and the Scholarship of Teaching[J]. *New Directions for Teaching and Learning*, *2001*(86): 19—29.

④ Barr R B, Tagg J. From Teaching to Learning: A New Paradigm for Undergraduate Education[J]. *Change*, *1995*, *27*(6) :15.

⑤ Healey M. Developing the Scholarship of Teaching in Higher Education: A Discipline Based Approach[J]. *Higher Education Research and Development*, *2000*, *19*(2): 169—189.

⑥ Shulman L S. Taking Learning Seriously[J]. *Change*, *1999*, *31*(4): 11—17.

⑦ Shulman L S. From Minsk to Pinsk: Why a Scholarship of Teaching and Learning? [J]. *Journal of the Scholarship of Teaching and Learning*, *2000*, *1*(1): 48—53.

条件,“人类的智能行为或技艺符合以下三点:第一,必须可以被公开;第二,必须受到同行的关键评价;第三,必须被所在群体发展、交流、使用。符合这些标准的教学应该被归类为学术”①。

第七类观点强调教学学术的个体化、具体化实践。持这种观点的学者主要有普罗斯(Prosser,1999)和麦金尼(McKinney,2007)等。他们认为大学教师通过对教学情境的判断和感知,采取不同的教学方式,从而产生迥异的结果。

截至目前,西方教育界对教学学术的定义不下数十种,这些概念之间既有互相重合的部分,也有不同的侧重点,百家争鸣的局面深化和拓展了人们对教学学术内涵和外延的把握。但是,一个学术概念或者一个理论的提出既要有学理的支撑和基础,更重要的是要有实践和操作的框架方法指导。教学学术操作性概念的进一步精炼化和明确化,是以后研究的方向。

3. 教学学术的特征构成分析

舒尔曼认为一个可以称作学术的活动至少应该具备“公开、被批判和评价、能够交流并可被同行使用”三个特征。② 卡姆布雷德也认为,教学要成为一项学术性工作,需要“将发现公开化,接受同行对其方法、结论的评价,并基于这种评价改进他们的教学和学术研究”③。英国特里格维尔等人(Keith Trigwell, Elaine Martin, Joan Benjamin, Michael Prosser)则从教学学术这一概念的目的出发,认为教学学术旨在将教学是如何促进学习的这一学术过程透明化,加以公开并得到公众的监督和评价。因此,公开、交流和评价是教学学术的基本特征。④

克莱博与其他人运用德尔菲法(Delphi study)对教学学术的概念进行了阐释,希望:①寻找教学学术的关键因素;②确定教学学术的悬而未决的研究领域;③提出可能解决这些问题的方案。小组成员对涉及教学学术的 18 个因素、21 个未解决的问

① Shulman L S. Taking Learning Seriously[A]. In Hutchings P(ed.), *Teaching as Community Property, Essays on Higher Education*[C]. San Francisco, CA: Jossey-Bass, 2004: 33—48.

② Shulman L S. From Minsk to Pinsk: Why a Scholarship of Teaching and Learning? [J]. *Journal of Scholarship of Teaching and Learning*, *2000*, *1*(1): 48—53.

③ Cambridge B L. The Scholarship of Teaching and Learning: A National Initiative[A]. In Kaplan M and Lieberman D(eds.), *To Improve the Academy*[C]. Bolton, MA: Anker, 2000: 18—56.

④ Trigwell K, Martin E, Benjamin J, Prosser M. Scholarship of Teaching: A Model[J]. *Higher Education Research and Development*, *2000*, *19*(2):155—168.

题形成了高度一致的共识。[①] 阿曼达(Amanda Ochoa)概括其要点,呈现如表5。

表5　教学学术的重要组成成分和特征[②]

项目	高度一致、小组取得强烈共识
1	从事教学学术的人应该仔细设计方法进行研究、解释,并且应该分享教学所得。所以,他们应该对其所在的专业的学术群体有所贡献
2	从事教学学术研究的教师关注学生的学习方法以及学习效果
3	教学学术具有独特的能够与其他形式的学术,比如发现、整合、应用相区分的特征
4	对于教学学术来说,从事课堂研究是重要的,但是还是不够的

通过研究教学学术的构成要素,他们划分了什么是教学学术,什么不是教学学术。表中第1项表明,构成学术的并不是教学本身,而是从教学中学到的东西。通过对教学实践的应用,以及分享获得的知识,教师将会对自己的学科有所贡献。对这个条款的高度一致显示出研究者的观点,那就是,对教学学术的贡献不仅仅是对教育文献,而且也是对专业文献的贡献。第2项表明,从事教学学术的教师会考虑学生的学习方法,以及教师如何能够促进学生学习。第3项表明,教师认为教学学术需要有别于其他形式的学术,但依然包含在学术的广义的定义范围之内。第4项表明,最后一项获得高度一致且强烈的小组共识,它消除了人们认为研究教学学术、研究课堂已经足够的观念。

4.教学学术的类型和评价标准

格拉塞克等人清楚地表述了学术评价的六个标准。科尔贝克和迈克尔(2006)把这六个标准解释如下:"①已经阐述了目标的重要性和可行性;②已经展现了相关文献和技能;③已经有效地应用了适当的方法;④已经实现了对专业有益的目标;⑤已经呈现了同行评价;⑥已经公开分享并且批判性地反思了成果的价值。"为了使学术的鉴别和评估形式统一,这些标准似乎呈现了非常明确的结构。[③]

大卫和波尔(David Kember, Paul Ginns)结合自己的研究和教学实践,于2012

① Kreber C. *Scholarship Revisited: Perspectives on the Scholarship of Teaching*[M]. San Francisco,CA: Jossey-Bass,2001: 15.

② Amanda Ochoa. The Scholarship of Teaching: Yesterday, Today, and Tomorrow[J]. *The Journal of the Professoriate*, *2011*, *6*(1): 100—116.

③ Colbeck C, Michael P W. The Public Scholarship: Reintegrating Boyer's Four Domains[A]. In Braxton J (ed.), *Analyzing Faculty Work and Rewards: Using Boyer's Four Domains of Scholarship*[C]. San Francisco, CA: Jossey-Bass, 2006: 8.

年出版了《评价教学和学习：高等学校教与学学术实用手册》(*Evaluating teaching and learning: A practical handbook for colleges, universities and the scholarship of teaching*)，提出了供教师、研究者和其他教育工作者选择和参考的评估高校教与学的指导原则，开发了部分标准问卷和大量评估方案，极大地丰富了教与学学术评价方法的研究。①

克莱博总结教学学术的特征，认为教师对于教学、教育学和课程三个领域，基于理论和实践知识分别进行内容的、过程的和前提性的反思活动，并接受同行评议，可以构成一个教学学术模型，三种形式的反思和三个知识领域一起构成有关教学学术的三乘三矩阵，如图 4。

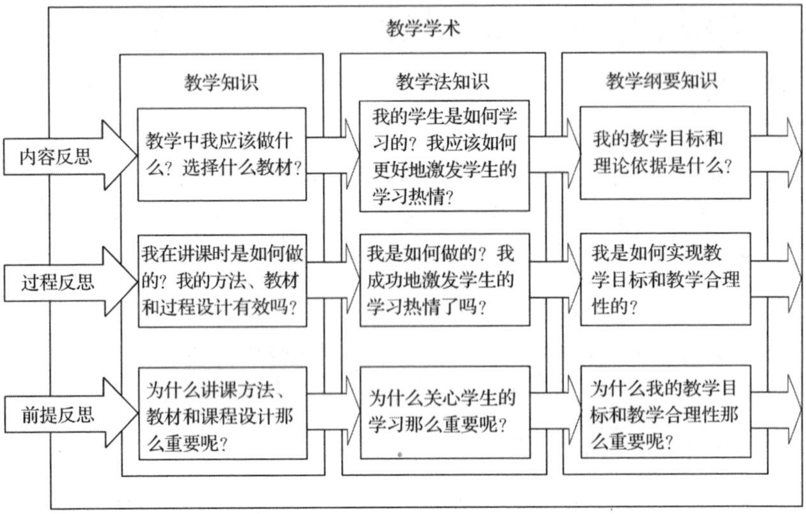

图 4　克莱博"九成分"教学学术水平评价模型②

在克莱博的基础上，特里格维尔等人将教学学术的构成加以整合，构建出了趋于实践倾向的教学学术模型，相较过去的观点更加完备和详尽。该模型包括知识、实践和成果三个相关要素。"知识"要素包含教师已有的教学和学习理论知识、所持有的教学学习观念以及已有的学科知识背景；"实践"要素包含教师的教学、对教学和学生成绩的调查评价、对教学实践的反思以及交流和学习等活动；"成果"要素包含学生的学习成就、教师的教学研究论文以及教师的满意度等方面。在教学活动中，"知识"作

① Kember D, Ginns P. *Evaluating Teaching and Learning: A Practical Handbook for Colleges, Universities and the Scholarship of Teaching*[M]. London: Routledge, 2012: 176.

② Kreber C. Controversy and Consensus on the Scholarship of Teaching[J]. *Studies in Higher Education*, *2002*, *27*(2): 151-167.

为背景支撑并制约教师的教学“实践”，产生相应的“成果”。同时，进入公共教育知识系统中的“成果”又会影响并构成新的“知识”和“实践”。当各要素之间的这种相互作用经由同行评议并予以公开化之后，便完成了教学学术的全部过程。①

5.教学学术与相关概念的比较

一个学术概念提出的初始总会伴随一定的混淆与误读，“教学学术”亦不例外。更为重要的是，当大学教学走入学术的范畴之后，它与学科领域中的专业学术究竟有何不同？克莱博对学界普遍存在的把教学学术概念与其他类似概念混淆的状况进行了梳理，归纳出主要的三种观点：教学学术等同于传统学术；教学学术等同于优秀教学；教学学术等同于学术性教学。②

首先，关于教学学术与学科专业学术的异同，克莱博认为：“教学学术是教师指向于对教和学的研究，生产研究性和创造性的可见成果。”③舒尔曼进一步地扩充与细化了克莱博的解释，他认为：“将教学视为一种学术，就意味着教师不仅将教学作为一种活动，而且将教学看作一个持续探索的过程。像其他形式的学术一样，教师对教学探索，其成果需要经过一段时间才能显露出来。同时，像其他形式的学术一样，教师需要对这种探索的成果进行交流和公开，以接受同行的批评和评判。通过这个过程，一方面传播自己的成果，另一方面汲取批评的意见，指导自己的工作，使之更进一步加强。这时，教学就变成了教学学术。”④

舒尔曼的观点表明，教学学术具有所有学术共有的特点，是一种需要付出探究的努力并形成专业成果的过程。与专业学术的外在对象性研究相比，具有研究对象的自我反思性、教学实践改进过程中的理论生成性和一种跨学科研究性。

其次，针对与教学学术相关的几个概念的混淆状况，美国另有学者比较了“好的教学”“学术性教学”和“教学学术”等概念的内涵。“好的教学”是指运用合适的教学方法达成既定教学目标，但教学效果良好的教师不一定从事学术活动。“学术性教学”指的是教师视教学为一种职业，将关于教与学的知识视为发展学术能力的“第二学科”。这类教师，能反思自己的教学，能使用课堂评价技术，能与同事讨论教学问

① Trigwell K, Shale S. Student Learning and the Scholarship of University Teaching[J]. *Studies in Higher Education*, *2004*, *29*(4): 523－536.

② Kreber C, Cranton P A. Exploring the Scholarship of Teaching[J]. *The Journal of Higher Education*, *2000*, *71*(4): 476－495.

③ Carolin Kreber. Teaching Excellence, Teaching Expertise, and the Scholarship of Teaching [J]. *Innovative Higher Education*, *2002*, *27*(1):5－23.

④ Shulman L S. From Minsk to Pinsk: Why a Scholarship of Teaching and Learning? [J]. *Journal of the Scholarship of Teaching and Learning*, *2000*, *1*(1): 48－53.

题，能阅读和应用有关本学科的教学研究文献。①

哈金斯和舒尔曼指出，学术型教学和教学学术之间具有很难辨别的本质。他们主张，所有教师对待教学的时候都有责任和义务“吸引学生，培养学生学习的兴趣”。然而，如果优秀教学创造性地实践课题评估、证据收集；如果这种教学不仅能发现所教学科领域的最新成果，而且能体现教育学科的最新思想；如果这种教学邀请同事协作并评论，那么这种教学就可以被正确地称为学术的、反思的、发现的教学。②

国际教学与学习学术学会(The International Society for the Scholarship of Teaching and Learning)把教学与学习的学术定义为教学和研究之间的桥梁。教学是教师所从事的与学生有关的一切活动，学术性教学只是其中的一个子集，是一种教学，但是需要通过教育文献和实践来体现。当教师进行教学和学习的研究时，他就是在架设教学和研究之间的桥梁，他就是在进行教学和学习的学术。也就是说，教师在进行教学学术时，他正在同时参与教学、学术型教学和研究。(如图 5)③

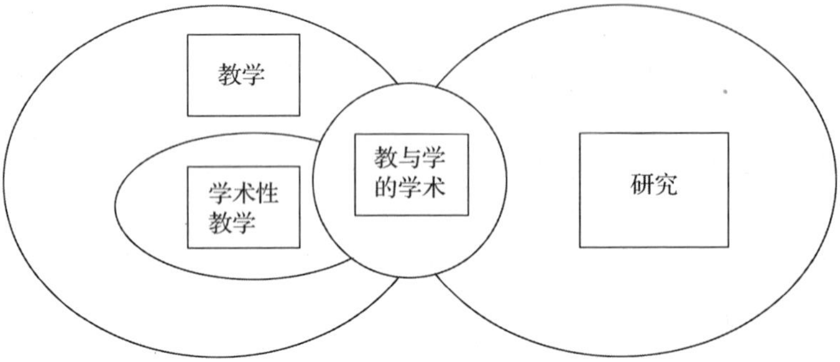

图 5　教学、学术性教学、教与学的学术和研究之关系

(二)教学学术的实践路径

1. 教学学术的学科化渗透

美国奥本大学(Auburn University)的教师威廉·巴斯凯斯特(William Buskist)及其他人在心理学教学中实践教与学的学术的模式：创办心理学教学协会会刊(*Journal for Society for the Teaching of Psychology*)，以便教师发表和交流研究成

---

① McKinney K. The Scholarship of Teaching and Learning: Past Lessons, Current Challenges, and Future Visions [J]. *To Improve the Academy*, *2004*(22): 3—19.

② Hutchings P, Shulman L S. The Scholarship of Teaching: New Elaborations, New Development[J]. *Change*, *1999*, *31*(5): 11—15.

③ Amanda Ochoa. The Scholarship of Teaching: Yesterday, Today, and Tomorrow[J]. *The Journal of the Professoriate*, *2011*, *6*(1): 107.

果，提高心理科学素养；建立心理学教学资源办公室（Office of Teaching Resources in Psychology ，OTRP），制定学术标准以便供教师们参考，同时共享、保存科研和教学成果，以便教师们评价和借鉴；编写心理学著作保障心理学研究成果的不断更新；有意识地选择反映心理学特点的教学方法和活动，增强教师教学的责任心，提高教与学的学术水平和教学有效性。①

美国西卡罗莱纳大学（Western Carolina University）的德布拉·D. 布克（Debra D. Burke）以案例的形式，构建了在21世纪全球化竞争环境中，商学院学生在"经济法"课程学习中实践教与学的学术的模型。提倡以理解学生学习方式，激发学生主动学习为出发点，将主动学习技术融入以讲授法（lecture-based）为主的"经济法导论"（introductory business law ），包括主干课程重新设计活动、描述化课程评估工具开发、经济法案例问题分析、撰写课程学习反思日志、将成绩评定作为学习工具等环节和步骤。② 上述教与学的学术的实践模式，突破了传统教师讲授—学生听讲（即学生对信息和知识以短期记忆为主、高阶思维能力发展不足）模式，能激发学生主动学习的态度，发展了学生的高水平认知能力，使知识和信息能长期保存。

萨利等人（Shari Burns，Christine Merchant，Erin Appelt）对健康与保健医学院院校教职工教与学的学术现状进行了调查，发现门诊医生作为教师，只注重医学专业知识传授和专业技能培养，而存在教育教学知识训练不足的缺憾，提出了在研究生课程中加入教育学课程的建议。③ 盖利等人（Gary J. Kornblith，Carol Lasser）展示了在历史学科教学中，运用教与学的学术，探索课程设计、课堂管理技术、多样化评价方法等提高教学的有效性的过程。④ 2013年11月，英国的高等教育学会创办《地球杂志》（*The Planet*），主要为那些从事地球和环境科学的研究者将成果融入教与学的学术之中，从而推动国际地理、地球和环境科学学会教育学的发展。

2. 教学学术的院校化实践

迈克尔·斯基等人运用层次分析法（Analytic Hierarchy Process，AHP）开发了

---

① Buskist W，Carlson J F，Christopher A N，Smith R A. Models and Exemplars of Scholarship in the Teaching of Psychology[J]. *Teaching of Psychology*，*2008*，*35*(4)：267－277.

② Burke D D，Johnson R A，Kemp D J. The Twenty－First Century and Legal Studies in Business：Preparing Students to Perform in a Globally Competitive Environment[J]. *Journal of Legal Studies Education*，*2010*，*27*(1)：1－33.

③ Shari，Burns，Christine，Merchant，Erin，Appelt. Campus Survey on the Status of the Scholarship of Teaching and Learning (SoTL) by Health Science Faculty[J]. *Education*，*2013*，*133*(4)：502－511.

④ Kornblith G J，Lasser C. Beyond Best Practices：Taking Seriously the Scholarship of Teaching and Learning[J]. *The Journal of American History*，*2006*，*92*(4)：1356－1357.

基于博耶的学术分类的多重学术评价标准模型，在调查了加拿大5所以教学为主的大学的现状的基础上，发现在大学学术评价体系中，教与学的学术仍然没有受到应有的权重体现。① 瑞典的卡特琳娜·马特森(Katarina Martensson)等人从社会文化的视角，分析了研究型大学隆德大学(Lund University)强化院级协调与互动、实践教与学学术的实验。研究总结认为，教与学的学术应超越个人发展的局限，培育持续性提高教学和学生发展的文化氛围，加强学术自由、专业认同和教育领导力。② 英国萨里大学管理学院(School of Management，University of Surrey)教授艾迪·安德克夫特等人(Andy Adcroft，Andrew Lockwood)探索了有机管理方法在提高管理学院师生教与学的学术中的运用，认为自下而上的自发性教学改革、师生全员参与、共同努力的意识和责任感是促进教与学的学术发展的关键。③

美国杰姆斯·麦迪逊大学(James Madison University)的大卫·丹尼尔(David B. Daniel)教授和密歇根大学(Michigan University)的戴伯·波尔(Debra A. Poole)教授通过比较研究，发现与强调记忆的教学方法相比，基于生态的教育方法更加适合人的自然本性，因而更加适合于教与学的学术。由此，他们提出了进行教育研究、发展教与学的学术的新方法——教育生态学方法。④ 博茨瓦纳哈博罗内大学的托马斯(P. Y. Thomas)解析了云计算作为实践教与学的学术的新范式。他认为无处不在的计算工具和强大的平台，可以使教师与学生利用虚拟技术、云计算和在线学校在学习时全员参与、高效、快速地共享文献、时时沟通合作方式，通过这种方式，使得教学从传统的私人领地走向了同行评估的公开和透明程度，同时，能使学生提高在课堂内外的学习效果。⑤

澳大利亚悉尼大学(University of Sydney，Australia)的安哥拉·布鲁及其同事(Angela Brew，Paul Ginns)开发了悉尼大学教学学术评估表和学生学习经验问卷，探

① Uzokaa Faith－Michael Uzokaa，Alan Fedoruka，Carlton Osakweb，Joseph Osujic，Kalen Gibbd. A Multi－criteria Framework for Assessing Scholarship Based on Boyer's Scholarship Model[J]. *Information Knowledge Systems Management*，*2013*，*12*(1)：25－51.

② Katarina Martensson，Torgny Roxa，Thomas Olsson. Developing a Quality Culture through the Scholarship of Teaching and Learning[J]. *Higher Education Research and Development*，*2011*，*30*(1)：51－62.

③ Andy Adcroft，Andrew Lockwood. Enhancing the Scholarship of Teaching and Learning：An Organic Approach[J]. *Teaching in Higher Education*，*2010*，*15*(5)：479－491.

④ Daniel D B，Poole D A. Learning for Life：An Ecological Approach to Pedagogical Research [J]. *Perspectives on Psychological Science*，*2009*，*4*(1)：91－96.

⑤ Thomas P Y. Cloud Computing：A Potential Paradigm for Practising the Scholarship of Teaching and Learning[J]. *The Electronic Library*，*2011*，*29*(2)：214－224.

讨了教师们在教与学的学术方面的成就及对学生学习经验的影响，发现从2002—2004年，悉尼大学实践教与学的措施提高了教师们与教学相关的学术成就，对学生2003—2005年的课程学习发生了积极影响，使得学生更加深刻地理解了好的教学；恰当评估和通识技能发展。①

牛津大学的特里格维尔等人（Keith Trigwell，Suzanne Shale），分析了学生学习和大学教学的学术之间的关系后，批判以往关于教学学术的研究延续反思、交流、教学内容知识学习、学术出版、教育研究的模式，提醒人们教学学术的起点是教学。学生作为教学的起点，也是教学学术的起点，在教学的反思活动中，教师和学生的共同参与对教与学学术的核心目标达成具有支持性作用。② 英国学者卡洛琳·克莱博试图探讨学生自主学习对大学教学的寓意，以便为大学教育者提供教育哲学和价值观方面的建议。他们的探索发现，教师在学生自主学习能力的形成中起着关键作用，因而，教学的学术研究对教师教学知识的习得具有非常重要的意义。要发展教师的教学学术，教师首先要形成"教学是探究的工作（包括对教学设计的探究、对学习理论的探讨和对课程的探究）"的观念，教师本人是这个领域的学习者，自己制订学习目标、记录自己如何达到学习目标。创建重视教学和学术的校园文化。③ 另外，还有赫钦斯等人提出的"教师学会"，佩斯等学者的"教师学习社团"，以及舒尔曼的"学习研究会"等都是教学学术实践的探索性研究。④

3. 教学学术"基础设施"建设

专业组织、学术期刊和学术专著是西方高等教育学术交流的主要渠道，保证了各学科研究的持续深入。近年，教学学术的专业组织的成立和教学学术期刊的不断涌现，使得教学学术作为一个专门研究领域的特征逐步显现。回顾西方教学学术专业组织的发展，主要体现在如下方面：

（1）教学学术专门组织的建立。在美国，卡耐基教学促进基金会是美国教学学术发展的推动者，近20年来，针对本科生教育、教学与研究的关系和教师评价机制等关

---

① Angela Brew, Paul Ginns. The Relationship between Engagement in the Scholarship of Teaching, Learning and Students' Course Experiences[J]. *Assessment and Evaluation in Higher Education*, *2008*, *33*(5): 535—545.

② Trigwell K, Shale S. Student Learning and the Scholarship of University Teaching[J]. *Studies in Higher Education*, *2004*, *29*(4): 523—538.

③ Carolin Kreber, Heather Castledenb, Nina Erfani, Tarah Wright. Self—regulated Learning about University Teaching: An Exploratory Study[J]. *Teaching in Higher Education*, *2005*, *10*(1): 75—97.

④ Walker J D, Baepler P, Cohen B. The Scholarship of Teaching and Learning Paradox: Results without Rewards[J]. *College Teaching*, *2008*, *56*(3): 183—190.

涉大学最根本、最重要的问题，卡耐基教学促进基金会发表了《大学：美国大学生的就读经验》《学术水平反思：教授工作的重点领域》和《重建本科生教育：美国研究型大学的发展蓝图》。同时，还出版了《博耶报告三年回顾》。博耶之后，在卡耐基第八任主席李·舒尔曼的倡导下，1998年，卡耐基教学促进基金会成立卡耐基教与学学术学会(CASTL)，以推动教与学学术在美国的发展，标志着美国大学教学学术运动的正式形成。除了卡耐基教与学学术学会，其他一些专门机构也致力于教学学术的发展，如：国际教学学术协会、高等教育教学协会、加拿大高等教育研究协会、英国的高等教育学院、澳大利亚的大学教学与教师发展委员会等。这些专业组织通过组织全国和国际性的学术研讨会、资助项目奖励学者出版期刊、建立网站等方式，建立教学学术的交流网络。

(2)高等院校对教学学术的重视。随着教学学术在西方各国的推进，越来越多的院校表现出了对教学学术的重视，分别出台规定、推出项目或者建立教学(学术)发展中心，对教学学术的实践推进进行着实质性的探究。如在2005年，美国68%的非营利性四年制大学根据教学学术思想，对教学进行了不同方面、不同程度的改革。美国一些高校在原有的教师(或教学)发展中心规划中增加了教学学术的内容，或新建教师(教学学术)发展研究中心，帮助教师实施教学学术方面的课题，如课程设计、教学管理、教学论文的写作和成果发表等。同时，这些机构还会帮助教师申请教学学术活动的资助资金；组织全校范围的教学学术研讨会；提供教学学术的期刊、会议和案例等方面的实用信息等。[①] 事实上，在西方，教学学术的发展已经成为很多大学教师发展的重要内容，也成为教师发展部门的职能之一。

(3)教学学术研究成果的展示和分享平台的建立。期刊、专著是学术成果发布、展示和交流分享的重要平台。据统计，目前国际上约有教学学术方面的综合性期刊近30种。包括专门以教学学术命名的国际性专业刊物，如《教学学术杂志》(*Journal of the Scholarship of Teaching and Leaning*)，《国际教学学术杂志》(*International Journal for the Scholarship of Teaching and Leaning*)，《加拿大教学学术杂志》(*The Canadian Journal for Scholarship of Teaching and Learning*)，另有近40种分学科的教学学术期刊。[②] 从期刊发表的文章内容看，除了一般理论探讨外，这些期刊在录用文章时强调文献基础、具有较大样本和严格实验(测量)数据基础等标准，这反映了这些期刊对教学学术基本特征的强调。从教学学术方面的专著看，笔者在写作本书

---

① 侯定凯．博耶报告20年：教学学术的制度化进程[J]．复旦教育论坛，2010(6)：31－37.

② Mckinney K. *Teaching and Learning: The Challenges and Joys Juggling*[M]. San Francisco: Jossey-Bass, 2007: 149－156.

时曾搜索亚马孙英文官网，在高等教育和继续教育书籍中，以“scholarship of teaching and learning”为主题词搜索，共得到701本论述教学学术的著作。这些著作主要是对教学学术研究的反思、教学学术的研究报告、不同学科教师的反思性文章、文献综述、案例研究等。文献中教学学术的研究方法也呈现多样化趋势：反思分析、对目标群体的访谈问卷调查、文本内容分析、对已有数据的二次分析、观察研究、案例分析等。

4. 教学学术的制度化进展

制度化(institutionalization)是指“某一社会系统的行动者接纳特定文化要素和文化目的的过程”①。制度化通常发生在“结构”(structural level)、“程序”(procedural level)和“统合”(incorporation level)三个层面。② 就教学学术而言，“结构”层面的制度化意味着：学术活动出现在院校的各项活动中；参与者明确如何完成教学学术的相关行为，也明确如何测评这些行为；院校为教学学术配备专业的管理人员。“程序”层面的制度化意味着：教学学术的政策成为教师的一种行为标准。“统合”层面的制度化意味着：教学学术成为大学组织文化的一部分，其价值观得到普遍认同。

其一，结构层面的教学学术制度化——教师发展及研究生教育。

目前，在西方各国，不同形式的教学学术实践已渗透在各国、各院校的活动当中。例如，院校建立专门的机构，负责协调和资助高校的教学学术活动；院校在其内部的教师培训和发展活动中有意识增加教学学术的内容；在教师评价、职务晋升和奖励中认可教学学术的成果；院校设立专门的教学学术活动科研项目；院校定期通过学术会议、教学简报和期刊等方式，记录和传播教学学术成果；院校通过多媒体和网络技术，公开教师的教学实践；院校以项目资助的方式支持教学法研究和其成果的发表；定期召开研讨会促进科研和教学的互动；在课程认定和审查过程中增加教学学术的因素；等等。

同时，推进教学学术结构化层面的研究也在进行，例如克莱博认为，促进教学学术的发展，院校还应从大学教师专业发展及研究生教育入手。通过研究生教育促进教学学术，可如下实施：①研究生课程计划至少增加两门关于教育学的课程；②允许研究生以学科内教育学为专题设计学位论文；③为研究生提供教学实习的机会，并听取他们对教学的反馈意见；④在研究生学术讨论会中建立教育学理论和研究专题讨论会部分；⑤支持从事教学学术研究的教师担任研究生的指导教师。通过大学教师

---

① Carolin Kreker. The Scholarship of Teaching and Its Implementation in Falulty Development and Graduate Eduwation[J]. *New Directions for Teaching and Learning 2001*(86):79—88.

② Curry B K. Institutionalization: The Final Phase of the Organizational Change Process[J]. *Administrator's Notebook*, *1991*, *35*(1).

发展促进教学学术的发展，可以：①在院系范围内设置专家和教师培训人员，增加他们讨论和探索学科教学和学习问题的机会；②允许教师在一个时期集中从事教学学术而不是其他方面的学术研究；③建立基于教育学理论和研究的专题讨论会和研讨小组；④成立院系范围的关于学科教学和相关材料的读书会，并鼓励教师进行团体教学；⑤以教学学术的形式建立基于大学教学和学习的课程。①

其二，程序层面的教学学术制度化探索——教师晋升和评估制度。

程序化的教学学术制度化意味着教学学术政策成为教师的一种行为标准。在美国，强调大学教师和学生共同探究，发现知识，推崇教师对教学的持续反思，使得研究教学成为教师的行为标准和习惯。另外，科研项目资助条款推动了大学教学改革，使得教师申请科研项目时都自觉地考虑项目对推动教学的意义。调查显示，美国普通本科院校和普通综合性大学和文理学院教师积极在学科教学类期刊发表文章，担任教学学术期刊的编委。② 2011 年，英国高等教育会（Higher Education Academy，HEA）发布了“英国高等教育教学支持专业标准框架”（The UK Professional Standards Framework for Teaching and Supporting Learning in Higher Education），规定以此作为大学教师教学能力培训和认证的基础，各高校须据此修订和扩充本校的教师发展计划。该专业标准包括五项专业活动能力、六项核心知识和四项专业价值观。五项专业活动能力指设计和规划教学、教学或者支持学习、评价和反馈学生、创建有效的学习环境、潜心于自己学科方面的教学与研究及专业评估实践。六项核心知识指适当的教学方法、学科学习与评价、学生在学科中和跨学科方面学习的知识、学习技术的运用和重视、教学效果评估方法、聚焦于教学的高等教育学术及专业质量保障和提高含义。四项专业价值观指尊重个性化学习和学习多样性、扩大有质量的高等教育接受机会、可持续专业发展、认同高等教育所处的环境，从事专业实践。

与程序化的教学学术制度化实践相并行的是，一些学者研究如何从大学教师的职位聘任、绩效评估和晋升奖励等方面落实教学学术的政策，使得教学学术成为教师的行为标准。如本德尔（Bender，E. T.）等认识到改变大学的评价结构是其自身之外的另一个重要目标。③ 英国学者罗宾斯（Robinson）等人认为有必要建立与教学学

① Carolin Kreber. Implementation in Faculty Development and Graduate Education[J]. *New Directions for Teaching and Learning*, *2001*(86).

② Henderson B B, Buchanan H E. The Scholarship of Teaching and Learning: A Special Niche for Faculty at Comprehensive Universities? [J]. *Research in Higher Education*, *2007*, *48*(5): 523—540.

③ Bender E T. CASTLs in the Air: The SoTL “Movement” in Mid—flight[J]. *Change*, *2005*(37): 40—49.

术相配套的教师激励机制，对教师做出有效的奖励和刺激激励。[①] 戴蒙德等人(Diamond, R. M. & Adam, B. E.)就主张促进大学教师的教学学术最好的办法是考虑他们的职位和薪酬结构，而职位和晋升系统需要符合三个标准：与学校所承担的任务相适应，考虑不同学科的差异，晋升和职位制度必须是公平的。麦金尼提出发展教学和学习文化的因素有：共同的语言、集成的任务、使用奖励制度、教学中心和其他。通过学校改变校园文化使其更加符合教学学术需要的自上而下的进程安排，然后让教师自下而上地应用教学学术。[②] 亚当·帕尔默等人(Adam Palmer, Roz Collins)建议需要对教师做出多样化的分类评价，实行"创新性合同"制度。即教师可根据自己的兴趣和院系需要，选择不同时期的研究工作和发展重点。相应地，学校可为教师的发展制订周期性的合同契约和时间安排，以便教师在教学学术和传统学术之间自由选择。[③]

而赫钦斯等人认为从结构上改变大学教师评价制度很困难，但可以探索提升和促进教学学术的措施。[④] 沃克等人(Walker J. D. , Baepler Paul, Cohen Brad)就沿着赫钦斯的思想进行了有意义的探索，他们以明尼苏达大学的实践为案例阐释了在大学评价机制尚未做出改变的情况下，如何鼓励教师从事教学学术工作。[⑤]

其三，统合层面的教学学术制度化进展——教学学术文化的形成。

在美国，数百所院校参与到卡耐基教与学学术学会组织的各项计划中，在本科生教学和服务方面进行改革，增加了为本科生提供的课程数量。另外，一些大学数十年坚持设立专门的教学学术资助项目，如美国印第安纳大学布鲁明顿分校(IUB)的教学和学习发展中心，于 1998 年成立本科生教学副教务长办公室(Office of the Vice Provost for Undergraduate Education, OVPUE)专门负责该校教与学学术的相关事

---

① Robinson J M, Nelson C E. Institutionalizing and Diversifying a Vision of the Scholarship of Teaching and Learning[J]. *Journal on Excellence in College Teaching*, *2003*(14): 95－118.

② Diamond R M, Adam B E. *The Discipline Speak II: More Statements on Rewarding the Scholarly, Professional, and Creative Work of Faculty*[M]. Washington, DC: American Association for Higher Education, Stylus Publishing, LLC, 2000.

③ Adam Palmer, Roz Collins. Perceptions of Rewarding Excellence in Teaching: Motivation and the Scholarship of Teaching[J]. *Journal of Further and Higher Education*, *2006*, *30*(2): 193－205.

④ Huber M T, Hutchings P. Building the Teaching Commons[J]. *Change*, *2006*, *38*(3): 24－31.

⑤ Walker J D, Baepler P, Cohen B. The Scholarship of Teaching and Learning Paradox: Results without Rewards[J]. *College Teaching*, *2008*, *56*(3): 183－190.

宜，同时，2002 年设立布鲁明顿校区教与学学术项目（Scholarship of Teaching and Learning Program on the Bloomington，SoTL Program）。OVPUE 专门负责帮助教师们申请各种项目，包括学习服务项目、SoTL 项目、写作协助项目、教学支持项目等。该中心主要以教师学习共同体（Faculty Learning Communities）为主题，创办多种教师教学研讨活动。来自不同的学科或研究领域的教师，提出有关教与学的问题，尝试教学创新，评估学生的学习，创造新的实践模式，并发表相关学术成果。活动围绕教学中的现实问题，诸如“提高学生对班级和专业的归属感和认同感、如何处理分散学生注意力的电子设备”等。① 通过 19 年来对教学学术的实践，IUB 形成了研究教学的文化氛围。据统计，从 1998 年到 2008 年 10 年间，来自 IUB 不同院系、不同专业的学者出版的 8 部著作，编写的 21 章节，发表的 43 篇期刊论文，参加的 240 次会议发言，均与教学学术相关。② 这种重视教学的文化一方面从总体上提高了 IUB 的教师质量，另一方面由于教师们把实践与交流得到的知识运用于本学科教学，进一步提高了学生的学习能力。

国际范围的教学学术制度化虽有进展，但整体上教学学术仍处于大学主流话语和学术生活的边缘，依旧难以与传统学术在地位和重要性上相抗衡。

加拿大高等教育教学和学习协会（Society for Teaching and Learning in Higher Education ，STLHE，下称“高教协会”）主席朱利安（Julia Christensen Hughes）介绍了加拿大盖尔弗大学（University of Guelph）教学学术的实践。2003 年，加拿大高教协会将推进教与学的学术作为其发展战略之一，两年后，达尔豪斯大学（Dalhousie University）也宣布了同样的战略目标。2004 年春，加拿大高教协会和多伦多大学高等教育研究和发展中心[Centre for Higher Education Research and Development （CHERD） at the University of Toronto]联合主办第一届教与学学术研讨会，100 多名大学教育行政官员参加会议。会议邀请卡耐基教与学学术学会主任理查德·盖尔（Richard Gale）做专题讲座，向参会者阐述教学学术的重要性和教育行政官员推进教学学术的可行做法。2005 年 10 月，加拿大召开了第二届教与学学术国际会议，700 多名来自世界各地的与会代表聚集加拿大，分享教育实践和研究的成果。尽管加拿大并无全国性的资助教与学学术的项目基金会等机构，在加拿大的高校教师培养计划中也无官方要求从事教学工作的博士生需学习教育学知识，但研究教与学的学术，在加拿大一些大学“草根般”悄然燎原，大多数大学建立了教学发展中心，对教学学术感兴趣的

① Faculty Learning Communities[EB/OL].（2019－9－13）[2019－12－5]. https://citl.indiana.edu/programs/faculty－learning－communities/

② 王玉衡. 美国大学推进教与学学术研究的新举措[J]. 中国大学教学，2009(8):22－28.

教师能够得到中心的资助。许多大学释放出重视教育研究的信号(如开展合作教育、探究学习、学习者中心的教学);一些大学在招募新教师时,要求他们提供自己教学的经历证明,阐述自己的教学学术思想;一些大学设立了"终身教学型教师"岗位,这些岗位的教师被明确要求从事教与学的探究工作;一些大学在校园成立了教与学学术研究所(Institutes for the SoTL);一些大学的教学研讨会以教学学术为主题。

(三)教学学术研究的现实困境

1. 教学学术的自身理论不够成熟

尽管西方高等教育界与教学学术相关的研究、报告、著作和实践日渐丰富,但从整体上看,学术界并没有对教学学术的内涵、功能、方法和实施等问题形成统一的观点。在理解和实施教学学术时,教师、教育管理者和教育行政人员,甚至地区和国家之间都存在着话语沟通的障碍。目前,对于教学学术的一些关键问题,没有得到解决(如表 6)。

表 6　关于教学学术未解决的问题①

项目	未解决的问题
1	教学学术、学术教学、优秀教学、专家教师等概念缺乏普遍接受的定义。并且,对教和学的研究仍然是没有解决的课题
2	同行对其重视程度,即教学学术的评估、认可和奖励问题
3	教学学术的评论标准是什么?谁来制定这些标准?是理论学家、认知心理学家、学科专家吗
4	缺乏一致同意的用于教学学术交流的语言
5	新的多媒体技术和网络技术是如何影响教学学术发展的
6	教学专门技能和教学学术专门技能之间的联系没有得到充分研究

2. 教学学术的研究成果缺乏整合

正如教学学术本身所倡导的一样,任何学术研究都需要公开交流、接受批评和批判,以便在改进自身的同时能为其他研究提供借鉴并共享成为学术共同体的财富。然而遗憾的是,西方关于教学学术的研究,存在着"各行其是"的现象。由于对教学学术内涵缺乏统一的理解,使得教学学术的方法含糊而多样,似乎任何关于教与学的研究,或者任何与提高教与学有关的实践,都被冠以"教学学术"的名称,而其实践路径

① Amanda Ochoa. The Scholarship of Teaching: Yesterday, Today, and Tomorrow[J]. *The Journal of the Professoriate*, *2011*, *6*(1): 100—116.

却大相径庭，这些实践之间相互促进的价值难以实现。教学学术的相关研究成果之间相互借鉴、相互促进的程度不明显。

3. 教学学术的实施机制受到限制

至今，尽管教学学术的重要性得到了包括教育行政官员和教师在内的许多人的认同，但教学学术在实践中仍然存在着诸多障碍，其根本的原因是，现有的学术体制并没有因人们认识到教学学术的重要性而发生根本性的改革，而是固守传统，甚至更加强化，如果“教师执意从事教学学术，便是冒险”。①

教学学术如果真正得到落实，它必须被提高到与发现的学术同等重要的地位，但现有的学术体制还是延续着其发现的学术凌驾于教学的学术之上的模式。因此，关键的是研发一套切实可行的方案，打破现有学术体制，使得发现的学术不再“一统学术的天下”，使得包括教学学术在内的其他学术才能与其真正“平等”。纵观已有的探讨教学学术实践之路径的文章，都是在现有的学术体制之下的“小打小闹”，并未触及问题的根本。据此，西方教学学术研究还需要建构一种兼顾发现、运用、整合和教学的学术实施模型，使得大学教师不再担心自己对教学学术的努力不被认可，使得大学教师的聘任、评价和奖励以及晋升机制能真正体现出教学学术的权威性。

(四)教学学术研究的未来之路

经过20多年的研究与发展，西方教学学术的研究初具理论化，逐渐走向成熟，专业组织、期刊与交流平台相继出现，制度化实践也全面展开，形成了具有强大国际影响力的教学学术运动。但“教学学术”的研究仍存在不少理论困境，在寻找实践路径上也充满挑战。因此，教学学术的内涵进一步明晰、采取有效的行动方案整合已有研究成果、构建教学学术评估的制度体系将是今后研究发展的趋势。

1. 教学学术内涵的进一步明晰

教学学术定义的模糊性是一个“概念性的困境”，也是造成概念与实践存在不一致性的根源。由于教学学术这个概念没有一个确切定义，因而缺乏共同约定的学术用语来进行教学学术交流。如何对什么是教学学术达成共识？如何阐明教学精确的学术性质？如何辨别学术型教学和教学学术的本质差别？如何区别教学学术与非学术型教学的差异？如何保持定义和事实上的一致性？如何把握教学学术的实践本性和学术的本质特性？作为既是学术又是教学的教学学术，应如何把教学知识和教学实践相结合？影响教学学术的学术生态和教学生态是怎样的？一系列问题，仍然有待于以后的研究进行解决。未来研究需要继续探究这些根本性问题，强化教学学术

---

① Howard N. Shapiro. Promotion and Tenure and the Scholarship of Teaching and Learning [J]. *Change*, *2006*, *38*(2): 38—43.

的理论根基，以便为教学学术实践的操作化和便利性提供方法框架。

可喜的是，在建立教学学术的共同语言方面，乔治敦大学的可视化知识项目收录了许多常用术语的网络词汇表，以便帮助那些试图去实现学术实践活动的人们，尽快检索到相关领域的表述不一却含义相同的常用术语。关于教学学术的所有已使用的词汇，也包括在其中。这尽管相当简单，却是建立公共知识库的第一步，开启了帮助学校和院系之间进行围绕教学学术的对话的步伐，促进以后的研究。

2.教学学术研究成果的体系化整合

如何整合已有教学学术成果，为未来确定更加系统化的学科（或跨学科）教学学术议程？如何提高教学学术的“身份认同”，让教更好地促进学？如何增进学科教学知识？如何应对现存院校文化的壁垒？如何改善对教学学术的认知？如何提高教学学术的被接受程度和出版环境？如何使用和使用什么学术用语进行教学学术交流，以便教师和学生共同参与教学知识的探究、整合、应用和交流？如何在大学里建立基于发展和生成智慧的教学学术共同体？学校如何采取自上而下的措施改变校园文化与现行制度以适应教学学术的发展？教师如何通过自下而上的路径践行教学学术理念与制度安排？

3.教学学术实施制度的系统化设计

教学学术的重要性得到了教师们的共识。可喜的是，教学学术作为一种学术形式，得到了教师的认可和合理性评价。由此，后续的研究重要的是研发合理评估、奖励和激励教师践行教学学术的保障制度。教学学术的评价内容需要包容学术活动、发表和未发表的成果等多种形式；在实施和呈现学术活动和成果时，教师需要在理论观点、研究方法、论据和结果等方面接受严格的学术训练。如何破除科研导向的评价与奖励机制？如何在跨学科和制度两个层面评价教学学术？优秀的教学除了通过学生评价，还可以通过什么途径进行评价？教学和科研之间需要通过项目审批标准和成果评估等手段，突出彼此的互惠互利。建立与教学学术相适应的教师评价与奖励、教师职位晋升与薪酬结构。将教学学术的研究成果运用于实践的最终推动者是教师，因此要使得教学学术的这一概念真正引起教师的重视并付诸实践。要研究如何激励教师，不仅奖励那些媒体关注的研究突破，同样奖励对学生有所影响的教师。如何修订教学评价的过程，使得教师的教学探究努力得到应有的回报。

4.教学学术实践之径的多样化探索

博耶的《学术水平反思：教授工作的重点领域》，引发了美国高等教育持续的关于教学学术的讨论，引起了近20年来美国高等教育领域最重要的改革。所以，与其说教学学术是一个学术概念，不如说教学学术是一个实践方向和一场运动。包括美国在内的西方教育发达国家，之所以重视教学学术，一方面在于想要用更加系统和学术性的方法来研究教师在使学习发生方面"什么有用";另一方面在于试图通过教学学术这一概念,生发可以操作的方法,以提高高等教育的教学质量,顺应国际范围内提高教育质量的趋势。从本质上说,大学关心的是如何实践教学学术,如何使教学学术成为提高教学质量的利器。因此,以后的研究需要结合国家和地区文化传统、经济发展、院校特色、具体学科专业,发展更多的提高教学学术的方法和案例,以此指导实践,为其他研究者和实践者提供借鉴,如美国的威斯康星大学①、印第安纳大学布鲁明顿分校②、英国萨里大学管理学院③等已经开展的实践那样,成为后继者可以参照的案例。

新的教学技术在发展教学学术中扮演着什么角色?互联网和电子媒体的广泛应用对教学学术的发展意味着什么?是否会促进或是损害教学学术的发展?如何促进教学学术的发展?有哪些具体措施?这些也是多样化发展教学学术需要注意结合的问题。

二、我国大学教师教学学术研究

2000年以来,我国研究者引介美国教学学术的思想,并从概念定义、内涵解析和评价标准方面对教学学术进行本土化解析,初步形成了基于我国现实的教学学术理论框架。同时,学者们对我国大学教学学术水平进行实证调查,并从教学学术的培育制度、价值认可制度、教学管理和质量保障制度、教师专业发展制度、交流与共享制度方面探讨我国大学教学学术制度的整体设计。但研究的理论根基不清,研究路径陈旧,重理论构想轻实践探索,研究成果实施乏力。教学学术的理论根基进一步厘清,自下而上的实践探索,适应教学学术的新范式的探究,教学学术共同体的创建将是今后研究的趋向。

(一)教学学术研究的进展

1."拿来主义":我国教学学术的媒介期

媒介期的教学学术研究,主要表现如下:

其一,引介教学学术主要代表人物的思想。

博耶是"教学学术"思想的首倡者,对其思想的研究和推介,是国内研究者的兴趣

① 王玉衡. 威斯康星大学实践美国大学教学学术思想述评[J]. 比较教育研究,2008(1):11—14.

② 王玉衡. 试析印第安纳大学布鲁明顿实践教学学术的新举措[J]. 教育评论,2009(8):46—49.

③ Andy Adcroft, Andrew Lockwood. Enhancing the Scholarship of Teaching and Learning: An Organic Approach[J]. *Teaching in Higher Education*, *2010*, *15*(5): 479—491.

之一。涂艳国等翻译了博耶关于美国教育改革的演讲,介绍了博耶对大学的质量、教学学术、学者共同体、学术使命的主张,这对国内研究教学学术思想具有里程碑式的意义。[①] 王晓瑜把杜威的"反思性思维"、舍恩的"反思的实践者"概念看作博耶"教学学术"思想的萌芽进行阐释,替我们找到了教学学术的思想渊源。[②] 不少研究者追溯教学学术的历史背景,全面解读博耶的教学学术思想,分析博耶提出的教学的研究性、创造性和可交流性学术特征,论述了博耶构建的评价教学学术的原则,即"学者的品质、学术工作的标准、学术的证明和过程的可靠性"(綦珊珊,2005;方毅,2007;詹春燕,2008;魏宏聚,2009;李欢,2010;宋燕,2010)。[③] 宋燕指出了博耶教学学术思想的意义和局限。她认为教学即学术的观念不仅扩展了学术的内涵与外延,而且为大学教师专业化提供了一个崭新的视角。局限在于,博耶对教师教学的关注表明这是一种教学中心范式下的学术。[④]

除了对博耶思想的极大关注外,宋燕还介绍了赖斯的教学学术三因素主张——句法能力(synoptic capacity)、教育内容知识(pedagogical content knowledge)、学习理论知识(what we know about learning),卡姆布莱德基于公开化改进教学和学术研究的建议,特里格维尔(Keith Trigwell)的教学如何促进学习的主旨,克莱博(Creber)的教学学术模型和三乘三矩阵评价体系。[⑤]

王玉衡等全面梳理了舒尔曼较为完备的大学教学学术思想,分析了舒尔曼将"教学学术"扩展为"教与学的学术"的概念的本质及贡献,解释了舒尔曼主张通过"公开、能面对评论和对结果的反思"三原则,阐释了舒尔曼"教学学术""好的教学"和"学术性教学"三个概念的异同,论述了舒尔曼关于实践中如何进行教学学术运动的建议(王玉衡,2006;荆晓前,2009)。[⑥]

上述文献抛砖引玉,介绍博耶和舒尔曼的教学学术思想,使人们认识了教学学术思想的轮廓,为我国研究者对教学学术内涵的把握和从教学学术的视角探讨我国高等教育的若干问题奠定了基础。

---

① 欧内斯特·L.博耶.关于美国教育改革的演讲[M].涂艳国,方彤,译.北京:教育科学出版社,2002.

② 王晓瑜.极端中创造平衡 构建新型学术范式——论大学教学学术思想的发展轨迹[J].现代教育科学,2010(2):109—112.

③ 李欢.博耶教学学术思想研究及启示[D].开封:河南大学,2010:1.

④ 宋燕."教学学术"国外研究述评[J].江苏高教,2010(2):67—70.

⑤ 宋燕.大学教学学术及其制度保障[D].武汉:华中科技大学,2011:1.

⑥ 王玉衡.让教学成为共同的财富:舒尔曼大学教学学术思想解读[J].比较教育研究,2006(5):51—53.

其二，系统阐述美国大学教学学术。

王玉衡从大学教学学术在美国产生的背景、大学教学学术运动的发展、大学和教师回应新理念而进行的创新实践及大学教学学术的国际影响等几方面，对美国大学教学学术运动初步进行了系统阐述，指出美国大学教学学术运动在理论和实践上使大学教师的教学工作得到更合理的、更具有创造性的认识，大学教师的“实践智慧”得到应有的承认和支持。大学教学学术运动作为一种意在改变忽视“教学文化”的新型大学教学文化，有持续发展的可能性。[①] 另外，王玉衡等人还介绍了威斯康星大学和印第安纳大学布鲁明顿分校在推进教学学术方面值得借鉴的具体措施（王玉衡，2006，2008，2010；黄涛，2011）。

王晓瑜总结了美国教学学术的发展历程，指出教学学术经历了博耶时代和舒尔曼时代，走进了教学共同体时代，不仅在深度和广度上不断深化扩展，而且在概念上获得了新的发展，把教学学术扩展为教与学的学术，走向了一种探究、公开、交流的教学学术理念。

上述研究结合案例，对美国教学学术的发展情况进行了较为系统的阐述，不仅使人们对教学学术的理解更加具体，而且提供了教学学术理念在美国大学有效运作的范例，更使人们认识到大学教师由关注自身专业到关注学生学习的文化发展趋向，能够促使我国大学教师思考如何转变角色，为适应这一改变做准备。

其三，探讨卡耐基教学促进基金会推进教学学术的机制。

李政云等总结了卡耐基教学促进基金会在切实推进教学学术从理念向实践的转化中的作用和内在机制，指出合理利用并及时处理各种计划与教育研究的关系，密切关注高等教育发展实践中的全局性问题，通过对本科教育和大学教师学术工作内涵的关注和探究，使美国高等教育界围绕大学教师学术工作的内涵，对美国高等教育质量问题进行了广泛探讨，是美国卡耐基教育促进会成立以来推动美国高等教育的主要原因（李政云，徐辉，2007；李政云，2008）。[②] 王玉衡认为卡耐基教学促进基金会通过项目推动大学教学学术，与其他团体（如美国高等教育联合会）合作，充当了美国大学教学学术运动“旗手”的作用，使得教学学术成为美国近 20 年来最重要的教育改革，证明了中介机构对当代教育发展的意义。[③]

---

① 王玉衡．美国大学文化发展新趋向——教师发展从关注自身专业到关注学生学习[J]．外国教育研究，2008(9)：41－46.

② 李政云，徐辉．卡内基教学促进基金会对美国高等教育的影响及其机制分析[J]．高等教育研究，2007(6)：98－104.

③ 王玉衡．卡内基教学促进基金会：美国大学教学学术运动的推动者[J]．大学研究与评价，2008(5)：57－62.

上述对卡耐基教学促进基金会推进美国教学学术运动的研究启示人们，除政府机构和高校之外的第三方机构，可以对高等教育教学质量的提高发挥作用，但发挥作用需要一定的机制和相应的文化环境。如何发挥我国民间机构对高校教学质量保障的作用，是我们需要研究的。

综上所述，我国研究者初期致力于对教学学术思想和美国教学学术发展情况的述评，使人们知晓教学学术产生的历史背景、概念渊源、核心理念、实践策略、推动机构、所获成就等，为教学学术在中国的传播做出了奠基性的贡献，更为后续的研究者本土化探讨教学学术的内涵、内容、策略、实践方法等提供了框架性指导。

2. 拼接改造：我国教学学术理论的本土萌芽

自教学学术概念被引入以来，伴随对西方教学学术思想的引介，我国研究者也在进行着本土化的理论探索，初步形成了研究的理论框架，主要表现为以下几个方面。

(1)概念逐渐明晰。俞信等在国内第一个提出“教学学术”的概念，但这一概念完全不同于博耶的“教学学术”思想，认为大学教师的教学学术水平主要反映在对党的教育方针和教育政策的理解及教育学和教学论的掌握。① 耿冰冰是国内第一个基于博耶的教学学术思想分析教学学术定义的研究者，她认为教学学术是大学教师进行自己学科领域的教学时，通过教学研究、合作交流、反思教学实践所表现出来的知识、能力和素质(耿冰冰，2002)。② 尹航(2008)、袁维新(2008)、王丹凤(2008)、时伟(2008)、李欢(2010)、宋燕(2011)基于各自的维度，对教学学术进行了定义。韩春燕(2013)、刘伟(2013)总结众多定义，认为教学学术虽然几经更新，但其共同之处在于：教学学术既是一种学术活动也是一种教学水平，是教师对教学现实问题的系统研究之术生成的实践智慧。③

(2)内涵逐渐完善。綦珊珊和姚利民认为教学学术包含知识成分、能力成分和素质成分。④ 姚利民认为大学教师的教学学术具体表现为对教学的深入认识、教学的全面知识、高超的教学能力和卓越的教学成果。⑤ 蒋喜锋等认为，教学学术在大学教学活动性质、教师角色、教师培训、教学管理、教学组织、教学质量建设和教学研究等多个方面具有深层的意蕴。⑥ 研究者们逐渐认识到，教学学术不仅是一个学术概念，

---

① 俞信，于倩. 着力提高大学教师的教学学术水平[J]. 中国高等教育，2000(13)：25—27.

② 耿冰冰. 大学教师教学学术水平初探[J]. 学位与研究生教育，2002(2—3)：60—63.

③ 韩春燕. 高校教师教学学术理念的更新研究[D]. 重庆：西南大学，2013：12.

④ 綦珊珊，姚利民. 教学学术内涵初探[J]. 复旦教育论坛，2004(6)：28—31.

⑤ 姚利民. 教学学术及其价值[J]. 河北科技大学学报(社会科学版)，2010(4)：102—106.

⑥ 蒋喜锋，彭志武. 当教学成为学术——教学学术理论的深层意蕴及启示[J]. 江苏高教，2011(1)：66—69.

更是一个内涵深广的系统。这个系统，涉及众多相关的领域。

(3)评价标准基本形成。评价标准的基本形成是教学学术理论化的重要标志。张其志探讨了教学学术评价的“为什么评、评什么、谁来评、怎样评”四个理论问题，建议必须把质性评价与量化评价结合起来，以质性评价统整量化评价，重视“教学学术档案袋”评价法。① 周鲜华等阐述了“九成份”教学学术模型，并以此为理论依据，设计了教学学术水平的评价指标，建立了相应的教学学术评价体系，指出了提高教学学术水平的有效路径。② 王若梅提出8个维度，每个维度均可分4种等级水平的定性评价模型和量化指标体系。③ 宋燕提出了大学教学学术研究的“四维度(知识、研究、交流和自主)”评价理论，并付诸实践，发现我国大学教师教学学术水平偏低。④

教学学术概念的逐渐清晰、内涵的逐渐完善和评价标准的基本形成，标志着教学学术理论框架的初步形成，为教学学术的实践运用提供了理论依据。但尚存的问题仍然明显，无论是对概念的解释、内涵的把握，还是评价标准的设计，都没有统一的视域，只是各家之言。对教学学术理论根据的挖掘，对教学学术信度较高的理论体系的深入研究，依然是研究的重点之一。

3.现状透视：我国教学学术的本土实践

对我国大学教师教学学术现状的观照，主要是以实证调查的形式进行。

其一，对高校教学学术现状的个案调查。

尹航、李欢、宋燕等分别调查地方院校(湖南、河南、山东)教师的教学学术现状，总体上发现这些地方性高校教学的学术性彰显程度不高(尹航，2008；李欢，2010；宋燕，2013)。

魏戈调查了北京大学教师教学学术现状，发现北京大学教师的教学学术水平总体情况较好，但管理制度的不完善成为制约教师教学学术发展的主要因素，教师的学科专业导致其教学学术水平的显著差异，教学学术很可能成为打破学科壁垒、促进跨学科交流的新平台。⑤

其二，对不同类型高校教学学术的综合调查。

陆根书等调查了陕西三所大学教师学术工作(教学、科研、服务和行政事务)的类型、

---

① 张其志.大学教师教学学术评价的若干问题[J].高教探索，2011(4)：71－74.

② 周鲜华，黄勇，马秀坤.基于“九成份”模型的教学学术评价体系研究[J].沈阳建筑大学学报(社会科学版)，2011(3)：375－377.(补充说明：“九成份”疑为“九成分”)

③ 王若梅.大学教学学术评价方法之研究[J].江苏高教，2012(5)：95－96.

④ 宋燕.基于“四维度”的我国大学教学学术水平现状分析[J].现代教育管理，2013(10)：79－83.

⑤ 魏戈.国内一流大学教师教学学术研究——来自北京大学的实证调查[J].复旦教育论坛，2014(2)：34－41.

特征及其满意度，发现大学教师主要围绕教学与研究活动展开学术工作，且随着大学教师资历的提高，其学术活动逐渐转向以传统观念中的研究为主，大学教师在学术制度中的决策权有效。基于此，建议转变大学教师的学术观，扩大大学教师的学术权力。①

宋燕调查了全国 19 所不同类型的大学（包括研究型大学、研究教学型大学、教学研究型大学和教学型大学）教学学术的总体水平，发现我国大学还没有确立教学学术的思想和观念，并缺乏相应的制度支持，面临诸多制度障碍。既有的学术建制环境构成了教学学术的外在制度障碍，传统学术观念和文化构成了教学学术的内在制度障碍。②

史静寰等对我国 44 所不同类型高校的教师教学学术现状进行了调查，对不同职称、不同性别、不同学历教师的教学态度、教学投入、教学准备、课堂教学行为、学校的教学保障制度等进行了分析。结果发现，目前我国高校教师的教学投入呈现与院校类型基本相符的角色特征，教学态度也呈现出典型的院校差异，现行的教师培训及教学支持系统的运行效果也有待提高。③

上述调查呈现出我国大学教学学术的基本现状。从中我们可以发现，彰显大学教学学术的主要有教师因素和制度因素。教师的教学学术水平随高校类型而显示出差异，这说明教师的水平、观念和努力程度在其提高教学学术水平中起决定作用。制度因素中，支持教学学术的外在保障制度是制约教师教学学术的外在因素。对现状的揭示能够帮助理论工作者和政策制定者明确研究的路向和政策的针对性。遗憾的是，缺乏对教学学术理论根基和核心理念的透彻理解而设计的研究工具，并不能保证研究的科学性。并且，研究工具的不相统一，使得研究结果之间无法整合发挥综合效应。基于教学学术理论的研究工具的开发，也是检视我国教学学术现状要解决的关键问题。

4. 理论构造：我国教学学术的整体设计

国际教学学术运动从 20 世纪 90 年代"教学学术"概念的提出和内涵的拓展，发展到 21 世纪以来教学学术的实践、评估和反思活动的大量展开，相关的期刊、专著和学术会议不断推出，教学学术的制度化初露端倪。④ 以此分析我国的教学学术制度化进程，我国研究者发现：当前我国教学学术在学校的学术职务评审与晋升制度、学术奖励制度以及学术资源分配制度中广泛遭遇遮蔽，且因大学职能的漂移、大学教师

① 陆根书，等. 大学教师的学术工作：类型、特征及影响因素分析[J]. 复旦教育论坛，2010(6)：38－44.

② 宋燕. 大学教学学术及其制度保障[D]. 华中科技大学，2011.

③ 史静寰，许甜，李一飞. 我国高校教师教学学术现状研究——基于 44 所高校的调查分析[J]. 高等教育研究，2011(12)：52－66.

④ 侯定凯. 博耶报告 20 年：教学学术的制度化进程[J]. 复旦教育论坛，2010(6)：31－37.

教学能力发展制度的缺失以及教学研究屡被专业研究矮化等原因而积重难返。进而建议，要构建我国的教学学术制度，综合谋划、整体建构教学学术的培育制度、价值认可制度、教学管理制度、教师专业发展制度和教学学术交流和共享制度，是从制度设计层面促使教学学术“去蔽”进而达至“无蔽”境界的必由之路。①

其一，教学学术的培育制度。

陈伟等指出，需要从教学学术的角度培养高校教师队伍，要在研究生教育制度中彰显教学学术的价值，对有意从教的研究生开展教学培训和实习监督考核机制，通过严格程序和标准为研究生的教学能力提供保障，真正提升研究生的教学能力(陈伟，2010；杨超，2014)。

郑银华等提出培育教学学术制度要将教师教学研究作为提高教师教学学术的手段(郑银华、姚利民，2007)。陈伟指出，“在教学实践中培养，在教学研究中升华”是教学学术培育制度的根本(陈伟，2010)。冯军认为，基于大学教学学术的培育要从以下几方面着手：教学实践的行动研究是大学教学学术的生长点，基层教学和研究组织应是大学教学学术活动的平台，要培育大学教学学术生长的环境，树立教师以教学为中心的意识，探索建立教学学术发展模式，发挥学术团体和学会组织的作用。②

其二，教学学术的价值认可制度。

建立教学学术价值认可制度，是促使教学学术摆脱在学术评价制度中的边缘化状态的必由之路。研究者分别从教师职务评审制度、教师激励制度和教师评价制度三方面进行研究。陈伟建议分类建构学术职务评审制度，建立“教学型教授”系列的职务评审体制(陈伟，2010)。方学礼提出，要在大学教师职务评聘制度中重新构建教学评价指标体系，以期使教师教学得到全面合理的承认，实现教学科研等效评价，促进教学科研平衡发展。③ 杨超提议建立教学学术激励机制，改变以往重专业学术奖励轻教学学术奖励的行为和制度设计，让教师教学学术成果的价值得到应有体现，改革学术评价和教师评价机制，形成具有教学学术导向的教学质量评价体系。④

其三，基于教学学术的教学管理和质量保障制度。

刘春宏和时伟从大学教学学术的视角分析了我国现行大学教学管理制度，发现管理者缺乏学术理念，教学质量意识不足，约束机制不够健全，缺乏有效的评价体系。建议以教学学术理念统合教学管理制度，形成有效的教学质量评价体系和系统

① 陈伟，易芬云. 从遮蔽到去蔽：教学学术发展的制度分析[J]. 高教探索，2010(4)：73－77.
② 冯军. 论大学教学学术的培育[J]. 教育发展研究，2010(7)：34－38.
③ 方学礼. 基于教学学术的大学教师职务评聘制度重构[J]. 教师教育研究，2010(4)：39－42.
④ 杨超. 大学教学学术发展的制度环境及其治理途径[J]. 现代教育管理，2014(3)：51－55.

化的教学管理制度。[①] 王芳亮等倡议建立健全基于教学学术的教学质量监督、保障和约束机制，从评价目的、评价内容、评价标准、评价方式和评价主体方面重建教学评价制度。[②] 宋燕设计了基于教学学术的大学教学评价制度的内容（宋燕，2010）。步达等根据不同类型的教学，参考格拉塞克等人学术工作的六条评价标准和克莱博基于教学反思的 3×3 矩阵模型，形成包括教师自评、同行评价、学生评价在内的教师教学多元评价制度，建立过程化、动态化、常态化的教学基本数据监测系统，对教师的教学态度、教学能力、教学效果进行综合全面的评估，建立教学基本数据和教师测评结果发布制度。[③]

另外，张安富（2010）、项聪（2011）、艾述华（2014）、陈锡坚（2010）、孙艳霞（2012）等认为应转变观念，尊重教学学术，培育自觉的教学学术质量文化观，[④]要通过建章立制，赋权增能，构建学术型教学团队，培育师生教学学术共同体，加强教学学术文化管理，推进教学学术质量文化建设。[⑤]

其四，教学学术视角下的教师专业发展制度。

王贵林等认为教学学术理念对教学教师专业发展提供了实现的逻辑路径（王贵林，2012；张忠华，2013）。黄培森按照教学学术的分析框架，构建了大学初任教师专业化的现实逻辑：核心是关注教学专业发展，根本是基于教学实践问题的解决，保障是完善政策和教学学术评价制度。[⑥]

姚利民设计了大学教师成为教学学术型教师的路径：大学、大学教师自己和大学管理者要认识与重视大学教学学术，创建学习共同体。学校要对教师开展职前和在职教学培训，大学教师要学习教学、进行教学实践、反思教学。[⑦] 韩建华提议高校管

---

① 刘春宏，时伟.大学教学管理制度的缺陷与对策——大学教学学术的视角[J].理工高教研究，2008(2)：13—15.

② 王芳亮，道靖.教学学术视阈下高校教学评价制度的反思与重建[J].黑龙江高教研究，2012(8)：162—165.

③ 步达，郭胜伟，胡琦石.基于“教学学术”理论的大学制度构建路径之探析[J].现代教育科学，2012(6)：78—81.

④ 项聪.基于教学学术的高校本科教学内部质量保障体系构建[J].黑龙江教育(高教研究与评估)，2011(8)：4—7.

⑤ 孙艳霞.教学学术视角下的高校教师教学监控能力标准探析[J].河北大学学报(哲学社会科学版)，2012(3)：26—30.

⑥ 黄培森.教学学术视角下大学初任教师专业发展的逻辑[J].首都师范大学学报(社会科学版)，2014(3)：136—142.

⑦ 姚利民，綦珊珊，郑银华.大学教师成为教学学术型教师之路径探讨[J].大学教育科学，2006(5)：41—45.

理者要制定一种教师的教学学术评价与激励的制度，以此引导大学教师重视教学学术，促进大学教师的专业发展，构建教师终身教学的学习体系。① 昌晓莉建议建构教师与教师、教师与学生之间的学习共同体，促进大学教师的发展，实现教育者、研究者和学习者角色的真正统一融合。②

其五，教学学术的交流与共享制度。

美国学者舒尔曼和赫钦斯认为教学学术活动需具备三个特征：成果的公开化、接受批判性评论、成果能够交流和被同行使用。杨超提议我国教学学术交流与共享制度应按上述标准建构。首先，成立全国性的专门的教学学术组织或机构，建立从国家到地方甚至到大学层面的发挥不同职能的教学学术组织，对教学学术进行资助和传播，实现对教学学术的交流与共享。其次，打造包括教学学术著作、教学学术专业期刊、教学学术网站在内的教学学术成果分享平台，使大学教师教学学术成果公开化，使经验得到交流的同时接受同行的评价。最后，建立合理的评价监督机制和共享激励机制，使同行评议具有客观性、代表性和准确性，同时使得共享者更积极。③

综上所述，我国研究者积极探讨我国大学教学学术制度设计，并逐渐形成制度体系的轮廓，这种明显的倾向表征出研究者们对该理论实践价值的渴求，也为我国大学教学学术的发展指明了方向。但是，缺少坚实理论根基的支撑，缺乏实证调查数据的支持和实践的验证，这样的教学学术制度设计框架，其科学性体现在哪里？在我国有多少实现的可能性？有待以后的研究继续探索。

（二）教学学术研究的问题

15 年来，教学学术研究在我国有了很大的发展，但依然存在如下问题：

1. 研究取向的“食洋不化”

教学学术在美国的发轫，有其特殊的时代背景和理论渊源。教学学术在美国成为一种运动，有与其适应的文化环境和制度保障，更有与其国情相适应的理论根基和方法支撑。我国研究者引介西方教学学术思想，本土化构建我国教学学术的理论框架的成绩值得肯定。但是，他们对我国社会现状、文化观念、教育制度的分析不深，就盲目“嫁接”教学学术，使得研究“食洋不化”。最集中的表现是，研究教学学术的理论根基不牢。目前国内大部分研究都以博耶的教学学术概念框架和舒尔曼的教学学术

① 韩建华.教学学术观念及其对大学教师专业发展的启示[J].江西社会科学，2009(8)：236－239.

② 昌晓莉.高校管理者教学学术理念的确立与大学教师的专业发展[J].教育探索，2011(11)：86－88.

③ 杨超.大学教学学术发展的制度环境及其治理途径[J].现代教育管理，2014(3)：51－55.

特征判定标准为依据。博耶的“教学学术”思想体系本身的严谨程度与科学性在西方学界仍然存疑，加上我国研究者对博耶的思想缺乏深入的理解，使得我国教学学术研究和实践常陷入模糊之境。舒尔曼的教学学术特征判定虽然简单易行，但这种教学学术特征的判断标准如何成为一种理论根基而指导实践，很多问题还有待澄清。

2.研究路径的“穿新鞋走老路”

教学学术理念的提出和实践，不仅希望对教师的工作给予全面的承认，突破传统“教学科研”二元对立的讨论，更重要的是希望教师倾心关注自己的教学实践，在“在教学实践中、通过实践并为了实践”的原则下，研究怎样教学，提高自己的教学水平，进而达到提高教学质量的目的。这种提高大学教师教学质量的理念不同于以往从外部对教学质量进行保障的思路，而是试图在教学的实践上实现教学质量的提高。因而，目前的西方高校，反思的教学实践成为热点。但我国研究者的重心，似乎只是以“教学学术”的名义，走在外部保障的道路上，并没有深入真正的教学实践。没有教学的支撑，教学学术的发展将难以为继。

3.研究范式的“理论想象泛滥”

我国当下的教学学术研究范式，多理论构想，少实践探索和实证调查。这些理论构想基础上的对策建议，由于缺少实证数据的支持以及实践试验的佐证，其可行性遭受怀疑。少数的实证调查，由于没有坚实的理论基础，调查结论的科学性及实践的契合性，仍然有待证明。

4.研究成果的实施乏力

研究者们“百家争鸣”，建议构建彰显教学学术的保障制度，但实践中存在很多障碍。

首先，传统的学术观和教学观的阻碍。在我国普通大学教师的头脑中，“学术等同于研究”“大学研究的是高深学问”的学术认知根深蒂固，师者“传道、授业、解惑”而非学术研究的教学观念坚不可摧，这使得教学学术的理念难以在短期内形成新的主流学术观，体现在教师的行动中。

其次，传统学术制度的障碍。我国传统以研究发现为主要范式的学术制度，健全而权威性地统治着整个学术界，成为主流建制。教学学术如何冲破这种传统制度的壁垒，在制度上取得相应的地位，以保障其价值的体现，将是一个漫长而艰难的过程。

再次，教学学术研究成果缺乏实践推进的力量。我国研究教学学术的主体是大学的理论工作者，而非掌握资金或者具有决策权的行政工作者。我国缺乏如美国那样长期支持教育事业的基金会等中介机构，因而无法为研究者持续提供资金支持。

上述因素决定了我国教学学术的研究缺乏实践推进的力量。基于实践构建教学学术的发展模型，推进教学学术成果的融合和共享的渠道，还没有形成。

(三)教学学术研究的展望

虽然目前对于“教学学术”的研究仍存在不少理论困境,在寻找实践路径上也充满挑战。但研究自身的价值,仍体现出对社会和教育发展的重大意义。因此,教学学术的理论根基进一步厘清、自下而上的应用性研究、反思实践的研究范式和学者共同体的创建将是今后研究发展的趋势。

1.基于本土化的教学学术理论根基研究

教学学术是舶来品,如何基于本土立场对其进行“再概念化”,如何进一步澄清教学学术的内在机制和各要素之间的关系,值得后续研究者思考。

首先,对教学学术的实践本性和学术的本质特性的把握。教学学术既是一种学术,也是一种教学。在学术视野中,教学学术在学术的知识、研究、交流和自主四个维度中如何体现?在教学领域里,教学学术的教学知识和教学实践如何结合?作为一种教学水平,教学学术与非学术性教学、学术性教学的异同是什么?

其次,在更大的学术环境中,教学学术与其他各类学术如何协同?在整个学术生态中,教学学术与其他各种学术类型的关系如何?未来研究需要系统探究影响教学学术发展的众多因素,以提高研究的系统性和全面性。

2.自下而上的教学学术应用性研究

在以责任和服务为重的21世纪,学术的价值不是取决于学术自身的名词术语,而是取决于它对国家和世界的服务。这个时代,任何教育改革与发展都要为学生的学习质量和发展成长负责。顺应这个时代的教学学术,需要走下“高、大、上”的神坛,真正“接地气”地结合具体教学实践进行探究。这既是教学学术实践本质的体现,也是教学学术理论升华的必要。深入课堂,去教师和学生活动的场所进行有关教与学的探究,才是真正的教学学术研究之道。开展有关“学”的学术探索,对学生的学习经验进行实证调查研究,从而掌握学生的学习兴趣、学习现状,以学定教。只有这样,才能将教学学术的研究与师生的未来发展联系起来;将教学学术的探究,与国家的公民、社会、经济和道德问题联系起来,这可能是教学学术的使命。

3.反思实践的研究范式运用

面对新的时空环境和需求,当传统的学术观念和研究范式明显不适应社会的发展和教育的需要,束缚了教学学术的发展和实践推进之时,教学学术未来的研究与发展,就不能局限于已有的认识论和研究范式,而是需要一种新的认识论和研究范式。这种范式就是,在实践过程中,教学学术的研究者们不能仅仅从理论到实践,而且要从实践返回到理论。因为,实践证明,形成一种理论最好的方法是应用这种理论,不能脱离实践来谈理论，实践可以检验和修正理论。①

4. 教学学术共同体的创建

学术是一种群体性的工作，教学学术是一项系统性工程，为了确保教学学术之火的不断燃烧，就必须突破诸多限制和障碍，进行持续不断的交流。首先，突破观念和体制的障碍，使得大学的各项工作从分裂走向联合，将教学与科研、学生与教师、学科与学科、学校与社会联系起来，使得教学学术真正完成调和大学教学与科研长期分裂状况的使命。其次，发展一种共同的机制和语言，以便教师和学生共同参与教学知识的探究、整合、应用和交流，消除大学师生之间的鸿沟，在大学里建立基于发展和生成智慧的教学学术共同体。

① Schon D A. The New Scholarship Requires a New Epistemology[J]. *Change*, *1995*, *27*(6): 26－34.

第二章　大学教师教学学术的理论分析

截至目前，学术界并没有人明确提出大学教师教学学术发展的概念。研究者首先以教学学术的评价标准为核心，参考大学教师专业发展和大学教师教学发展等概念的界定框架进行简要定义，然后对大学教师教学学术发展进行理论方面的分析。

国内外学者对大学教师的专业发展进行了不少界定，不一而足。研究者综合他们的定义中的主要成分简单陈述为：大学教师专业发展是大学教师通过职前培养、岗前培训、在职培训和自我学习，在不断成长、反思和探究中，加深和拓宽专业知识、提高专业水平，达到专业成熟的过程。大学教师专业发展的内涵包括专业知识、专业技能、专业伦理、专业精神、专业智慧和专业组织制度的发展。

大学教师教学发展，则是大学教师从事教学工作时，经由独立、合作、各种进修、研究和交流，引导自我反省与理解，增进教学专业知识与精神，熟练有效地运用先进的教育技术，锻造纯熟的教育教学能力，发挥教育教学职能及使命的过程。其内涵包括专业知识发展、专业技能发展和专业组织制度发展。

借鉴大学教师专业发展的概念和大学教师教学发展的概念界定框架，研究者认为，大学教师的教学学术发展是指大学教师教学学术的知识发展、教学学术研究反思能力的发展、教学学术表达交流能力的发展和教学学术制度保障的发展。

一、大学教师教学学术的知识生成

知识“既是指通过实践所获得的认识与经验，也包含理论层面形成的文化成果或学问”[①]。对于教学学术而言，什么样的知识既是教学实践活动层面所内在蕴涵，又是理论生成层面所着力提炼与显性化，并能为他人借鉴与吸收以进一步改进教学实践的呢？本节将通过理论分析和实践观照，呈现大学教师教学学术知识生成的理论路线和实践现状。

（一）大学教师教学学术知识生成的理论基础

知识既是指通过实践所获得的认识与经验，也包含理论层面形成的文化成果或学问，它是学术活动的核心。大学教学学术作为一种人类有目的、有意识的学术活

① 中国社会科学院语言研究所．现代汉语词典[Z]．北京：商务印书馆，2008：1746．

动，其知识系统既要彰显教学实践活动层面蕴涵的知识，又要提炼理论生成层面的抽象化、概括化原理，以期能为他人借鉴与吸收以进一步改进教学实践。本章从大学教师教学学术的教学知识构成来讨论其知识生成过程。

"教学知识"作为一个词的出现早于作为一个学术研究概念的出现。在国外教育研究的文章中，"pedagogical knowledge""teacher's pedagogical knowledge""pedagogical content knowledge"均表示教学知识。教学知识是教师关于课程、教学及其实施方略的学问，每个教师都必须具备一定类型和数量的教学知识。在基础教育领域，关于教学知识的讨论比较成熟，随着学者们关注领域的扩大，这种结论被延伸到了大学教学之中。下文总结学者们关于教学知识的代表性观点，以期为教学学术知识构成中的教学知识做铺垫。舒尔曼、格罗斯曼(P. L. Grossman)，我国学者范良火、申继亮和林崇德及研究者杨鸿等人从不同的维度论述了教师的教学知识。

舒尔曼对教师的教学知识分类如下：①学科知识(subject matter knowledge)；②一般教学法知识(general pedagogical knowledge)；③课程知识(curriculum knowledge)；④学科教学法知识(pedagogical content knowledge)；⑤有关学生的知识(knowledge of learners and their characteristics)；⑥教育情境的知识(knowledge of educational contexts)；⑦教育的哲学知识(knowledge of educational aims, purposes, values and their philosophical and historical grounds)。学科知识是教师上课的学科课程的知识。一般教学法知识是关于课堂组织和管理的原则和策略性知识。课程知识指教师对教材和教学计划的掌握。学科教学法知识指将所教的学科内容和教育学原理有机结合，形成具体的问题和论点，恰当地组织和表达，以便不同能力和兴趣的教师都能够理解的知识。有关学生的知识指对学生的年龄、生理、心理、性格、兴趣、能力了解和掌握情况。教育情境的知识指学校所在文化氛围、学校的班级和课堂情况等。教育的哲学知识指有关教育的目的、目标、价值、哲学观和历史发展的知识。上述七个方面中，舒尔曼认为学科教学法知识处于教师教学知识的核心。[①]

格罗斯曼等人将教师的教学知识划分为六个组成部分：普通知识(knowledge of content)、学习者及学习的知识(knowledge of learners and learning)、一般教学法知识(knowledge of general pedagogy)、专业学科知识(knowledge of curriculums)、教学情境知识(knowledge of context)、自我知识(knowledge of self)。其中专业学科知识包括实体性知识(substantive knowledge)、句法性知识(syntactic knowledge)和学科的

---

① Shulman L S. Knowledge and Teaching: Foundations of the New Reform[J]. *Harvard Educational Review*, *1987*(57): 1—22.

信念(belief about the subject matter)。[1] 范良火在芝加哥大学攻读博士学位期间，所写的关于教学知识的论文《教师教学知识发展研究》，提出教师进行高质量教学必须具备的教学知识，包括五个方面：①关于包括技术在内的教学材料与资源的知识；②关于表达学科概念和过程的方式的知识；③关于教学策略及课堂组织模式的知识；④关于促进课堂交流和培养数学集体意识途径的知识；⑤关于评定学生数学理解的方法的知识。经过系统分析研究，范良火总结出了一个教师的教学知识的三个方面：教学的课程知识，即关于包括技术在内的教学材料和资源的知识；教学的内容知识，即关于表达教学概念和过程的方式的知识；教学的方法知识，即关于教学策略和课堂组织模式的知识。[2]

我国学者辛涛、申继亮和林崇德提出，教师的知识可以分为三个方面，“教师的本体性知识、条件性知识和文化常识性知识”。本体性知识指教师所具有的特定的学科知识，也就是我们希望教师精通自己所教的学科。条件性知识指教师所具有的教育学与心理学知识，它是一个教师成功教学的重要保障。条件性知识指教师在面临现实的教学情境时，所具有的课堂情景知识以及与之相关的知识，或者说是教师的教学经验。文化常识性知识指教师要具有广博的文化知识，以便实现教育的文化功能，引导学生实现自己的人生。[3]

杨鸿在其博士学位论文《教师教学知识的统整研究》中提出，教学知识应侧重表达“教学活动的知识”。他根据教学活动需要完成的任务，以教学活动的空间要素为分类维度，将教师教学知识分为五个方面：①为什么教学——意义性知识；②教学什么——本体性知识；③谁教谁学——主体性知识；④怎样教学——策略性知识；⑤教学得怎么样——评价性知识。[4]

对上述研究者的分类，表 7 进行简洁化呈现。

---

① Grossman P L, Wilson S M, Shulman L S. (1989) Knowledge for Teaching[A]. In M Colds (ed.), *Teachers of Substance: Subject Matter Knowledge for the Beginning Teacher*[C]. New York, Pergamon, pp. 23－26.

② 范良火. 教师教学知识发展研究[M]. 上海：华东师范大学出版社，2003：44.

③ 辛涛，申继亮，林崇德. 从教师的知识结构看师范教育的改革[J]. 高等师范教育研究，1999(6)：12－17.

④ 杨鸿. 教师教学知识的统整研究[D]. 重庆：西南大学，2010：69.

表 7　不同学者的大学教学的知识构成观点

学者	教学知识构成
舒尔曼	学科知识，一般教学法知识，课程知识，学科教学法知识，有关学生的知识，教育情境的知识，教育的哲学知识
格罗斯曼	普通知识，学习者及学习的知识，一般教学法知识，专业学科知识，教学情境知识，自我知识
范良火	教学的课程知识，教学的内容知识，教学的方法知识
辛涛、申继亮和林崇德	教师的本体性知识，条件性知识和文化常识性知识
杨鸿	意义性知识，本体性知识，主体性知识，策略性知识，评价性知识

通过提炼表 7 中研究者们观点中的共同之处，我们发现学科内容知识、教育的哲学知识、普通知识、(学科)教学法知识、教学的主体知识、教学的情景知识构成了教学知识的基本框架。在这个框架中，学科内容知识和(学科)教学法知识是核心，其他类的知识在教师的教学中发挥重要作用，具体如图 6 所示。

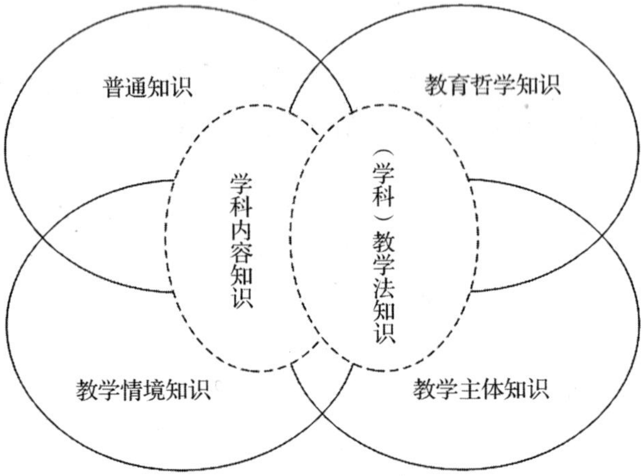

图 6　教学的知识构成

图 6 多个椭圆的重合表示教师的教学知识的各种知识之间不可分割的部分。事实上，教师的教学知识是各成分间有机统一、互相重合、互相促进的整体。

上述关于教学知识的分析，为教学学术的教学知识构成提供了概念框架，一些学者在此方面进行论述。英国学者赖斯认为教学学术应该包含三个重要因素：概要性知识(a synoptic capacity)，教学法知识(pedagogical content knowledge)和关于学习的理论(what we know about learning)。概要性知识是这样一种知识，即组织学科专业知识，并结合特定的教学情境，与学生已有的知识建立联系的知识。教学法知识是呈现教学主题，让学生理解教学内容的方式，它类似于舒尔曼所说的“一般教学法知识”，特别是有关教与学的学问。关于学习的理论指学生习得知识、掌握技能、理解教师教学的思考方式的理论知识。①

可以如此理解，概要性知识、教学法知识和关于学习的理论，也是教师教学学术知识的主要组成。克莱博认为，上述三种知识实际是将学科内容与教学法的融合，以学生能理解的方式进行呈现，是“教学内容知识”，它“可以推动人们如下方面的理解：即如何组织、表征特定的主题、问题，以适应学习者的兴趣和能力差异，并呈现于教学”。② 这意味着，教学内容知识是教学学术的核心知识，也是教学学术的实践活动层面与理论生成层面共同追寻的最为重要的知识成分，教师通过研究的介入与协同，扩充、完善、精致化其内涵，进而达到教学学术水平的提升（如图 7）。

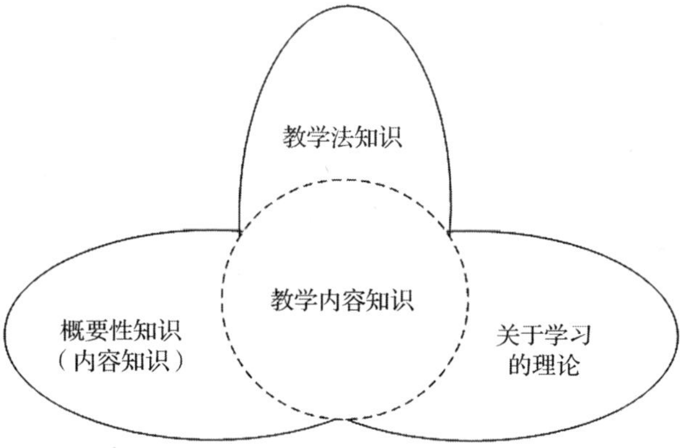

图 7 大学教学学术的教学内容知识

教学内容知识不能仅仅被理解为学科内容知识与教学法知识之间的简单组合，更是两者之间特定的综合与独特的联系。并且，“它构成了教学学术的真正意义上的分析基础”。③ 正如赫钦斯和舒尔曼所指出的那样，“教学内容知识为我们提供了表征教学学术的符号、语言、观念、概念、理论、隐喻、类比，以及一种探究的模式，它们构成

① Rice R E. Toward a Broader Conception of Scholarship: The American Context[A]. In Washting T G and Geiger R L(eds.), *Research and Higher Education: The United Kingdom and the United States*[C]. Buckingham: Society for Research into Higher Education and Open University Press, 1992: 125.

② Kreber C. Charting a Critical Course on the Scholarship of University Teaching Movement [J]. *Studies in Higher Education*, *2005* (4): 389—406.

③ Paulsen M B. The Relation between Research and the Scholarship of Teaching[J]. *New Directions for Teaching and Learning*, *2001* (86): 19—29.

了有效教与学的知识基础”。教师创新、建构、展示、提升教学内容知识的过程，就是教学学术的形成与发展过程。① 这一过程可以在同一情境中进行，也可能在不同的场景中发生。这个过程包含如下特征：能向专业同伴公开，能受到同伴的公开评价，构成了共同体其他成员未来工作的基础，包含了有关教与学的探究活动。换句话说，教学内容知识源于教学主体的行动、交流、反思与经验等活动，它们为这些活动的进一步展开不断提供信息，教学内容知识的精致与拓展扩充着表征教学学术的知识库。

(二)大学教师教学学术知识生成的理论途径

越来越多的学者逐渐认识到，如果教师要获得教学学术上的发展，加速教师的教学内容知识的生成是非常重要的。在教师教学内容知识的生成途径中，仅通过与实践分离的学科内容教育及教学法培训是不够的，通过教学实践并对教学实践进行反思与交流才是更为重要的路径。克劳斯与斯代德曼(Cross, Steadman)更直接地将这一过程表述为“对教与学的研究行动——既包含传统的教育研究，但更包含情境性的课堂教学研究(contextual classroom research)”。②

基于上述阐释，我们发现，教师教学内容知识的生成途径有三种：一是公共教学知识学习；二是教师自身的实践与反思；三是课堂教学研究。

1. 公共教学知识学习

大学教师对公共教学知识的学习主要通过三种途径进行。

第一，阅读教学理论文本。教学理论文本指教师有意无意地阅读研习各种书籍和文献。教学理论文本和书籍是前人关于教学的总结性知识。教师在阅读教学理论文本时，通常对其中的两种教学知识兴趣大增。一是与自己的教学经验相吻合的部分，这会使教师们在得到认同的同时，希望从文本阅读中提升自己的理论水平；二是与自己的教学知识大相径庭的部分，这部分知识往往会使得教师豁然开朗，引发思想的激荡，领悟新的教学知识。教师对教学理论文本的阅读，还包括教师结合自己的教学实践，对文本进行评论和解读所建构出的新知识。

第二，参加岗前培训。即教师接受正规的，有明确目的的课程与教学培训，这是现行体制中常见的一种教师教学知识学习形式。岗前培训主要是对聘用的新教师进行的短期在职或者脱产培训。教育部自 1985 年开始先后在全国成立了大区级和省级高校教师培训中心，所有的省份都有高校教师师资培训中心。1996 年教育部颁布

---

① Huthings P, Shulman L S. The Scholarship of Teaching: New Elaborations, New Development [J]. *Change*, *1999*, *31*(5): 11－15.

② Cross K P. Classroom Research: Implementing the Scholarship of Teaching[J]. *New Directions for Teaching and Learning*, *1998*(75): 5－12.

了《高等学校教师培训工作规程》，尝试将高等学校教师培训工作规范化、制度化。《高等学校教师培训工作规程》共六章四十条，规定了高等学校教师业务素质的培训要以提高教师的基础知识和专业知识为主，全面提高教师的教育教学水平和科学研究能力。培训重点和形式，随高校教师的职称不同而有所差异。[①]

高校教师岗前集中培训，一般由各省级高等学校师资培训中心组织本省范围内的高等学校青年教师参加培训。后来，培训的具体组织实施由各个高校负责。教师岗前集中培训主要是对初任的教师进行短期培训，集中培训1～2个月，引导教师学习相关的教育教学理论知识，主要内容涉及“高等教育学”“高等教育心理学”“高等教育法规概论”“高等学校教师职业道德修养”等课程。目前，高校教师岗前培训形式是20世纪80年代逐渐建立起来的一种制度，通过培训实践探索出来的一种较为有效的形式。随着社会的发展，高等教育的不断变革，当前信息技术的深入以及知识的爆炸给教师发展带来了新的挑战，并且对培训内容、培训形式、培训体制与当前高等教育提出了新的挑战。实际上，从事教师职业需要相当丰富的知识作为基础，因而高校教师岗前培训仅仅通过短期内的理论培训和实践锻炼，无法满足高等教育对教师队伍的基本要求。

第三，参加在职培训。参加在职培训是教师学习公共教学知识的又一重要方式，也是目前高校教师教学能力发展的重要途径。通过在职培训，教师获得理论知识的丰富和实践能力的提升。从组织来讲，在职教学培训既可以是相关部门组织的、正式的培训，也可以是若干教师自发发起的、非正式的讨论。有组织的、正式的在职教学培训是由特定机构（如高等学校教师教学发展中心或者人事处）组织实施的，主要是邀请专家学者开设讲座、报告，或者指导教师的教学实践。非正式的在职教学培训指发生在某部分教师团体中的教学观摩活动和教学讨论等。从规模来讲，在职教学培训既包括国际或者全国性培训会，也包括地方的、学校的甚至发生在教师团体当中的培训。只要在教师的职业生活之中，教师与同行进行理论的、实践的交流，均是教学知识的公共学习。

2.教师自身的实践与反思

多数情况下，大学教师的课堂教学具有个人专业化的特点，他们独自面对教育情境中的问题，对教学中的问题进行反思和实践。大学教师通常是通过个体的实践和反思，建构教学知识，进行教学知识的个体化学习，形成了大学教师实践性知识的重要来源。

---

① 高等学校教师培训工作规程[EB/OL].（1996）[2019－11－13]. https://baike.so.com/doc/7522248－7796341.html.

教师在教育教学过程中的“自我实践”被认为是教师实践性知识生成的主要来源。这种来源包括两部分，一是职前观察和实习；二是职后反思和实践。

职前观察和实习是教师实践性知识形成的萌芽阶段。学生时期，每个人对自己的教师都有观察，这种观察对于以后从事教师职业的人来说，是获得关于教育教学的“意象”。而在实习阶段，准教师们第一次切身体验教育教学“到底是个什么样子”，如果现实的场景与他们的“意象”一致，他们就会以“意象”为指导采取相应的教育教学行为，反之，他们就会修正“意象”，采取一定的行为来适应具体的环境。研究表明，“基于案例教学的课程学习和基于教育实习的现场学习”是“发展职前教师实践性知识的主要路径”。①

教师真正踏入职场后，在从新手型教师向熟手型甚至是专家型教师发展的过程中，教师的实践性知识日益丰富，教师逐渐形成了属于自己的实践性知识库，而在这个过程中教师自我实践经验的累积成为教师实践性知识的主要组成部分。有关研究表明教师个体的生活经验、人格特质、教学经验等对教师实践性知识的生成有重要影响。许多研究者从教师生活经验史的角度切入来研究教师实践性知识生成发展的内在机制。如张立新认为教师实践性知识的生成与发展是一个教师生活史—教师自我—教师实践性知识三者螺旋循环发展的过程。② 林一钢、潘国文经研究认为，当“教师面对教育困境”时，会“建构或调用已有的实践性知识——以行动应对困境（试误）——强化实践性知识模块或重新建构实践性知识模块以至于成功解决问题”。③程凤农总结认为，教师在自我实践与反思过程中生成教学知识的途径为自我实践源途径：实践活动→直接经验→实践性知识。④

教师需要注意的是，不能简单地认为教师实践性知识的生成都必须经过教师的试误才能生成。教师实践性知识的生成还有另一个重要的来源，即教师观察同行的授课而习得成功处理问题的实践性知识。为了让自己的教学更好，大学教师会有意或无意地观摩其他教师的教育教学活动，希望学习同行教学的好的方法。用班杜拉的社会学系理论分析，就是教师教学的观察学习及替代性学习。班杜拉反复强调，人类的许多行为都是通过观察他人的行为及其结果而习得的。人类习得的许多东西，诸如语言、社会规范、态度和情感等，很难用试误学习来解释，而用观察学习来解释则

① 李利．职前教师实践性知识发展研究[D]．苏州：苏州大学，2012(3)：41．

② 张立新．教师实践性知识形成机制研究——基于教师生活史的视角[D]．上海：上海师范大学，2008：前言．

③ 林一钢，潘国文．探析教师实践性知识及其生成机制[J]．全球教育展望，2013(10)：46．

④ 程凤农．教师实践性知识管理研究[D]．济南：山东师范大学，2014：40．

很容易理解。通过模仿榜样，人们可以吸取他人显示出来和创造出来的信息源，以此扩大自己的知识、技能。大学教师观察同行的教育教学实践活动，进行着观察学习或者替代性学习，“习得”一些实践性知识。之所以说“习得”，并非指大学教师亲自授课，而是特指，尽管大学教师本人并未通过实践行为表现这些实践性知识，但是同行在授课行为中包含的实践性知识经过了教师的深度反思，内化为自己大脑中处于缄默状态的实践性知识，它们随时可以供教师在类似情境中调用。

如果教师只观察到其他教师的成功做法而没有深度了解、反思其他教师实践行为的背后原因(实践原则及意象)，并内化为自己的知识，或与自己原有的实践原则和意象建立有机的联系，那么这就不能算是教师的实践[illegible]，因为教师实践性知识的变化是教师由表及里的真正变化，而不仅仅是行为[illegible]就是说，这种缄默的实践性知识与教师在实践中表现出来的显性的[illegible]须得到教师的实践尝试和确证。

总之，此种区别于以往研究的教师实践性知识的建构方式(即教师观察其他教师的成功授课——探究其成功背后的实践原则和意象——经由反思内化为自己的实践性知识这一路径)，是教师通过观察同行教师成功授课的行为表现后，通过访谈、交流等方式追问教师授课背后的实践原则及意象(也可以是教育信念、理论等)，再对教师的实践原则及意象进行批判反思，结合自身的情况予以同化或顺应，方可习得的教师实践性知识。

如果说通过公共教学知识的学习，大学教师获得了理论性的教学知识，那么，通过教师自身的实践与反思，大学教师获得了实践性教学知识。

3.课堂教学研究

课堂教学研究是大学教师教学学术知识生成的重要途径，也是大学教师教学学术知识体系化的关键，更是“发现问题，通过自己的研究提出假设并在实践中加以检验，最终形成自己独特的教学理论”的过程，这一过程大致可以分为三个阶段:发现并提出问题阶段、提出并检验假设阶段、表达阶段。[①]

第一阶段:发现并提出问题。

发现问题阶段需要从表象到本质，从分散到聚类，识别教学中的核心问题，继而寻找已有关于此问题的研究结果。

知识起源于问题，一个教师要想成为教学知识的建构者。就要学会科学地发现问题，同时综合已有知识研究问题。因为只有面对问题，围绕问题进行思考和探究，才能增加感受、理解和认识，从而解决问题。教师在教学实践活动中遇到的问题是多

① 陈振华．论教师成为教育知识的建构者[D]．上海:华东师范大学，2003:89.

种多样的，并不是每一个问题都值得、都需要教师去研究的。

发现问题一般存在于两种场合，问题一般来源于两种渠道：一是教师通过观察别人的课堂发现的问题，二是教师在自己课堂中发现的问题。无论属于何种类型、何种场合，都是教学知识形成的契机。在教学实践中遭遇困境，或者别人的教学知识无法应用于自身的教学实践时，这些情况的出现引起大学教师的反思，直接促使问题的发现。

第二阶段：提出并检验假设。

教师教学知识提出并检验假设阶段，主要是根据相关研究结果，提出解决自己的教学问题的知识方案，并将方案置于具体的教学情境中进行解决问题。

此阶段，教师就要为解决这个问题提出可能的方案。因为关于教学知识的任何有价值的问题通常是没有现成答案的，只能靠教师自己去思考，从而进入一种得以产生思维活动的怀疑、犹豫、困惑、心灵困难的状态或出现一种为了发现解决这种怀疑，消除和清除这种困惑而进行的探索、搜集、研究的行为。提出假设有助于找到解决该问题的办法。检验假设办法是把自己的言行作为研究的对象。最有效的就是开展行动研究，在行动研究中，教师既是行动者，又是研究者，研究的对象是自己的行动，研究的目的是为了改进行动。

第三阶段：表达。

表达阶段具体指撰写教学论文、发表和传播研究成果。表达阶段是大学教学知识形成的关键阶段，许多大学教师不注意表达，使自己丰富的教学知识不能脱离自身而存在，失去了成为公共教学知识的机会。一般来讲，研究成果的表达主要有撰写心得体会、实验报告、研究综述、研究论文和著作等方式。这些成果，包含着教师个人对教学问题的认识、体验等，是教师个体的教学知识。当这种知识开始传播并为一些人所接受时，便成为公共教学知识。

大学教师教学知识的发展是一个连续不断的过程。无论是公共教学知识的学习过程，还是个人教学知识的建构过程，几个阶段的划分都不是绝对的。在实践中，这些阶段是很难加以区分的。大学教师教学知识的发展并不是一个线性的过程，而是一个循环往复、螺旋上升的过程。这种过程，在教学学术中，则表现为教学学术的理论生成层面和实践层面的互动。

教学学术的理论生成是建立在对教学实践活动的反思、提升与抽象基础上的，是通过与实践的对话不断发展的，由于与实践情境的紧密对接，教学理论为新一轮的教学实践提供了重要的教与学的知识基础。

通过上述分析教学学术的实践层面与理论生成层面的循环互动情形，以及近年来有关学者关于理论性教学知识和实践性教学知识整合的建议，研究者也认为，理论性教学知识和实践性教学知识之间是辩证统一的，理论性教学知识与实践性教学知识最终的价值追求都在于为教育生活的合理化服务，二者的终极价值追求是同一的，它们整合成了教学知识，在教学生活中，应建立教学知识统一体。[1] 下文对大学教师教学学术知识生成的实践观照，也将统一为教学内容知识，而不做理论性教学知识及实践性教学知识的区分。

二、大学教师教学学术的研究反思

学术研究是大学的生命力，也是最能体现大学教学学术的维度，大学的学术使命决定了教师的研究职责。因而，大学教师之间，在一定程度上，以学术研究为纽带，形成了学术共同体。大学教学的复杂性，也需要教师进行研究反思，才能彰显教学学术的研究形式。综合以往文献研究，笔者发现大学教师教学学术的研究反思主要包括学习教育教学理论知识、反思教学实践、进行课堂教学研究。

(一)大学教师的教育教学理论知识学习

任何学术研究都需要一定的条件性知识，只有具备扎实的专业理论功底，才能够把握学术的前沿领域，进而在此基础上进行探究和创新。教学学术的研究，也需要教师阅读专业书籍和期刊，学习关于教育教学的理论知识，并与学科专业知识交叉整合，生产教学内容知识。

自从诞生了教育活动，随着教育活动变化而有了专门化的机构和关于教育教学活动论述的逐渐问世，如我国战国时期孟子的学生乐正克所写的《学记》，比较系统和全面地总结和概括了先秦汉民族的教育经验，包括了教育的目的及作用，教育和教学的制度、原则和方法，教师的地位和作用，教育过程中的师生关系以及同学之间的关系。古罗马杰出的教学法学者昆体良的12卷巨著《雄辩术原理》，系统地论述了年轻一代的教育问题。17世纪，捷克教育家夸美纽斯(J. A. Comenius，1592—1670)所著《大教学论》，系统阐述了适应新兴资产阶级要求的教育观点，包括教育的目的、作用、制度、内容和途径；提出教学必须“遵循自然”，并论证教学的“简易性”“彻底性”“简明性”和“迅速性”等原则。之后，教育学成为一门独立学科，关于教育教学的著作越来越多，教育的分支学科也越来越精细，有关教育教学的理论越来越丰富。大学教师学习教育教学理论知识，就是对上述文本内容的学习。

(二)大学教师的教学反思

“反思”是近代西方哲学中广泛使用的概念，它对应的英文是“reflection”或“re-

---

① 杨鸿，朱德全. 论教学知识的结构[J]. 复印报刊资料(教育学)，2009(3)：108—114.

flective thinking”，中文意为“反思”“反省”“反映”等，借用光反射的间接性意义，指不同于直接认识的间接认识。杜威在1933年出版的《我们怎样思维》一书中，对反思做了界定：反省思维是一种思维方式，是个体对某个问题进行反复的、严肃的、持续不断的深思。[①] 在杜威那里，反思被看作一种高级认知活动，是一种特殊的问题解决。“反思”作为教师教育改革运动中一个正式术语的产生，是基于美国马萨诸塞大学的舍恩教授20世纪80年代提出的“反思性实践者”(Reflective Practitioner)，他在1983年发表了著作《反思性实践家——专家如何思考实践过程》(*The Reflective Practitioner: How Professionals Think in Action*)，在该书中他系统阐述了自己的反思性实践和反思。

舍恩注意到，教育界经常有两种教育研究取向，一种是指向“技术性实践”的教学科学，这种取向的教学研究寻求法则、原理、技术的一般化，探究客观的“范式性知识”，求得系统、程序、技术的开发，探讨任何教学都通用的一般性技术原理。另一种是“反思性教学”研究，这种研究旨在阐明特定教学产生的个别、具体的经验和事件的意义，追求尊重主观的“故事性认识”，求得教师的实践性认识的形成与教学中经验的含义与关系的再构，探讨某种教学的事件和某种方法的意义。在日常教学生活中，常常出现一种情况，教育理论的专业知识无法解决教育教学实践中的实际问题。针对这一问题，必须另辟蹊径，将教师实践能力与专业知识连接起来，从自上而下的“理论一实践”路径转向“在做中学”、在“做中反思”，使教师成为“反思型实践者”，将“技术性实践”的教学研究转向“反思性教学研究”。舍恩在杜威反省思维理论的基础上，真正将反省思维应用于职业培训，把“反思”与“行动”结合了起来。舍恩认为，反思是指专业者在工作过程中能够建构或重新建构遇到的问题，并在问题背景下进一步探究问题。舍恩的“反思性实践”主要是指实践者从实践中的问题出发反思自己的实践，以便使问题得到解决。在此过程中，舍恩提出了“行动中反思”(Reflection－in－action)和“行动后反思”(Reflection－on－action)的概念，并对以后的研究者产生了重要影响。行动中反思是个体有意识地或潜意识地不断地对与以往经验不符合的、未曾预料的问题情境的重新建构。行动后反思是个体对已经发生的行为的回顾性思考，其中包括对行动中反思的结果与过程的反思。相对于行动后的反思，舍恩更强调行动中的反思，强调对个体自身独特教学情境的深入理解，他认为行动中反思的结果——实践性知识更为重要。

综合杜威和舍恩的观点，本研究认为，教师的教学反思应包括行动前的反思，行动中的反思和行动后的反思(也指对行动的反思)。行动前的反思也是为了行动的反

---

① 约翰·杜威.我们怎样思维:经验与教育[M].姜文闵,译.北京:人民教育出版社,2005:11.

思，指结合学生情况，对教学中涉及的学科知识、教学理论知识、教学策略、可能的课堂教学情境预测等进行的持续、深入和严肃的思考。行动中的反思指实践者在实际操作情境中，不依赖已有知识和方法解决问题，从而生发的策略和理论，这种策略和理论可以是对某种现象的重新理解，也可以是改变情境的方略。① 在教学中，指教师在自己的教学情境中，有意无意地对与以往经验不符合的、未曾预料的问题重新建构和反思，即时自动化地解决问题，进行教学的过程。② 行动后的反思是个体对已经发生的行为的回顾和思考，其中也包括对行动中反思的结果与过程的反思。例如，大学教师对于备课过程的反思、对教学内容与学生需求适切程度的反思、对教学方法和教学策略的适用程度的反思、对课堂教学效果的自我评估、对日后教学改进的期许等。从反思对象来分，教师的教学反思不仅有对教的反思，还有对学的反思；教师不仅要对自己学生的学进行反思，还要对自己学生时代的学习进行反思；教师不仅反思自己的教学，而且反思其他教师的教学。③

（三）大学教师的课堂教学研究

课堂教学是大学教学的核心环节，也是进行教学学术研究的关键环节，它相当于自然科学的实验环节。在大学教师课堂教学研究中，既包括基础性的理论研究，也包括应用性的问题解决研究。

大学课堂教学的基础性的理论研究也相当于教育教学基本理论研究。当前教育学界广为熟知的教育教学理论和方法，就是大学课堂教学基础研究的突出代表，如教育心理学中的强化理论、教育评价学中的终结性评价方法和形成性评价方法等。课堂教学的应用研究致力于实践的改进。这种研究主要是教师面临教学情境中的问题，以“问题为中心”，以某种理论为指导，通过不断的尝试和试验，找寻解决实践问题的方案，同时进行总结、反思和抽象，既解决实践问题，又为实践提出一个新的框架，还可促成新知识的生成。

大学课堂教学的应用性研究多种多样，如大学教师通过对课程内容的编制、设计、实施，对评价原则与方法的理解与掌握，对自己所教学科的课程本身的知识体系、前沿领域、知识的顺序等有序安排，结合教学情境和学生学习情况重构新的、具有特色的课程知识体系，是对课程建设的探讨与研究。教师根据课程知识的特点和学生学习特点，积极尝试教学改革和实验，探寻既适合学生学习兴趣、理解记忆，又能突出

---

① Schon D A. *The Reflective Practitioner: How Professionals Think in Action*[M]. New York: Basic Books, 1983: 69.

② 唐纳德 · A. 舍恩. 反映的实践者[M]. 夏林清，译. 北京：教育科学出版社，2007：前言.

③ 郭子其. 教学反思何需“舍己求人”? [N]. 中国教育报，2005 年 1 月 25 日.

课程重点、突破难点的教学方式，是对课堂教学改革的探索与研究。二者在教师的教学过程中有机结合，一方面不断推动教学学术研究的进展，提高教学学术研究的水平；另一方面，促进教学质量的提高。

大学课堂教学研究的内容广泛，具体涉及：大学教育教学的理论及教学价值观的研究，大学生心理发展规律和学习规律的研究，大学教学目标设计的研究，大学课程的开发设计和实施评价的研究，大学课程教学手段、媒体、方法和策略的研究，大学教学过程的设计与教学评价的研究，大学教学的背景文化知识的研究，大学教师自我的研究。①

三、大学教师教学学术的表达交流

交流是学术知识传播和扩展的重要方式，也是学术的生命力所在。正是通过学术主体之间的思维碰撞出的火花，使得学术知识不断扩展和更新，使得学术保持前进的持续力。正是通过交流，学术知识才得以传播与“可见”，获得广泛的认可和共享，成为人类共同的财富，同时也成为研究人员获得发现权、首创权，享受科学荣誉的重要途径。学术的交流包括科学知识、科学情报、科学信息等在内的交流活动。就当下而言，学术交流的过程有科学知识的生产、提供、传递、获取和利用一系列环节。学术的交流形式，主要表现为学术人员之间的学术讨论，学术主体参加学术会议、演讲学术报告、发表期刊论文、出版学术专著、将学术成果转化为实践等。学术交流的载体从一开始传统而单一的学术期刊文献载体变为多元化的文献载体和电子载体共存。学术交流的机制，由学术团体控制下的学术交流模式，过渡到出版商控制下的学术交流模式，走向了开放存取理念下的学术交流模式(Open Access)。②

教学学术的表达交流方式又有哪些呢？什么样的表达交流方式既有助于教学学术知识的传播，又能提升大学教师的教学能力和教学学术水平呢？

教学学术既是一种教学水平，也是一种学术类型。因此，大学教师教学学术的表达交流，既指大学教师通过课堂教学所表现的教学技艺水平，也指大学基于传统学术交流维度的教学学术表达和交流。前者主要指大学教师的课堂教学，后者主要涉及教师对课堂教学的公开与评价、教学研究成果的表达与交流。

(一)大学教师的课堂教学

“课堂教学是教师职业生活的最基本构成，它的质量直接影响教师对职业的感受

---

① 张忠华．教学学术研究的实施方式[J]．中国高等教育，2012(7)：35—36．

② 张书晗．开放存取：重构学术交流机制的新模式[J]．现代情报，2006(6)：141—143．

与态度，也影响着教师专业水平的发展和生命价值的实现。"[①]在高等教育教学改革中，教师的课堂教学具有非常重要的地位。大学教师课堂教学的质量，是决定大学人才培养质量的主要环节。并且，大学生是即将或已成年的学生，他们具有独立的思想和独特的个性，这使得大学教学充满了不确定与不安定因素。大学不仅承担着知识继承功能，它还担负着知识批判与创新的重任。因此，大学课堂教学的目标，主要应是培养学生的批判性思维。大学教学的原则，主要是在学生身上培养一种具有敏锐的批判性、勇于质询的思维模式。大学教师的教学，要实现"批判式回应"[②]。关于大学教师的课堂教学研究，众多研究者关注过大学教师的教学效果、教学能力和教学行为问题。由于本书主要从学术要素的视角分析大学教师课堂教学以及大学教师通过课堂教学所表达的教学学术，而不是对大学教师课堂教学效果的评价和教学能力的评估，因而主要是对大学教师的课堂教学行为进行分析。大学教师的课堂教学行为主要包括大学教师的主要教学行为、大学教师的辅助教学行为和大学教师的课堂管理行为三方面。[③]

1. 大学教师的主要教学行为

大学教学是高深知识的传递、创新过程，其目的是使学生掌握学科内容，提高能力。大学的教学，也是以学科为中心的教学。主要教学行为简称主教行为，是指教师作为教师角色在课堂中发生的主要行为，包括教师的呈示、对话和指导。这种行为是以目标或内容为定向的，有效的主教行为必须以教师具备扎实的专业知识与技能为基本条件。优秀的大学教师应在本学科领域具有深厚的学术功底，注意帮助学生建立系统的学科知识网络；在教学中和学生进行讨论，培养学生的批判性思维；善于对学生启发引导，帮助学生解决学习中遇到的困难。同时，还要注重加强对学生的阅读指导。

---

① 叶澜．让课堂焕发出生命活力[J]．教育研究，1997(9)：3—8.

② "批判式回应"是美国哥伦比亚大学斯蒂芬·D. 布鲁克菲尔德(S. D. Brooksfield)教授的《大学教师的技巧——论课堂教学中的方法、信任和回应》一书中提出的概念。他认为大学的教学原则是培养学生的批判性思维，因而，大学教学的技巧主要是实现"批判式回应"。即，培养学生破"旧"和立"新"的行为和能力。善于做批判性回应的教师，他一方面要常常反思自己的深刻信念，另一方面也要注意着学生体验学习的方式和千变万化的、不可预测的环境因素；善于做批判性回应的教师能帮助学生认识到，那些占据主导地位的价值观、"常识"性的至理名言、被人们普遍接受的标准以及通行的社会或政治机制等都属于文化建构。善于做批判式回应的教师，要了解学生学习的方式，建立真诚互信的师生关系，尝试采用多样化的教学方式，消除学生学习中的抵触情绪，注重教和学的情感性，开展形成性评价。参见斯蒂芬·D. 布鲁克菲尔德．大学教师的技巧——论课堂教学中的方法、信任和回应[M]．杭州：浙江大学出版社，2005：13—15，94，112，134.

③ 参见施良方，崔允漷．教学理论：课堂教学的原理、策略与研究[M]．上海：华东师范大学出版社，1999.

2.大学教师的辅助教学行为

辅助教学行为简称为助教行为,是为了使主要教学行为产生更好的教学效果而在课堂中发生的教师行为,它是以学生或具体的教学情景为定向的,包括学生学习动机的培养与激发,有效的课堂交流、课堂强化技术和积极的教师期望等。优秀的大学教师,一般在教学中注重加强对学生内在动机的激发,增强学生掌握知识、探索知识的兴趣和责任感,让学生对学习充满成就感,从而增强内在动机。师生交流是沟通思想、联络感情、传递信息,进而形成融洽关系的重要手段。优秀的大学教师一般善于运用言语和非言语信号,有效地传递对学生的关爱、赞美、好感、友情以及教学信息,达到教学目的。同时,他们尊重和信任学生,相信学生的才能和创造能力,对学生有高的期望,坚信学生能学得更好。在教学中,他们一般会留一定难度的学习任务让学生独立完成,也给学生一定的学习自主权,给学生自由探索、独立学习的空间,让他们充分挖掘和运用自己的学习潜能。

3.大学教师的课堂管理行为

课堂管理行为是为教学顺利进行创造条件,是教师实现教学不可缺少的一种行为,它主要涉及课堂行为问题的管理与时间的分配。有效的助教行为和管理行为与教师的课堂经验和教师长期从事教育教学工作所具有的专业素养息息相关。优秀的大学教师一般专注于学科知识的教学,使学生的学习时间最大化。在教学中,教师会将更多课堂时间用于与教学内容相关的师生互动及与教学直接相关的活动上,减少用于组织教学、课堂管理、维持学习秩序、交流课堂规则以及其他与教学无关的活动的时间。他们会通过授课准时、守时来减少或尽量避免教学中断或干扰来相应增加进行教学的时间。他们还会通过教学的生动有趣、对学生产生吸引力来促使学生对教学内容更专注,对学习更投入。通过这些途径,学生的学习时间增多了,学习更投入了,所达到的学习效果自然会更加理想。①

在大学课堂教学中,这三种教学行为既相对独立,又相辅相成,缺一不可,共同构成了影响教师教学效果的关键,高质量的课堂教学源于教师的有效教学行为。

(二)课堂教学的公开与评价

大学教学,既支撑着学术,本身又是一种学术活动,具有双重的学术性质。一方面,作为学术知识传播的途径,大学教学只有公开化,才能使学术知识传播得更快更广;另一方面,作为一种活动,大学教学只有公开,能面对评价,能够让他人进行建构,教师能够对结果进行反思,才能改进教学,同时让这种教学成为“能让学术团体共同

① 姚利民.略论大学教师的有效教学[J].黑龙江高教研究,2002(4):101—103.

分享的财富”。[①] 因此，大学教学实践的公开评价是大学教学成为学术的关键环节。作为一种学术形式，大学教学像其他形式的学术一样，具备成为学术的五种要素：假设、设计、互动、结果和分析，并且，其成果是需要经过一段时间才能显现出来的。在这个过程中，教师要对学生学习“问题”[②]做基本了解和系统的调查，即教师要调查学习“问题”发生的具体的情境、表现形式、可能的促进方式等。大学教学学术，不仅仅要关注改进大学课堂教学实践，还要促进整个团队教学实践的超越。要达到上述目的，仅仅靠教师个体的、封闭化的教学理论学习、教学实践练习以及教学反思是不够的，教学必须走出私人活动的领地，打破“教学的隔离”，将教学的实践及其结果公开，使之能够面对评判和评价，还要采用一种其他人可以学习的形式。公开和评判教学实践的具体方式可以有如下形式：一是运用多种载体，记录教学活动或教学结果的形式；二是教师在对教学进行创新性试验的时候可以将自己的研究经验进行总结，然后和同行们进行交流；三是邀请、允许同行听课，听取同行的评判和建议。

教师记录教学活动或者教学结果的载体可以是录像，也可以是档案袋，然后让同行对课堂教学给予评价和建议。并且，这种记录还可以按照目的区分成不同的种类，第一种是像研究生物有机体一样，研究课程的各个组成部分，将课程作为生物结构的档案袋；第二种是采用纵向的方式，描述课程历史的档案袋；第三种可以将单独一门课程，放在整个课程或项目背景下分析，叫作课程生态档案袋；第四种是将课程作为研究对象的档案袋，这种档案袋遵循研究报告的模式，其内容包括提出研究的问题，说明研究的假设，记录试验步骤、过程和结果，测试结果与预期之间的差异，对比试验的情况，对课程进行批判性分析。

教师对教学进行创新性试验—总结经验—进行交流的模式，实践中有如下形式：一种是教师有计划地对课程进行设计、开发、传授、总结，同时提供教学沟通研讨的论坛和平台，致力于教学工作公开、同行评价和评论，以及与学术团体中的其他成员进行交流。另一种是教学讨论，在这种讨论会中要让教师对自己所设计的课程和教学法进行详细描述，系统地表现出这门课为何是该学科中的学术，并解释这门课程是

---

① Shulman L S. *Teaching as Community Property*[M]. San Francisco:Jossey-Bass,2004：163—172,191—201,203—217.

② 这里的“问题”不同于传统理解的学习困难，而是从学术研究的角度出发所指的“问题”。对于学术和研究来说，问题是调查过程的中心，一切的学术研究和创造性活动都围绕着它展开。同理，教学学术中所指的“问题”，既可能指学生学习的系列普遍问题，如记忆、编码等，也可能指学生学习过程中的事实困难，如师生沟通障碍。无论是何种“问题”，只要在教学中出现，都是教师不想看到的，而是一旦有了问题就很可能想解决掉它的。这种为了解决掉这些教学中存在的问题而不断地调查研究就是教学学术运动真正想要做的。

如何代表了该学科的中心问题，以及所运用的教学法是如何让学生有机会投入该学科的学习中去的。

同行之间的听课、评课是大学教学实践公开和评价的主要方式，也是大学教学研究的有效途径之一。通过听课与评课，一方面能让授课教师通过听取同行的评价与建议，发现靠个人反思无法发现的问题，改进教学；另一方面可以为同行提供学习和反思的机会，使得同行系统反思授课者的教学理念、教学内容、教学方法和手段、教学节奏、教学安排等环节，反思授课者对学生个体的关注等情况。通过系统反思，同行学习其优点，思考避免某些教学问题的方法等。总之，它能促进授课和听课者双方的专业成长。

(三)教学研究成果的交流和共享

交流是教学成为学术的关键，是教学学术保持活力的重要途径和教学学术表现其内涵的核心所在。教学要成为学术，就必须走出私人领地，进行广泛的交流和传播，使研究的成果成为学术团体成员共同分享的“财富”，才能像传统学术知识那样，得以传承。

教学研究成果的交流和共享，从层级来分析，可包括教师个体和院系层面、院校中观层面、全国和国际宏观层面的交流。教师个体层面的教学学术交流，表现在如下方面：教师有公开交流分享、探讨关于教学和学生评价方面的意愿，教师之间的互相听课、评课并提供对对方班级的反馈信息，教师之间在正式或者非正式场合与同事谈论课程、教学或者学生，教师在一些场合与教师发展专家或者其他方面的专家（如教育技术学、教育评价学）讨论教学方面的问题。院系层面的教学学术交流，表现在教师参加系（部）关于教与学的研讨会、小组讨论；教师撰写教学反思文章或者学生学习的文章，并与同事在讨论会上交流。院校层面的教学学术交流，表现在学校或者学院组织的（视频）公开课、微课程、慕课教学研讨会、各种说课比赛、教学竞赛，并且研讨和评价，以促进教师改进教学；召开关于教学的会议，鼓励教师对教学和课程方面的内容进行改革和探讨；有学生评教的系统以供教师从学生的视角理解教学。例如，我国大多数研究型大学把原有的教师发展中心改建成了教师教学发展中心，或者新建教师教学发展中心，组织全校范围的教学学术研讨会，出版教学会议论文集和案例报告，以供教师互相学习。

宏观层次的省级、国家级或者国际范围的教学学术交流平台的构建。如教学学术研究会、教学学术协会、高等教育教学协会、有关教学学术的国内和国际性期刊、有关教学学术的论坛和会议以及网络视频公开课等。例如，著名的卡耐基教与学学术学会、高等教育教学协会、加拿大高等教育研究协会、大学教学与教师发展委员会、国际教学学术协会等组织，竭力组织全国和国际性的学术研讨会、资助项目、出版期刊等，建立教学学术的交流网络。

教学研究成果的交流和共享，从类型来分析，包括基层会议，院校、国家或者国际层面的研讨会，各种正式非正式的论坛，各种网络论坛，QQ群论坛，博客交流网络，各种教学（学术）学会的建立，各种刊物的出版等。目前，包括专门以“教学学术”命名的国际性专业刊物《教学学术杂志》（*International Journal for Scholarship of Teaching and Learning*），以及《大学教学》（*College Teaching*）、《当代高等教育教学与研究》（*Teaching and Research in Contemporary Higher Education*）、《高等教育研究》（*Studies in Higher Education*）等，国际上约有30种教学学术方面的综合性期刊。

四、大学教师教学学术的制度保障

作为人类社会活动形式之一的学术，其内容的创新和其形式的运作需要一定的制度为其提供保障。相应地，大学教师的教学学术发展也需要一种制度保障。从理论上分析，教学学术的制度保障包括组织机构的建立完备、文本规范的出台实施、交流平台的建设打造。它们既保障教学学术的向前发展，又深化着教学学术的制度化进程。

（一）大学教学学术的组织机构保障

在组织机构方面，有些院校建立了专门机构，用以协调和资助高校的教学学术活动，或在原有机制中增加新的功能，以便推动教学学术活动的开展。例如，美国印第安纳大学布鲁明顿校区从行政机构的设立开始支持本校教学学术的开展。1998年，印第安纳大学布鲁明顿分校的领导开始着手在全校范围内推广教学学术的实践，倡导建立国际教学学术协会（International Society for the Scholarship of Teaching and Learning, ISSoTL）。1999年开始，布鲁明顿校区副校长玛雅·安德鲁斯（Moya Andrews）积极参与提高教学学术的行动，牵头成立了教学咨询委员会（Advisory Council），吸纳美国卡耐基教育基金会学者和各个学院院长，邀请相关学者做报告并积极探索促进教学改革的项目。同时，IUB副校长兼研究生院院长乔治·沃克（Gorge Walker）推动了ISSoTL的校园实践，他积极组织，成立了两个与SoTL相关的办公室，即促进本科生学习副校长办公室（Office of the Vice Provost for Undergraduate, OVPUE）和卡耐基教学学术咨询委员会（A SoTL Steering Committee and an Advisory Council），促成了教师的研究兴趣从单纯致力于发现的学术向教学的学术的转移。

（二）大学教学学术的文本规范保障

在组织制度方面，一些高校在本校的教师培训和发展活动中增加教学学术的内容，或者在教师业绩评价、职务晋升和奖励制度中认可教学学术的成果，或者为教学学术活动设立专门的奖项，在课程认定和审查过程中增加教学学术的因素等。例如，国内一些著名高校纷纷设立“卓越教学奖”或者优秀教学成果奖。2014 年 12 月 26 日，四川大学在学校官网公布：学校特设“卓越教学奖”，特等奖 100 万元，一等奖 50 万元。主要奖励那些“长期爱教乐教，专心致志从事本科教学事业；真情关爱学生成长，潜心指导学生成才，将主要精力投入人才培养，深受师生好评和爱戴；积极参与学校教育教学改革，对教育教学规律、改革创新有深入研究和独到见解；能够把科研与教学有机结合起来，教学理念先进、方法科学，教学效果突出并得到学生、同行的高度认可的教师。一方面肯定那些在教学方面做出突出成绩的教师，另一方面激励教师积极参与学校教育教学改革，把科研与教学有机结合起来”。①

另外，一些机构在审批大学教师申报的学术科研项目时，增加了对教学的促进和贡献等条款，以督促教师能及时将研究成果转化为教学内容，丰富教学成果。

（三）大学教学学术的交流平台保障

一些高校通过教学研讨会、教师工作会议、学校教学简报、内部期刊和教学学术网络平台等方式，记录和传播教学学术成果，支持教学法研究和其成果的发表，促进科研和教学的互动。例如，为鼓励教学学术的创新研究，美国印第安纳大学布鲁明顿校区专门设立了名为“创新教学学术”（The Center for Innovative Teaching and Learning，CITL）的平台。这个平台为全校的教师、研究生提供教育咨询服务、校园教学咨询、校园写作课程等在线服务。通过这个平台给那些有志于创新教学学术、卓越的教学和学习者提供资助和各种支持。②

---

① 四川大学关于开展“卓越教学奖”评选表彰工作的通知[EB/OL].（2014－12－26）[2019－11－13]. http://www.scu.edu.cn/info/1182/1620.htm.

② Center for Innovative Teaching and Learning [EB/OL].（2019－9－13）[2019－12－5]. https://citl.indiana.edu/programs/.

第三章　大学教师教学学术发展的实践观照

通过第二章的分析，我们明晰了大学教师教学学术的发展涉及教学学术的知识发展、教学学术的研究反思能力的发展、教学学术的表达能力的发展、教学学术发展的制度保障四个方面。但是，由于各种原因，理论并非总是与实践一致。本章，我们就审视大学教师教学学术发展的实践状况。本章的分析，完全基于研究者对G大学教师的访谈和观察，以及对G大学相关文件的剖析。

一、大学教师教学学术知识生成的实践审视

在研究者的访谈中，G大学教师的教学学术知识生成主要包括公共教学知识学习、教师自身的实践与反思两种方式。

（一）大学教师的公共教学知识学习

研究者将G大学教师的公共教学知识学习按照学习教育教学理论文本、参加高校教师岗前培训、参加学校教学研讨活动和相关教学培训三方面进行论述。

1. 学习教育教学理论文本

大学教师的教育教学理论学习，就是以课程或者自学为主，对教育教学理论知识的系统学习。在研究者的访谈中，21名受访教师中，15人坦诚表示，他们在求学阶段没有系统学习过教育教学理论知识，职前并没有教育教学知识的理论积淀。只有6位具有师范教育背景的教师学习过“教育学”“教育心理学”等课程，这些课程成为他们的教育教学理论基础。

教育学的一位副教授说：

“我对教育理论有所了解，主要是因为以前我读中师时学过教育学，对相关的理论有所思考。另外，我读硕士时学的是课程与教学论，对其中的新近理论有重新的了解。”(I－EDU－17－YG)

教育学的另外一位副教授说：

“我主要是通过正规的本科和研究生课程学习教学的基本理论，因为我读本科和研究生时学的是教育技术学，涉及教育理论，所以，我算是学(教育教学理论)得比较多的了。”(I－EDU－11－ZH)

教育学的一位教授说：

“我是师范院校中文系毕业的，就是汉语言文学教育，必须要学教学法，肯定要知道一些。后来参加工作3年后，我又考取了课程与教学论专业的硕士，后来又读高等教育管理博士，全是教育学的，必须要了解的。”(I—EDU—10—RM)

通过对上述三位教师的访谈分析，我们可以发现，大学教师职前经历中，对教育和教学的理论知识学习是嵌套于学历教育之中的。无论是在师范类专业学习阶段，还是在硕士、博士学位取得的过程中，作为教育学专业学生的他们，这些课程都是必修课，这种课程体系的设置也保证了他们的教学理论知识的体系化，为他们的教学学术研究奠定了知识基础。更为重要的是，因为是教育学专业，他们不仅学习他人的理论知识，而且通过自己的思考，重构着自己的教学理论知识。

哲学系的一位副教授说：

“我以前是师范出身的，是培养中学教师的，学习过教育学、教育史和思想政治教学法等，了解过一些教育理念的东西。关于教育理念的东西，我本人也想写一些论文。我的博士论文跟教育有关，我对卢梭、洛克、杜威、柏拉图的教育思想，都有过涉猎。我喜欢看一些哲学书籍，比如爱尔维修，他提出了教育万能论。从那些人的启蒙思想当中，我知道了他们对教育的重视。我比较关注教育理念性的东西，包括从幼儿园、小学、中学一直到大学的教育。”(I—PHI—2—HXZ)

社会学系的一位副教授说：

“对于教育教学的理论知识，比较系统的学习是在上大学的时候，什么教育学呀，心理学呀，等。工作以后专门的学习就没有了，但也不是说我们就不学习了，我们可能通过一些侧面，比如我们评职称要写教改论文，再一个我前几年好像参加过一个项目，里面就有专门的教育事业的发展，我就专门负责这一块，我写的是高等教育事业的发展，发表在《广西教育》期刊上。”(I—SCO—9—GX)

上述两位教师在职前阶段，主要是通过“教育学”“心理学”和“学科教学法”等课程，获得教学的理论知识。这些知识是否能够内化到大学教师的知识结构中，取决于大学教师对教学理论知识的兴趣及思考。访谈中的两位副教授，一是因为兴趣，博士阶段的学习中延续着师范教育中对教学理论知识的关注；二是因为工作的需要，将以前的教育教学理论知识与工作结合起来，加深着师范阶段所学习的教学理论知识。

G大学是一所以工科和农科见长的综合性大学，其师资来源中，毕业于师范大学的教师比例较低，大部分教师没有系统的教育教学理论知识积淀。这也表明，在教学内容知识构成中，他们的概要性知识(科学内容知识)准备充足，但学生学习的理论知识和学科教学法知识准备不足，这在一定程度上会影响大学教师学术性教学的彰显。

2.参加高校教师岗前培训

G大学贯彻教育部《高等学校教师岗前培训暂行细则》(教人厅〔1997〕6号)和教育厅相关文件精神规定,制定了《广西大学教师培训管理暂行规定》(校人字〔2004〕48号)和《广西大学青年教师培训管理规定》(广西大学人字〔2006〕15号),每年下半年会组织新入职的教师参加高校教师岗前培训及高校教师资格理论考试学习,以提高新入职教师的思想政治素质,提升教育教学能力和水平,促使其更好地履行岗位职责。

根据G大学的文件精神,培训内容主要包括:介绍高等教育教学新理念,探讨教师职业发展的有效途径与策略,分享高校课堂教学设计与教学组织技巧,了解现代大学生的心理特点,探究新媒体时代多元化课堂教学模式的构建,讲授信息技术环境下课件制作技术与技巧等。培训的具体课程包括“高等教育学”“高等教育法规”“高等教育心理学”和“高等学校教师职业道德”。培训形式以班级集中听课,听取专题报告会、参加课堂教学与实践、教学经验研讨交流、随堂听课、实践演练等方式为主。培训内容以系统学习理论和练习实用、操作性强的教学方法、教学技巧为主,重点解决新入职教师教学中的实际问题。新入职教师经过培训,参加并通过理论考试后,取得高校教师岗前培训合格证,再参加教育厅委托单位组织的试讲,试讲合格后,最后取得高校教师资格证。

G大学希望通过培训,使新入职的教师了解该校的教育制度及相关政策,了解现代大学生的心理特点,掌握制订专业能力发展目标及职业规划的知识,掌握现代教育技术及教学方法等,以提高新入职教师的教学能力、语言运用能力。

研究者访谈的教师中,除4位入校前具有博士学位或者从外校调入、具有副高职称的教师外①,其他以硕士及以下学位或讲师及以下职称入校、又没有高校教师资格证的新任职教师,都参加过此种培训。谈及培训,他们如此说:

“以前考教师资格证时学过一些教育教学的东西,比如高等教育学、教育心理学、教学法呀什么的。对一个初为高校教师的人来说,这类课程只是帮助教师初步了解了高等教育的性质,对教学,我觉得没有很大帮助。”(I—ECO—10—ZP)

“我最早学习教育学方面的知识,是在入职培训的时候,当时学的是“高等教育”,

① G大学所在的省级教育厅于2012年下发了《关于进一步明确高等学校教师岗前培训和理论考试免修免考等有关问题的规定》,指出根据国家《教师资格条例》和教育部人事司《关于开展高等学校教师岗前培训有关问题的通知》,确定高校具有博士学位或者副高以上职称的在编在岗教学人员,申请高校教师资格可免考教师资格理论考试四门课程;高等师范学校教育学学科门类本科以上毕业生参加岗前培训,如在校期间修过“高等教育学”和“高等学校心理学”课程,并考试合格,也可免修“高等教育学”和“高等教育心理学”课程。

"高等教育心理学"、"高等教育法规"和"高校教师职业道德"四门课。我感觉还是比较笼统地学习了一点高等教育方面的东西和原则，虽然不是严格的教学类培训，但我还是知道了教学大体要考虑的因素。"(I—SCI—9—SZ)

从他们简单的描述中，我们可以判断，非师范专业毕业的他们，由于缺乏相应的教育教学理论知识基础，他们对培训的知识理解和掌握得并不深刻，这种培训对他们教学的指导意义也不明显。

3.参加学校教学研讨活动和相关教学培训

大学教师的教学水平是决定高等教育质量的根本，这已经成为人们的共识，全国高校为此纷纷成立高校教师教学发展中心，开展与教师教学能力提升相关的活动。

2012年教育部成立了30个国家级教师教学发展中心，获得2012年全国首批30个国家级教师教学发展中心的上海交通大学教学发展中心自成立伊始就明确提出"推广先进的教学理念，弘扬优良的教学文化，探究科学的教学规律，搭建温馨的交流平台"。

为响应教育部的号召，G大学2012年成立教师教学发展中心，2013年7月，教师教学发展中心执行该省(自治区)《广西高校青年教师教学业务能力提升计划实施办法(试行)》(以下简称《业务能力提升计划》)，从学校选送了第一期40名青年教师，赴省内其他大学以及省外著名大学接受教学技能和教学方法的培训。并对培训做出了如下要求：

"本次培训主要帮助高校的青年教师树立现代教育思想和理念，掌握先进教学方法和手段，提高青年教师教学基本技能，培养青年教师教学组织、教学评价、教学研究、教学创新的能力，全面提升青年教师的整体教学水平。参加本计划的教师，须具有良好的政治素质和品行道德，立足本职工作，事业心强，有奉献精神，为人师表。具有发展潜力，有投身教学志向，能胜任并完成规定的本学科课程教学。除了赴其他大学听课之外，要为选送的培训对象选派一位师德高尚、业务精湛、教学效果良好，且具有副高级专业技术资格以上的指导教师，进行为期一年的跟踪指导。对参加该计划的教师进行考核评估，办法如下：需提交'三个一'材料作为考核评估重要内容。'三个一'，即一个教学单元课件、一个公开课视频、一篇教学论文(或教学反思)。"①

2014年5月，该期学员分3批次赴区高等学校师资培训中心接受培训，主要以听讲座的形式接受理论培训，主讲教师由培训学校在教育教学研究方面颇有建树的教授学者担任，学习内容有"叙事研究与大学教师""大学教师的行动研究"等。2014年12月，第一期学员赴省外武汉大学、华中师范大学等著名高校随堂听课，同时聆听该

① 关于印发《广西高校青年教师教学业务能力提升计划实施办法(试行)》的通知[EB/OL].(2013—5—15)[2019—11—13]. http://jyt.gxzf.gov.cn/Item/3953.aspx.

校著名学者的理论讲座。这些讲座中，有武汉大学教育科学学院院长、武汉大学"十大最受欢迎的好导师"程斯辉的"怎样成为一名幸福的高校教师"，2014 年第二届全国高校青年教师教学竞赛一等奖获得者、武汉大学临床医学院副教授李涛的"我的教学成长之路"等。

关于培训对学员的影响，研究者访谈了其中一位老师，他如此说：

"我在华中师范大学体育学院随堂听课，感触更深。技术课训练和理论课课堂教学相互交叉。在教学设计上，课堂体现了学生的自主探究，开发和利用课程资源，围绕学生的学习，引导学生在社会大环境中自主学习和探索。课堂教学训练注重利用现有的教学条件，创设有效的课堂情景，激发学生自主学习的兴趣，让学生处于一种轻松、愉悦的氛围。教学过程中让学生保持轻松、愉悦和积极的情感体验，学生才能产生学习动力和探究的欲望，才能将精力集中到技术学习和理论学习上，在潜移默化中主动获取知识。在教学实施过程中，教师不仅要侧重于对知识的理解、掌握和技能训练，还要培养学生自主学习、主动探究、科学思维、互相交流合作的意识。技术课训练要求我们作为教师在课堂上要做到：第一，增强学生的责任感；第二，培养学生树立正确的价值观、人生观和世界观；第三，培养学生吃苦耐劳的精神，锻炼意志，提高心理素质。通过这次培训，我感受到了做一名普通教师的价值，更加坚定了我从事高校教育工作的信念。"(I－EDU－10－JJ)

JJ 老师有 10 年的高校教龄，又具有师范专业背景。他认为理论讲解与技术实践训练相互交叉是比较理想的培训方式。在他看来，这样的培训可以让教师们综合学习教学资源配置、教学情境创设、教学过程的实施、教学内容的嵌入、教学价值的实现等实践性环节。具有教学理论知识基础的他，对华中师范大学体育学院教师的授课所体现出的快乐教学理念、自主探究教学策略进行着思考，认为教学不仅要促进学生对知识的理解、体育技术的训练，更要激发学生自主学习的积极性、科学思维方式的锻炼和合作能力的培养。这种一节课中多种任务贯穿的高效教学方式，让 JJ 老师目睹了教学带来的实际效果，坚定了自己的职业信念。

教师的培训学习是成人学习，成人学习有其自身的规律。美国学者马尔科姆·诺尔斯(Malcolm S. Knowles)对成人学习理论做了奠基性的研究，他认为成人对自己学习过程的计划分为需要、创造、应用和评价四个阶段。需要阶段让学习者参与，可以提高学习动机；创造阶段，学习者的参与有助于选择高效的学习策略；应用阶段，这个阶段让学习者参与，可以使他们更好地协调学习；评价阶段，学习者自我反思，并将知识和专业技能进行整合。①

以此分析G大学教师赴校外参加理论培训和随堂听课，我们还是能够发现这种培训的优势：对于一线教师来说，以个人实践性知识为内核的“实际运用的理论”，是他们内心真正信奉并有效运用的理论，并在日常教学工作中支配着他们的思想和行为。由此，培训的主题及教学计划建构在教师已有教学经验的基础上，研修内容的安排要有助于受培训教师思考那些在课堂和学校中经常困扰他们的问题，为寻求问题的解决给予理论支撑和点拨指导。

但是，这种培训，对教师教学研究重视不足。对教师而言，研究教学有利于拓展自己的知识，完善知识结构，有利于提高思考能力，学习新的有效思维方法，有利于获得对教育教学更加深刻的理解，有利于形成问题意识，从而获得更加丰富的洞察力。② 从教学学术的角度分析，教师业务能力的提升不仅仅是指教学实践能力的提升，也指教学研究能力的提高。而在培训中，教师们无论是听取理论讲座，还是随堂听课，获得的只是有关教学的理论和实践知识，而不是教师如何研究教学的知识。这种缺陷，反过来将限制受培训教师教学知识结果的拓展和完善，影响他们提高思考能力或者学习新的有效思维方法。

2014年6月和2015年1月，G大学又分别遴选出第二期28名教师和第三期20名教师，以同样的办法，接受教学理论知识和教学技能的培训。

综上所述，G大学教师的在职培训方式主要是赴校外参加教学培训而不是校本培训。不可否认，这种培训有助于教师们扩充教学知识，更新教学观念，学习新的教学方法。但因赴校外培训的财务和精力所限，这种培训的受惠面有限。因此，对教师的在职培训，需要从两方面进行反思：一是发展本校的力量开展校本培训，使更多的教师能从培训中提高教学能力，增加教学交流，发展教学学术知识。二是如何使得培训在提高教师的教学能力的同时，提升教师的教学研究能力。这才是真正全面的、有益于教师教学学术发展的培训。

（二）教师自身的实践与反思

1. 职前观察和实习

大学教师的职前经历对其教学知识的学习具有何种作用？众多研究认为这种知识的获得并不是只有一条途径。教师的个人生活史可以分成不同的阶段：首先，他们曾经是懵懂的学生，在漫长的求学经历中，他们与教师朝夕相处，不仅学习科学文化

---

① Malcolm S. Knowles, Elwood F. Holton III, Richard A. Swanson. The Adult Learner(6th Edition)[M]. Taylor and Francis, 2005: 325—340.

② 金钊. 骨干教师培训的理论基础[J]. 北京教育学院学报, 2012(2): 12—17.

知识，而且也受到教师个人行为的巨大影响，他们在观察中也在无形中学习了教师的教学实践知识，这个过程可能成为他们日后成为教师的重要参考资料。其次，一些大学的研究生培养计划就有教学实习环节，并且占一定的学分。这也给教师教学知识的形成提供了丰富的实践机会。限于受访教师对“教学知识”的陌生感，研究者以“教学经验”作为关键词进行访谈，从下面的研究访谈中我们可以总结G大学教师职前观察和实习中的教学知识学习情况。

哲学系的一位副教授认为自己的直接教学经验来源于学生时代老师讲课的“榜样作用”，他说：

“我的教学经验来源于学生时代，老师们如何讲这个课的，对我形成了一个榜样作用。他们是我们这个领域的专家，他们怎么讲这个课的，会影响我。我在武汉大学读博士期间，他们每个人身上都带有自己的模式，他们影响了我今天的教学。那些博导，都是国内最顶尖的专家，我从他们身上学到了很多，这是我最直接的经验来源。”(I— PHI—2—HXZ)

管理学专业的一位副教授认为自己教学经验的一个很重要的来源是学生时代对老师行为的观察。他说：

“对我来说，教学经验的获得，一个很重要的时段，就是做学生的时候，比如读硕士、博士的时候，无意识地受老师的影响是挺大的。我所遇到的老师都非常棒，他们不仅学问做得好，上课也非常好。其中有一个老师，是国家级教学名师，听他上课就是一种享受，他的一举一动，都对我有影响。所以我想，做学生的，不仅仅要听到所讲的，还要观察到老师行为中的智慧。你遇到好的老师，你不仅学到了知识和做人处世的准则，你连上课的智慧都有了，这种幸福的体验，还真是少有。”(I—MAN—12—JK)

上述两位老师都认为，自己教学经验的最直接来源，是学生时代的观察性和替代性学习。在他们的认知当中，教学的实践性知识就是如何讲好这门课，并且形成自己的“教学的模式”。这种实践性知识是一种智慧，能使人产生幸福体验。需要解释的是，教师在学生时代的观察学习中，自己认可、接受、欣赏某位老师上的课，并用心思考，对教师的教学进行了自己的诠释和内化，从而形成教学实践性知识。也就是说，注意、接受、内化是教师在职前经历中获得实践性知识的关键。

另外，农学专业的一位讲师说：

“我这短短一年的教学经验，更多的是源于我对我学生时代的思考，就是我喜欢听什么样的课，比如老师应该与我怎样互动、上课的幻灯片怎么放，我才感觉舒服。我就把这些总结下来，‘己所不欲，勿施于人’，我想我上课时应该怎么做。这些思考指导着我今天的教学，而不是通过听课习得教学，因为我刚工作不久，也没有时间去听课。”(O—AGR—1—ZL)

可见，教师的实践性知识的观察或替代学习并不只是一种观察、模仿和建构，其中还有一种是“创造”，就是从自己是学生的角度出发，希望老师如何教学，从而“生发”出新的实践性知识。

师范生的职前实习也是教师教学知识的一个重要来源，如农学专业的一位副教授说：

“我当时学的是师范专业，毕业前要实习。那时，我父亲就是那个系的老师，父亲的几个好朋友也是那个系的老师，他们对我要求比较严格。一是要求我上课前必须对班级学生有所了解，记住学生的名字；二是要求我必须脱稿讲课；三是不允许有一点点马虎。前面两点对我后来的教学帮助非常大，我觉得教师能随口叫出同学们的名字，他们会认为自己受到了重视，特别愿意配合。但第三点，我是经历痛苦之后才有所领悟的。那时候，我在系里实习，给一年级的学生上课，他们就坐在下面听。有一次让我下不了台的是，我正讲着讲着，学生问问题，我不知道怎么回答，就想直接跳过去。没想到我的父亲马上说：‘停！你怎么能糊弄同学呢？你要知道学生的知识是从你这里得到的，不知道就说不知道，诚恳地跟同学说，然后回去查阅！’当时我出于羞愧而哭了，但是那个经历让我知道了，教学来不得一点儿马虎。

“刚开始，有学生不服我，总是找各种借口试探我这个比他们大3届的学姐，我一开始什么都答应，渐渐地发现学生不怎么怕你了，你没有威信了。后来我总结，我不能一开始松，而要紧，就是要凶一点，这样你后来好一点，他们就会说，原来老师也有仁慈的一面，就认为你善良。我后来当老师一试，果真如此。”(O—AGR—21—LH)

职前的学徒教育实习是教师教学知识的萌芽阶段，“准”教师在对前人经验的尝试运用和内化中，在对课堂的实际操控中形塑他们实践中的教学知识。米德认为：个体的行为，本质上不是对外界刺激的机械反应，而是个体在符号互动中，对情境进行定义，并依此设计出自己的行为。[①] 在符号互动论看来，人们依据事物对他们所具有的意义来行动，而事物的“意义”产生于个人与他人的社会互动中，是行动者在互动的过程中互相协商、建构出来的。这位如今有着21年教龄的教师，一开始，对来自父辈和老师的要求并未完全遵照，而是在执行的过程中，在和情境的互动中，设计出自己的行为——学生问了问题，不知道，但为了自己的面子，并没有说不知道，而是想“糊弄”过去。由于受到父亲的严厉指正，在与父亲的要求互动协商之中，建构了实践性知识，认识到“教学来不得一点儿马虎”。另外，该老师在与学生的互动中，产生着对教学“意义”的认知——对学生先严后松，建立教师威信。

---

① 乔治·赫伯特·米德．心灵、自我与社会[M]．赵月瑟，译．上海：上海译文出版社，1992：20．

2.职后的实践与反思

艾尔贝兹认为,教师以特定的实践环境和社会环境为特征,将高度经验化和个人化的,关于学生、课堂、学校、社会环境、所教学科、儿童成长理论、学习和社会理论所有这些类型的知识,整合成为个人价值观和信念,并以他(她)的实际情境为取向进行抉择,形成了教师实践中的教学知识。[①] 我国学者陈向明认为,“教师对自己的教育教学经验进行反思和提炼,通过自己的行动体现出来的对教育教学的认识,是一种实践中的教学知识”。[②] 下文通过相关访谈资料,分析G大学教师在教学中摸索,生成实践中的教学知识的过程。

“我对上课的经验和理解是这样的。我上课的时候,第一次上课,会告诉他们一些纪律性的东西,如不许吃东西,不许玩手机,不许窃窃私语,尽量不要迟到。上课睡觉是可以的,但是不能打呼噜。因为你上课睡觉不影响我上课,也不影响别人听课。如果你打呼噜,你既影响我,也影响别人。上课睡觉有两个原因,一个是晚上休息不好,你实在困,我强迫你听课,你也听不进去,我还不如让你好好睡一觉。另一个原因是我这个人讲课实在乏味,我就得反思了,就要改进自己的教学。如果一个班上大部分同学都睡觉,那一定说明我上课有问题,但是极个别同学在那里睡觉,那就不一定是我的问题。(笑)

“(为了激励他们上课)我说,你看你交了多少钱的学费,每一节课的成本是多少钱,如果不好好听,实际上你不是占了便宜,而是吃亏的,我的思想、我的知识你没有学到。我会给他们灌输这样一个思想,不会像其他老师那样,这样也不行,那样也不行,我的课堂有一个自由度。所以我的课堂我感觉还可以,但也不是百分之百的学生都认真听课,但百分之八十的学生能跟上我的思路,我通过观察,知道他们在跟着这个课堂走。为了让他们认真听课,我就想把这个课讲得有趣味、有思想,让大家能够听懂,而且想听,愿意听下去,这是我对自己的要求。也有一部分同学,可能是百分之十的同学,根本就不听,他们是所有课都不听。对于这些同学,上课完了之后我会问他们近段时间的状况。

“还有百分之十的同学基本上是走神的,他看似在听课,但实际上不知道在想什么。这种我是拉不过来的,他们依然在睡觉或者干别的事情。这部分同学,下课后我就问他们,今天这个课,讲了些什么呀?他们不吭声,我问是不喜欢这个专业,还是不

---

① Elbaz F. *Teaching Thinking: A Study of Practical Knowledge*[M]. London: Croom Helm, 1983: 5.

② 陈向明. 搭建实践与理论之桥——教师实践性知识研究[M]. 北京:教育科学出版社,2011: 64.

喜欢这个课？一般他们会嘿嘿一笑。我问他们喜欢什么，他们说不知道。我问土木工程喜欢吗？不知道。哲学语言喜欢吗？不知道。电气机械喜欢吗？不知道。对什么都没有兴趣。有这种同学，我就直说，你什么都不喜欢，什么都不想学，你不适合当大学生，你干吗要上大学？他们说，不上大学不行，家里人说高中毕业了，要上个大学，出了社会好找工作。我说你们这样还不如高中毕业直接去工作，还有社会经验。这样说了以后，短期内有些效果，他们可能就会好好听课。"(O—SCO—9—GX)

"我上课的直接经验来自读博士期间的老师们的讲课，工作后，我就结合我的实践，把他们的模式，拿来试验，看看能不能收到效果。如果收到效果，好，我就用这个模式，然后形成我的经验，同时我自己也得到成长。另一方面，我课下也会跟学生沟通，我就问他们，我的课跟别的老师的课相比怎么样？我哪里需要改进？就这样慢慢积累我的经验。还有，我们学院会有公开课以及观摩课，让全系的老师去听某个老师的讲课。当看到别人的短处时，我就想我上课一定要避免这种情况，就提醒自己。他们的长处，我也去学习。我上课还有一个想法，就是不想给学生讲很高深的理论，我认为一个伟大的哲学家，是能够用简单的方式让人很清晰地理解的。你要把这个理论搞懂了，你既可以用很理论化的东西写论文，也可以用很口语化的语言跟人交流。

"在教学中，我的课堂分两种，一种是低年级的，叫讲授课，就是老师独白，互动少。一种是高年级的，叫研讨课，就是老师主持，学生围着圆桌，对内容进行讨论和辩论，这是德国人在大学特有的方式。课堂的掌控，要看你这个课堂的类型是什么，讲授的内容是什么，你面对的学生是哪个水平的。这不能笼统地一概而论，最好的是最适合的。在我的课堂上，我不会特别严格，学生迟到了，我也不会特别批评，你赶快坐好，不要影响其他同学就好。学生也很好，他要是觉得有意思了，他就坐下来认真听。"(I— PHI—2—HXZ)

"我从教这10年来，自己的经验有这些：首先，要站稳讲台，基本理论功底要扎实，要有大量的知识储备，这是以不变应万变的基础，就是心里要有货。其次，好好备课。备课并不是要把所有的东西都堆出来，而是要把学生的学和教师的教结合起来，要掌握教学的规律，要对教学有基本的把握。再次，教学要有技巧，要让学生跟上节奏，不是堆东西，而是让学生生发知识，比如有规律地停顿，让学生跟着你说出知识，有意识地引领、提问，让学生参与讨论。然后总结，让学生去阅读，有意识地停顿、引领、提问、讨论、总结。通过这个过程，这个讲授法就形成了，这是我这么多年的经验。同时，上课还跟性格有关，我语言表达能力也一般，对基本的知识储备、信息的更新、上课的规律和技巧的掌握还可以，基本做到这些，做一个老师就可以了。

"另外，如果哪一节课学生睡觉的特别多，我课后会想，为什么这节课没有发挥好？是什么原因？是哪里出错了？我去听别人的课，别人怎么上的，我会怎么上，就是把它转化为自己的经验。但是,你还要有个基本的心理准备,就是你一学期,不可能每次课都非常有激情,都很好。"(I—PHI—10—LX)

"我那时候刚当老师,我就是到处听课,心里就一点,怎么让学生听得高兴。我从自己上学的经验出发,做换位思考,不能板着脸。其实在我的课堂上,学生做什么事情的都有,但我不去点名,我就看着谁没有听课,课下跟他聊,看看到底是什么原因让他不想学,我就知道他的症结在哪里。如果他们也担心考试通不过,我就稍微给他们施加点儿压力,你要想过,你就怎么怎么样做。我说,你来了,就看一看植物,但有时候也是没有办法的,他就是不看,你不可能把他培养到特别热爱的程度。后来,我就鼓励热爱的,你多做,对那些不爱的,只要你做到基本的,然后该干吗干吗。"(I—AGR—21—LH)

"我的教学经验来自两个方面,一是对自己学生时代遇到的好老师的模仿,二是一般的教学中基本的教学方法,是自己琢磨的。比如说教学设计、教学方法的选用还有结合学生特点的因人施教等,每天都要去琢磨一些。我觉得管理学和教育学有个共同的特点,就是关注心理学和行为主义。你对学生的心理和行为特征有所认知,然后你去设计教学方法,应该是没有什么问题的。同时,你上课时间长了,你就会有自己的范式或者习惯。每个人做事情都会有自己的细则或者说自己的特点,这些东西时间长了就会自我强化。时间长了,这些强化的东西就是你个人的范式。"(I—MAN—12—JK)

"我在课堂上明确要求,不要迟到,不要上课时交头接耳,不允许玩手机,每门课开课前都会提出明确的要求。如果课堂上电话铃响了,我会明确批评学生。但一般情况下,大学生不会有吵闹。我觉得上课效果好的关键是和学生拉近关系,上课时和学生讨论。课间会和学生说一些别的方面的问题,如热点问题,来拉近关系。和学生拉近关系,对增强教学效果作用比较明显。

"当你和学生熟悉了,大家了解了你的局限性之后,专业方面的问题,上课时遇到同学问了不会的问题,他也会理解你,你自己也不会太尴尬,不会是很正常的事,下课查了,或者请教其他人之后,弄懂了,上课再给他讲。我个人还觉得,课堂气氛的调动,和学生有一定关系,和班风有一定的关系,比如某个班很积极,你就会上得比较有激情。有一个班级就比较沉闷,但就算很沉闷,你也没有办法,你也只能上,上课时不会考虑太多,该上的课还要继续上,上完课后再去考虑怎么解决这种情况,课后我会询问其他老师和班主任,了解(这个沉闷)班级的情况。"(I—ENG—9—ML)

教师是教学这个社会空间的重要主体,他是其中的掌控者、驾驭者和调节者。教师生活在一系列的情境之中,使得教师个体和情境以及各种事物、各种个体进行着交互的作用,在这样的交互作用中,他的个人经验慢慢生发,他的教学知识在个人持续的经验中改组和完善。在教学情境中,教师在与情境中的各个因素发生着复杂的对话,既与特定的教育内容对话,与特定的班级、特定的学生对话,也是他与自己的对话。对话是一种沟通方式,寻求对话的过程也是教师主动去了解和认同别人,并取得别人的了解和认同的过程,教师在不断的对话中不断加深对教育、教学的理解和感悟,并最终形成有效的实践知识体系。

同时,教师所面临的是一个复杂的情境。他要面对的学生是多元的、复杂的主体,学生并不是空着脑子走进教室,他们带有自己的原有经验和意识,他们生活的环境各不相同,对学习的兴趣点各异,他们带着对教师和课堂的不同的期许和渴望,他们的思维灵敏而活跃。教师自己也在不断地自我发现,在课堂上他要扮演多种角色,伴有多样的心理体验。他有自己的理想和原则,又面临着多方面的压力。他在各种条件之间做出抉择和妥协,多样的主体和因素构成了复杂的教学情境世界;这些情境是令人困惑的、麻烦的,它向人们提出有待解决的困难和未确定的疑问。

在这样复杂的、不确定性因素充斥的情境中,他们的教学探索无异于一个"尝试错误(trial and error)的过程",他带着自己对教学与学习的无意识的"前见",带着自己对教育理论和理念的独特理解,带着自己的独特的知识框架和内容来进行教学,他并不确定他的教学是否能够被学生接受,他也不确定自己是否选择了正确的表达方法,但是他必须得去做,除去了做,他别无选择。当他做出某种决定时,就会使情境发生变化,情境也会"反馈",这种反馈可能来自学生,表现为他们的课堂表现和学习效果;可能来自同事,表现为同事对自己的教学的理解和认同程度;也可能来自学校,表现为学校对教师教学的评价情况;更有可能来自教师本人的内心情境,对教师角色和一种新的体验。

从上述教师们的话语中我们分析,教师在教学的过程中,在与教学情境互动的过程中,逐渐总结出了自己的原则,用以驾驭和掌控课堂,如 GX 和 ML 老师提出一些纪律性的东西,但复杂的情境和多元的学生需求,也使得教师在教学中进行着妥协,如允许学生上课时睡觉,就算课堂很沉闷,教师也没有办法,只能上课,上课时不会考虑太多;如 LH 老师鼓励热爱学的学生多做,对那些不爱学的,只要做到本职则可;等等。

在复杂情境中对教学的抉择和掌控,慢慢地在老师的头脑中,清晰下来,形成教师教学的特定心理准备状态,给了教师自信。如 HXZ 老师不给学生讲很高深的理论,让学生清晰地理解;LX 老师有意识停顿、引领、提问、讨论、总结的讲授法;LH 老师不板着脸上课,与学生有眼神交流;JK 老师上课时间长了有了自己的范式或者习惯;ML 老师课下加强与学生的交流,拉近关系,提高教学效果。随着他们处理相同案例的次数越来越多,他们的实践行为渐趋稳定,他们的行为方式和风格越来越内隐和自动化，成为“实践中的认识”(knowing-in-practice)。就这样，教师实践着自己的“实践中的认识”，形成了一套包含着自己的价值、技术、策略和智慧的资料库，让他在以后的教学中提取信息，这是教师最重要的教学知识。

反思在教师的教学知识的生成中具有显著的意义，教师会自觉不自觉地对自己的实践进行反思。反思是教师与自我进行主动对话、主动学习的过程，是教师“以自己的教学活动过程为思考对象，对自己在教学过程中所做出的行为、决策以及由此所产生的结果进行审视和分析的过程”。① 有研究得出结论：在专业发展的前五年，教师通过他们与学生的互动的批判性检验，来完成反思。② 引起教师反思的，常常是那些在教师看来失败的案例。源自自己的教学失误，或者学生的反应不如期望，造成的挫败感，常常会引发教师思考教学失败的原因，进而寻找自己教学实践的新突破口。案例中，LX老师看到让自己失望的教学场景，会反思影响自己发挥的原因，并通过听课，在与别人的比较中找到自己的不足，学习别人的经验，上升为指导自己教学的实践性知识；HXZ老师通过观察和反思同行上课，对同行上课中的“短处”敏感发现，提醒自己避免这种“错误”，形成了教学中“免于出现的”经验和知识。

通过对G大学教师教学学术知识生成的审视，我们发现，在大学教师公共教学知识习得的三个途径中，教育教学理论知识积淀较少，教师对高校教师岗前培训提供的知识印象不深，在职培训注重教学实践知识而非教学研究知识的传授。在教师自身的实践与反思中，职前的观察和实习形成了教师教学知识的萌芽，教师通过职后的实践与反思形塑了大量的实践中的教学知识。由此，我们可以判断，大学教师的教学知识，主要来源是教师自身的实践与反思。

二、大学教师教学学术研究反思的实践状况

大学教师的教学学术研究反思，主要包括对课堂教学的研究及对教学的反思与转化。

(一)大学教师对教学的探讨与研究

大学教师对教学的探讨与改革主要是受两方面因素的影响。一方面，每个学生都是一个活生生的，有着自己的价值观、情感、意志和需要的独特存在，他们不是简单的聚合，而是跳动的音符，他们不会完全按照教师的预期去生活，而是在制度和文化允许的情况下自由地行动。另一方面，教学内容的来源日益丰富和多样化，它可以来

---

① 吕洪波. 教师反思的方法[M]. 北京：教育科学出版社，2006：4.

② Kagan D M. Professional Growth among Preservice and Beginning Teachers[J]. *Review of Educational Research*, 1992, 62(2): 129－169.

自书本、来自网络或者来自教师和学生的经历，这些知识如何取舍，怎样安排，是教师总要面临的重要选择。在研究者访谈的21人中，他们在教学目标设计、教学内容选择、教学方法和教学策略选取、与学生互动、课堂驾驭方面的做法如表8所示。

表8 大学教师对教学的探讨与研究

<table>
<tr><th colspan="5">大学教师教学学术的研究反思(N=21)</th></tr>
<tr><th>二级编码</th><th>一级编码</th><th>范例</th><th>提及人数</th><th>提及次数</th></tr>
<tr><td rowspan="5">课程内容的准备</td><td>研读课本，整体把握分配章节</td><td>以权威教材为轴心设计课程体系和大纲，但不能完全按照教材去讲</td><td>21</td><td>21</td></tr>
<tr><td>补充最新前沿</td><td>结合学科最近进展、现实材料和学生需要，适量补充，丰富教学内容</td><td>21</td><td>21</td></tr>
<tr><td>明确设置教学目标</td><td>考虑每节课的教学目的，在PPT上标示，确保学生明确学习内容和目标</td><td>21</td><td>21</td></tr>
<tr><td>制作教学课件</td><td>制作教学大纲和PPT，尽量配以图片和视频</td><td>21</td><td>21</td></tr>
<tr><td>准备教案、讲稿</td><td>大学教学不要求，没有真正的教案，但有打印出来的讲稿，给自己提醒和记录</td><td>8</td><td>10</td></tr>
<tr><td rowspan="4">教学方法的选择</td><td>根据教学内容选择教学方法</td><td>理论课，低年级以讲授为主，高年级安排讨论，有时有模拟游戏；另外，会根据课程内容留下三分之一的课堂时间让学生讲授</td><td>21</td><td>21</td></tr>
<tr><td>教学以学生为中心</td><td>考虑学生的意见选择授课方式，调整教学内容</td><td>21</td><td>21</td></tr>
<tr><td>有明确的课堂要求</td><td>第一次上课，会告诉学生一些纪律性的东西</td><td>12</td><td>13</td></tr>
<tr><td>与学生互动</td><td>课堂提问讨论，课间与学生谈心，课后通过短信和QQ与学生交流</td><td>21</td><td>21</td></tr>
</table>

1. 课程内容的准备

G大学教师对课堂教学的探索与研究，始于备课环节。在学科知识内容的传授方面，研究者所访谈的21人中，所有人在本科教学中，以权威教材为轴心，设计课程体系和大纲，同时能够结合该学科最新的进展、社会现实和学生的需要，补充和丰富教学内容，力争使自己和学生掌握学科的前沿动态。访谈中的一位社会学副教授如此解释他备课的过程。

“新课的话，我一般会在开课前的假期拿到教材。然后先把教材翻一遍，每个章节大概花20分钟时间，知道这个章节讲的是什么。到真正开始上课的这学期，就要扎实备课。至少需要三四个小时，因为你不仅要熟悉课本，还要做课件。做课件不仅仅是做大标题，把书上的东西堆砌上去，你还要理解，你还要找材料来丰富充实，这些材料得从网上或者别的地方去找，比如图片。我给学生讲‘社会学概论’的时候，讲文化中心主义，你光给他们讲这个概念，他们不明白，我就给他找一个世界地图，一个中文版的，一个英文版的。中文版的，就是中国在中间，外文版的，就是中国在边上。这是一种无意识的东西，就是以我为中心，向外扩展，这就是文化中心主义，他们一下子就明白了。找图片很花时间的，包括视频。这些图片和视频不能随便找，你得找对口的，就是跟你所讲的这个东西非常吻合，就跟证据一样，恰好能证明这个观点是这样的。找图片和视频的时间占了备课时间的一大半。”(O－SCO－9－GX)

由表8的访谈总结可以发现，所有教师都明确设置教学目标，结合现代教育技术，制作多媒体教学PPT，尽可能清晰地呈现教学内容，并帮助学生明确学习目标。在教学方法的选择方面，尽管没有严格的理论指导，但所有教师都研究了教学内容和学生的学情，将教学内容和学生作为首要考虑的两个因素，即根据教学内容选择教学方法，体现了教学的科学性；以学生为中心选择教学内容和授课方式，体现了教学的针对性。一位哲学专业的副教授呈现了他在教学中研究学科内容，研究学情选择教学方法的过程。

“备课本科生课程时，我首先认定最好的教材，比如‘西方哲学史’我认定我老师所编版本是最好的，我就以那个为中心，以这个为大纲，这个大纲已经很严谨了，但是我会根据学生的需要，适量进行填充。主要就课程而言，比如‘西方哲学史’我就讲授，因为这个课程很难，你让他们讨论，讨论不起来，我会在西方哲学原著导读中，引导他们讨论。这个要根据学生的知识储备来安排。我现在用的这本教材没有图片，我就经常加些图片，引入一些小故事。西方哲学如果不讲这些，那会很枯燥。根据这些年的教学经验，我就自己加些故事，引起学生的兴趣。在教学方法上，我喜欢用多媒体，我要用音乐、视频等丰富的教学手段。”(I－ PHI－2－HXZ)

从上述两位老师的谈话中，我们可以看到，教师们的备课环节，就体现着教学学术的研究性特点。他们不仅研读教材和本学科最近进展，始终在教学中体现本学科发现的最新前沿知识，还研究学生的学习状态和需要。同时，他们将教学看作一个与学生互动的过程，不是机械地将教材或者自己准备好的知识原封不动地传递给学生，而是根据学生的实际情况，调整教学内容和教学目标，达到和学生之间的互相理解。这是一种学术性教学。

2.教学方法的选择

在课堂授课环节，教师重视师生间的互动。这种互动不仅体现在课堂教学之中，也体现在对课间休息时间的有效利用上，研究者以社会学专业的一位副教授和工学专业的一位教授为例来分析。

“我的课堂很多时候是有意设计话题讨论，让学生主动发言，我原来不点名叫谁谁回答，后来发现每次主动发言的总是那些人：学生干部以及其他对这门课感兴趣的。后来我想，这样不行，每次发言总是那些人，我就在班上说，每次发言的机会很少，展示自己的机会很少，你们好多人不把握，你们每次都把机会留给别人，你看人家，现在锻炼得口齿多么清晰，而你们呢，站起来都不知道怎么表达自己，你们已经吃大亏了，你们大一时是同一个起跑线，毕业时人家可以教你们了。你们的区别就像学霸和学渣(笑)。你们从不发言的人，发言之后，我加 20 分，经常发言的人，发言之后，我加的分数会少一些，5 分吧。有些经常不发言的人，就会冲着这个分数，手举得很低，我就马上点名叫他。他可能有时候紧张，有时候想让老师叫他，又怕身边同学认为自己是出风头，想让老师关注他。趁着这个机会，我就表扬一下他，我说这个同学的思想还是很有见地的，以后希望你多发言。有了这一次，我发现他第二次，第三次，慢慢就开始自如了，也认真听课了。

“还有些同学，课堂上不说，会通过邮件说出自己的想法和困惑。我就会回信，说这个观点、视角挺好，希望他课堂上发言说明，有意引导他。这些学生，自信心一旦增强，以后在课堂上的发言机会就增多了。

“我们所学的东西，很多本来是有争议的，我的课堂也允许争议和争论。当然我跟学生说，像‘牛顿定律’这样的问题，你就不要跟我争辩了，除非你自己做个实验，推翻了，你再来和我争论。如果我讲的东西跟你的生活感受矛盾，或者你有困惑，你都可以站起来，反驳我，或者表明你的立场，我不觉得你这是对我的不敬。比如在讨论课上，有的学生的观点就跟我截然相反，这个时候我会说，我尊重你表达的权利，允许你表达你的观点，但你也要允许我表达我的观点。这个时候，毕竟我是老师，有点权威，代表主流观点，学生代表的是个别、极端的观点。但在这种情况下，往往我的主流观点能得到大多数同学的认可，因为绝大部分的同学，观点还是主流化的。即使在这种情况下，我对那些极端观点还是比较宽容的，不会把它们一棒子打死。我会说，我允许你反驳我，但你也要允许我反驳你。我待他们比较平等，他们感觉得到我是针对这个观点，而不是这个人，因为在平时考试、考核中，他们的成绩不会受影响。”(O—SCO—9—GX)

课堂教学本质上是师生之间以教学内容为载体，以言语为工具进行的精神交往和建构活动。雅斯贝尔斯(Jaspers. k)在其著作《什么是教育》中，这样论述交往：“交往不同于‘训练’，也不同于‘教育和纪律’，而是‘双方（我与你）的对话和敞亮’，在‘身心敞放、相互完全平等的’的存在交往教育中，主体通过教育既‘理解他人和历史’，也‘理解自己和现实’。‘所谓教育，不过是人对人的主体间灵肉交流活动（尤其是老一代对年轻一代），包括知识内容的传授、生命内涵的领悟、意志行为的规范，并通过文化传递功能，将文化遗产教给年轻一代，使他们自由地生成，并启迪其自由天性。’”①

一方面，GX老师在课堂教学的交往互动环节中有意设计讨论话题，引发同学们的思考和表达，以锻炼学生的条理化思考、清晰表达的能力。针对不同类型的学生，他采用“差别化”鼓励原则，以帮助那些羞于表达的学生也积极加入课堂话题的讨论，以增强学生的自信心。不仅如此，他在课后会对学生积极回应，强化学生表达自己的观点。

另一方面，GX老师将教学理解为与学生之间的“对话”，他允许学生反驳和辩论，认为自己与学生之间需要在“身心敞放”中“允许你反驳我，但希望你也允许我反驳你”，达到相互理解——教师理解了学生胆怯，需要鼓励，学生也理解了教师的观点，以及针对观点而不针对个人，不担心成绩因反驳老师而受影响。更为重要的是，这种讨论将师生之间的互相理解延伸和拓展到对知识的理解和更新——“主流观点得到大多数同学的认可”。

工科的一位教授如此说：

“我在上课的时候会很在意和学生的互动，我在课堂上一般会留下三分之一的时间，让学生自己讲解，或者讨论。在这个环节，作为老师，我的任务是点评和对学生讲解讨论中出现的错误予以纠正。有些课程多一些，有些课程少一些。在维持课堂秩序方面，我每门课开课时都会提出明确的要求，基本的迟到要避免，上课时交头接耳一般不会有，上课时不允许玩手机，课堂上电话铃响了会明确批评学生。但一般情况下，大学生不会吵闹。在课堂上，关键是和学生拉近关系，上课时和学生讨论。课间会和学生进行一些别的方面的问题如热点问题的交流、讨论来拉近关系。和学生拉近关系，对增强教学效果作用比较明显。”（I—ENG—9—ML）

交往即“人与人之间以一定的物或符号为中介的相互作用和相互影响”。② ML老师在与学生以课堂为场所进行着两种交流，一种是共同学习的教学内容，另一种是共同感兴趣的话题——热点问题。上述两种交流既充当着师生交往的符号中介，还发挥了增进师生相互理解，促进双方感情交流的作用，更为重要的是，这种交流还促进了知识和文化的建构。用ML老师的话表达，就是增强了教学效果。

教学学术既是教师教的学术，又是学生学的学术，如何在教师教的学术和学生学

① 雅斯贝尔斯．什么是教育[M]．邹进，译．北京：生活·读书·新知三联书店，1990：2—3．
② 刘奔．交往与文化[J]．中国社会科学，1996(2)：61—76．

的学术中架构二者相通的桥梁，达到师生之间相互理解、建构知识的目的？从这个意义上理解教学学术性，主要体现如下：

其一，师生之间的互动和交往过程，是一种学术活动。其二，师生之间互动和交往的目的，是为了学术知识的传递与建构。综合分析，基于学术知识传递、特定意义建构的互动与交往的学术活动，与一般的主体之间的交互和交往活动不同，师生之间的交互和交往是一种精神交往活动。这正是教学活动中师生交往的特殊性所在。也就是说，教学活动中师生的精神交往是教学实践的主体基于各自生活的世界，以语言和文化为沟通中介，在共同规则与规范下的相互行为。这些共同的规则与规范，宏观上包括教育的相关法律法规，微观上包括课堂教学规则等。访谈中很多教师都提及，会在一门课的开始提出课堂教学的纪律要求，如“上课时说话交头接耳一般不能有，上课时不允许玩手机”。这是师生精神互动和交往学术活动中的共同规则和规范。

(二)大学教师对教学的反思与转化

从 20 世纪 80 年代后半叶以来，教师教育和教学研究也从“技术性实践”模式转向了“反思性实践”模式。当前，反思性教学在欧美教育界备受重视，被认为是使教师的教学参与更为主动、专业发展更为积极的一种手段和工具。作为一种被理论证明能够有效提高教师教学水平的方法，教学反思已成为教师专业发展和提高教学质量的重要途径。教学反思可以分为为了行动的反思、在行动中反思(短暂的、迅速的教学中反思)和对行动的反思(持续的、系统的教学后反思)。为了行动的反思是指教师为指导未来的行动而进行的反思，在行动中反思是教师在行动过程中自发的反思，对行动的反思是指教师在行动完成之后对行动和思想的反思。G 大学教师通过为了行动的反思、在行动中反思和对行动的反思的教学反思，提升自己的专业水平，从访谈资料中，我们进行分析。

表 9　大学教师教学学术的反思转化

大学教师教学学术的研究反思($N=21$)				
二级编码	一级编码	行为范例	提及人数	提及次数
为了教学行动的反思	备课环节的反思	结合学生水平，根据学生的意见，找证据性例子； 思考设计提高学生能力的各种学习方法； 备课时会预想讲课时哪里会出问题； 有时候第二天上课，头一天都在思考设置什么环节等	19	19

续表

大学教师教学学术的研究反思（$N=21$）				
二级编码	一级编码	行为范例	提及人数	提及次数
在教学行动中反思	上课时边反思边行动	如果学生注意力不集中的时候，就会分析原因采取相应措施，根据不同的反击氛围改变教学策略，想办法适应学生； 根据不同学生的期望，采取不同的措施； 看着学生有兴趣的时候，马上鼓励他们； 如果提问，学生一点儿反应都没有，那证明学生就没有接受，需要再次讲解	16	17
对教学行动的反思	有意识反思	每个老师上完课，在头脑当中对上课都会主动思考如何去改进	19	20
	经常反思	就是这节课讲得怎么样？哪里出了问题？原因在哪里？以后怎样应对？头一年哪些做得不好，下一年在教学内容和教学方法上怎么改善	21	21
教学反思的转化结果	形成授课的概念，改变教学内容和方法，修改课件	对教学的反思，在头脑中，形成改变上课的想法和概念；主要是反映在教学内容和教学方法的改变上，修改课件	21	22
	反思后撰写少量教学改革论文	反思后，围绕所教的课程写成教改论文，用来评职称。不过是几年写一篇而已	18	18
	在脑子里系统化成某种模式	对一门课、一种教学方法，经常反思，逐渐在脑子里系统化成一种教学模式； 看看关于某一个方面的东西，尝试去申请课题	3	3

表9反映了G大学教师的教学反思和转化情况。研究者访谈中的所有教师都能够经常反思自己的教学，绝大多数教师的教学反思是有意识的反思，即主动、理性、有计划地反思自己的教学。这种反思，不仅体现为上课前备课阶段的反思，而且体现为上课过程中的反思，更体现为课后的反思。

1. 为了教学行动的反思

通过研究者的访谈得知，G 大学的大多数教师会在上课前的备课阶段反思教学内容与学生需求、学生学习准备的适切程度，同时预想上课时可能出现的问题，反思应对的策略。

一位从教 4 年的工科硕士教师说：

“我会有意识地反思我的课，其实上课之前的备课就在反思，例如新开课，有些知识点我自己不太清楚，我已经感觉到这么讲可能会出问题，就会预想问题可能出在哪里，同学们会有什么疑惑，我按照以前的经验怎么应对，我就提前预演一遍。如果上课的时候确实出了问题，印证了我的预想，我想无论如何下次自己要改一改。”（I－ENG－4－LF）

一位从教 21 年的农学副教授说：

“我虽然每次课后不会连续反思我这次课上得怎么样，但是我有个习惯，就是第二天要上课，我前一天就会思考，课堂上的某一个环节怎么处理，按照以往的情况，可能会给学生带来什么问题，如何去避免这些问题。而且，我们是农学专业，我教的是‘植物学’，课堂上要给同学们看植物根茎叶或者标本之类的，不能让学生看采摘很久的，最好是新鲜的。我就在想，是头天下午摘的好，还是第二天一大早摘的好。后来就决定，还是上课当天的一大早摘的好，茎叶饱满，学生看得清楚。这不，你看这个袋子里的，是我今天早上 6：00 到实验地里摘的，摘的时候脚踩到泥里去，上课来不及换鞋了。”（大笑的同时拿起一个黑色塑料袋，伸出了满是泥巴的脚）（I－AGR－21－LH）

教学反思的过程分为广义和狭义的反思，狭义的教学反思，是指教师从觉察、分析自己的教学活动开始，到获取个人化的教学经验的认知过程；广义的教学反思不仅包括狭义的教学反思，还包括教师主动探究教学问题，进而监控、调节、修正教学实践的过程，也包括对自身教学经验的理论升华、迁移。

访谈中的两位老师将备课阶段自己的严肃思考理解为一种反思，认为自己的备课不再单纯地以“教法”为出发点，而是把自己已有的教学经验进行迁移，主动“预想”上课过程中可能出现的场景，并将基于经验的预想场景对教学进行“预监控”“预调节”和“预修正”。如 LF 老师所说的“我按照以前的经验怎么应对”，LH 老师所说的“课堂上的某一个环节怎么处理，按照以往的情况，可能会给学生带来什么问题，如何去避免这些问题”。这种“预调节”和“预修正”成了老师们头脑中有待验证的“教学经验”。如果上课的确发生了预想的场景，教师的“预调节”策略又解决了问题，这些有待验证的教学经验便得到重建。像 LF 老师所说，“如果上课的时候确实出了问题，印证了我的预想，我想无论如何下次自己要改一改”。由此可见，从广义的教学反思分析，备课阶段是形成教师有待验证的教学知识的重要环节。

2.教学行动中的反思

正如舍恩所指出的那样，教师在自己的教学情境中有时并不会依赖以往的经验，需要对某种情境进行新的解释，从而自动化地选择解决问题的方式，进行教学。工学专业的LF老师如此描述了他在教学过程中的反思过程。

“我上课的时候，比如说学生在睡觉，我的第一反应不是马上叫醒他，而是思考睡觉的原因。一般来说，睡觉有三个原因，第一他不感兴趣，第二是他昨天晚上没有睡好，三是我自己的原因。从这三个原因出发思考要不要叫醒他，是间接地叫醒他还是直接地去叫醒他。你不分青红皂白去强硬地叫醒学生，一来浪费其他学生听课的时间，二来万一学生跟你对抗，更加不好。课后，我还会跟这个睡觉的学生交流，问他听明白了吗？如果没有听明白，我会讲给他听。”(I－ENG－4－LF)

理学专业的SZ老师说：

“我判断学生听课效果的方法是提问，如果我提问，学生一点儿反应都没有，那证明学生没有听明白，需要再次讲解。我会跟他们开玩笑，你看老师的表达怎么差得你们都没有听懂。有没有听懂一点的，给我一点儿回应和鼓励嘛！我这么一示弱，学生哈哈大笑，主动性提高了，会回答听懂了一点，我赶快表扬他们，谢谢他们帮助我解决了我的迷惑，接着问他们下一步该怎么办。就这样，我们把刚才讲过的再讲一次，大家都明白了。”(I－SCI－9－SZ)

一般情况下，对于学生上课睡觉、不回应教师问题等明显与学生行为规范不符合的行为，LF老师和SZ老师他们并未依赖于以往的经验，或者马上叫醒睡觉的学生，或者批评学生，而是对这种情境进行着新的解读，生发出了新的策略，对这些问题的解决方法重新建构，尽量做到既维护学生的尊严，又维护课堂的秩序，不浪费课堂教学的时间。

管理学专业的JK老师说：

“如果学生人来了，心没来，他们跟你不在同一个频道上，很有可能这部分学生来上课就是为了拿学分的，有很强的功利性，他们不是为学你这个课的知识而来的，所以你不必花大力气。不在这上面纠结，你的期望值要调整。我尝试过，那些只想拿学分的学生，他不想思考，不想投入，只想简单吸收。在这种情况下，讲些八卦等轻松话题，他们就感兴趣。我就夹杂上八卦新闻，把课讲完，只要他们把我讲的吸收就行，不期望他们去思考什么。”(I－MAN－12－JK)

教学反思不仅仅限于对行动的思考，还与行动密切关联。教师教学反思的起点是自我实践中的“问题”，关键是问题的解决和经验的重组。通过与JK老师的谈话，我们发现，面对只想拿学分而不愿深入思考的学生，他一方面分析学生的学习目的，调整了自己的期望值，另一方面改变了自己的教学方式，采取了学生喜欢的听课方式——“夹杂上八卦新闻”讲课。通过这个过程，既找到了解决即时情境问题的方案，又形成了新的教学经验。由此，教学反思对于教师个人而言，是一种学习过程，其实质就是教师通过解决自己教育教学实践中遇到的问题进而重新建构自己的教学经验的过程。

3. 对教学行动的反思

表 9 的访谈统计表明，访谈中几乎所有教师都会经常有意识地反思自己的教学，反思主要围绕教学的效果、教学中出现的问题、教学需要改进的方面和改进教学的方法等。可以说，这些反思包括了对行动结果的反思与过程的反思。反思之后，绝大多数教师会改变授课的策略，调整教学内容和方法，修改课件。由于 G 大学教师职称的晋升需要教改论文，因而，大多数教师会结合对某门课程的反思情况写成教改论文用以发表。除此之外，大多数教师只是将反思结果内化为个人化、非系统的教学经验。少数教师能就某种教学问题进行持续系统的反思，形成自己的教学模式。无论是教学经验，还是教学模式，都是个人化、缄默化、非书面的。

“估计每一个教师，在头脑当中对上课都会有所思考，今天我上完课，效果会怎么样？哪里出了问题？有什么样的打算？我回去该怎么改？然后我回去就直接在课件当中修改。”(I－ENG－4－LF)

“我会有意识地在课后反思我的课，但是我很少写反思笔记。如果某次课，班上同学纪律不好，我虽然会很严厉地批评他们，但下课之后我会很快就意识到，这节课可能讲得比较乏味，乏味的原因在哪里呢？我会主动、有意识地去想，只是没有成文的、写出来的东西。后来我就慢慢地改变。首先，我有意地降低语速。但不是所有的时候都很慢，我会在有一些地方正常、有一些地方故意拉长，有时候我突然提高声音。其实这对老师来说是要求很高的。除此之外，你要对自己所讲的东西理解得很透彻，如果不深刻的话，学生稍微问一些课程以外的问题，你就不知道怎么回答了。现在因为上课的时间长了，对书上的东西很熟悉了，学生问的问题我基本上都知道，学生在网上看的那些东西，我都已经看过了。”(I－SCO－9－GX)

“我会进行反思，比如说，我在课下会问学生我上课的情况，同时，根据学生的反应思考下次上课该怎么办等。还有，我自己买了摄像机，上课时让学生帮我录制视频，然后我回去看，我就对自己的声音、语速、手势、面部表情等进行研究，看看哪里需要改进。

“反思之后，我就会在头脑中形成一种想法和概念，然后像学生一样一直摸索和积淀，一直往前走。我就希望通过自己慢慢的摸索，把哲学这门课上好，让这些以理工科为主的大学生能够用哲学的眼光思考问题。我的摸索也收到了一些效果，刚开始我的这个课因选课学生少而开不了课，我自己也反思，一是我的课程内容讲得太拗口，二是我的课程名为‘西方哲学史’，大家一听就不想学了。后来我改变了课程名称，叫‘人生的智慧：哲学给我们的启示’，同时我讲课也会穿插一些小故事，现在每年选课的学生爆满。我发现学生选课，也有特点，一是看课名，所以课名很重要；二是问问这个老师上课怎么样。如果老师上课比较幽默、活跃、内容比较多，然后又有视频和小故事，让人听着不沉闷，他们就喜欢选。那我就往这两方面努力。而且，我给我们学院的老师们说，不要只给本学院的学生上课，要给全学校的学生上课，这样才能提高影响力。像武汉大学，书记、院长，还有博导，规定每学期要给全校的本科生上课，培养学生深厚的人文底蕴。武汉大学的人文底蕴很深厚。所以你要上校选课，既锻炼你的口才和你的课堂掌控能力，同时从不同专业的学生那里汲取知识，让你的视野更开阔。一个老师讲课一定要有意思，这样才能把你所学专业发展壮大。这些虽然不算是上课的方法，但的确是我反思后的所得。”(I－PHI－2－HXZ)

教学反思水平按照层次划分，有三个层次。第一层次是教学技术水平的反思(前反思水平或技术层面的反思)，即教师的教学反思关注的是“怎么解决”“怎么做”的问题。该层次最关心的是达到目标的手段，重视手段的效果和效率，而将目的看成理所当然的，没有对目的加以检视，属于最低水平的教学反思。第二层次是理论反思水平(准反思水平或情境层面的反思)，这一层次是教师透过教学行为，对行为背后支撑教育教学实践的理论进行反思，这是中等层次的反思水平。第三层次是价值判断水平反思(批判性反思或辩证层面的反思)，即从广泛的社会、文化、政治、经济的背景来审视问题，以开放的眼光来看待问题，其中包括从伦理和道德视角分析教学行为。这一水平才是真正的“反思水平”。

以此分析上述G大学三位教师的教学反思，我们发现，他们都主动反思自己的教学，并且从重视教学的手段和效果的低水平反思阶段，上升到了价值判断的高水平反思和职业理想的反思。对于低水平阶段的反思者，也许他们的教育教学理论知识限制了他们反思的高度，也许他们并未学习如何进行教学反思，对教学反思的方式方法并不熟悉。对于高水平阶段的反思者，对教学的价值批判和对教学理想的反思固然重要，却要系统学习反思的技术和方法。反思作为大学教师教学学术研究的重要方式，可能会对提高大学教师的教学水平和教学效果产生积极作用，但不能促进大学教师教学学术的表达和理论水平的提高。由此，要促进大学教师教学学术的发展，从广阔的视角分析教育问题，一定的教育教学理论知识、教学反思的具体技术方法等培训，都是很有必要的。

总之，教学反思对于教师个人而言，不仅是一个促进教学水平提高，发展教学学术的过程，更是一个专业学习过程。教学反思是教师从实践中学习的一个途径和方式，组成了教师专业学习的有机要素和环节，能促进教师的长足发展。作为大学教师的教学学术发展的重要范式和专业习惯，G大学教师在教学前为了教学行动的反思形成了有待验证的知识，通过教学行动中的反思解决了教学中的问题，通过教学行动后的反思大学教师能够改变教学内容和方法。偶尔将反思理论化为教学论文发表，或者形成一种教学模式，申请教学改革研究课题。总体上，行动前的反思和行动中的反思较为频繁，行动后的反思大多停留在教学经验的水平上，而没有上升到教学理论的高度，成为公共教学知识的一部分。如何激励大学教师把自己反思的教学经验或者教学知识撰写成文，能够传播与共享，成为促进G大学教师教学学术可持续发展的有效方式，需要更多的力量。

（三）大学教师的课堂教学研究

"从表象到本质识别教学的核心问题——提出关于此问题的假设并进行验证性研究——对验证性研究结果进行适当的表达"，是大学教师课堂教学研究的主要环节，也是扩充、丰富和深度理解教学知识的过程。G大学的教师主要通过教改项目和教学改革论文进行着（课堂）教学研究。

2014年，G大学所在的省（自治区）人民政府印发了《广西教育振兴行动计划总体方案》，明确实施"本科教学工程"，要求区教育厅每年支持教改项目800项。教育厅为了进一步深化高等教育本科教学改革，促进高校教师教学能力提升，切实提高本科教学质量，决定每年支持本科高等教育（含普通和成人高等教育）教学改革研究项目800项，并根据区内各高校分配项目数量。2014年，G大学获得立项31项，项目集中于专业课程教学模式的改革与研究，研究访谈的JK老师的"创业型课程教学改革的研究与实践——以电子商务专业为例"项目，YG老师的"基于教学录像分析下的大学生心理健康教育课程的课堂观察理论与实践研究"项目获得立项。G大学教师结合自己的教学改革实践，研究教学模式和理论。如JK老师重点研究创业型课程教学的模式，YG老师基于教学录像，分析课堂观察理论在教学中的效果。2015年度，G大学获得立项95项。为加强教师课堂教学能力和课堂教学研究能力，此次2015年立项的项目鼓励针对课堂教学改革进行研究。为鼓励青年教师参加教学研究，项目通知明确规定："项目立项向一线青年骨干教师倾斜，其中，40岁以下青年教师主持的项目不低于30%。"[①]对所有立项的项目，由教育厅给予适当的经费资助，G大学也给予1∶1的配套经费。

研究者访谈的教师中，3位老师申请到了（课堂）教学改革研究项目，具体到课堂教学研究对大学教师教学知识形成的影响，YG老师如此说：

① 关于申报2015年度广西高等教育本科教学改革工程项目的通知[EB/OL].（2014－07－09）[2019－11－15].http://www.gxtcmu.edu.cn/Item/12435.aspx.

“我以前是师范出身，毕业后又在小学当过老师，研究生学的是课程与教学论专业，我就对课堂教学比较感兴趣，也在进行着持续的研究。目前，我们自己有一个……一个……(停顿30秒)自己的自主知识产权，这个自主知识产权叫作‘合作课堂教学’，我主要是跟别人合作研究，是报了知识产权的，所以我们一直在研究这个课堂。我们主要是在中小学开展研究，现在我们的实验学校已经有几十所。我们是合作课堂教学的主要研究者，相关的技术、理念以及一些教育的东西，需要我们去思考。

“我把这么多的研究，也用到了我的大学课堂教学的实验和研究上。我的课堂，我一上课就跟学生说，我们是合作者和研究者。有时候上课，我只是提出某一个概念、某一种理念，甚至是某一种范式，然后要学生具体去操作，去寻找。比如我今年的实验心理学课实验的过程，我就要求他们自己分成小组，去设计一个创新性实验过程。每次设计，他们完成之后，我们一起讨论，当然我也点评。有些地方甚至老师没有看到，他们看到了，这都完全是正常的。在高校，这算是一种完全平等的交流。这对我来说是一种提高，但有些东西真的就被他们创造出来了，让人非常兴奋！

“我有时候上课，就把自己的课堂录下来，回去自己看、自己想。我发现，教师的手势、语言、语调对学生有影响，他们的眼睛、他们的表情代表着他们情感的变化。虽然上课时，我可能由于关注上课内容而不那么敏感，但课下再次仔细看，就会发现更多。所以，今年我申报了‘基于教学录像分析下的大学生心理健康教育课程的课堂观察理论与实践研究’。我打算把教师的各种类型的话语、手势、表情对大学生的影响总结出来。”(I—EDU—17—YG)

教师进行(课堂)教学研究的动机来源是多方面的，在研究过程和研究结果的表达中，也可能受其他因素的影响。YG老师是由于对教学的热爱、兴趣使然，在与合作者的相互激励下研究出了成果，申报了知识产权，得到了荣誉、满足。教学研究意识敏锐的他将合作课堂的理念在大学课堂进行试验，大学生的创造性进一步强化了他对课堂教学研究的热情。有教育教学专业的理论知识，使得他也能够从众多的教育现状中识别和聚焦核心问题，如他认为教师的语言(包括肢体、表情、语调)对学生情感的影响的研究。

JK老师说：

“平时，我会有目的地去看一些教育学的理论书籍和论文。比如我的某个课题要设计一个教学法，那么这个时候我会专门去看一些相关的教学法的论文。另外，我在申请课题如“新世纪教改工程”的时候我会有意识地看一看相关的书籍，我发现我所做的东西是有理论基础的。那么我就自己看一下理论，然后把我做过的东西总结一下，比如实践教学模式、研究型的课程、创业型的课程等，形成一个理论或者一个框架，就去申报教改课题。可能由于我看了教育学的理论，用了教育学的术语，我申报的教改项目比较容易得到批准。我目前结题2个,明年立项1项。这些项目结题的时候,我就有意识地去学习和总结一些教学理论知识,主要是为了发表论文。”(I—MAN—12—JK)

有关研究表明,专家型教师、经验型教师和初职教师在教学中所运用的知识分别对应为自己原有知识、案例知识和外在的策略知识。从JK老师的谈话中可以看出,并没有教育教学专业学习背景的他,当初是凭着自己的生活经验,进行一些上课的尝试与创新,这对他来说是原有知识。他善于借助教育学的话语体系对自己的教学进行反思,借助教改项目进行总结研究,让他从“日常教学”中觉醒过来,加深了他们对教学的理论性认识,也在建构着属于他们自己的教育学理论知识。

可喜的是,上述YG老师和JK老师的研究,不仅深化了他们对教学的理解,提高了课堂的效能,而且拓展、丰富了他们已有的教学知识。不可否认,YG老师和JK老师进行课堂教学研究的动机中,部分是出于主动学习教学知识和对教学感兴趣的内在动机,大部分却是因外部的荣誉和激励这一重要的动机。由此可见,外部激励在增强大学教师进行课堂教学的主动性中必不可少。另外,YG老师和JK老师都是具有10年以上教龄的“经验型教师”,他们的课堂教学研究,大多基于对自己课堂问题的敏锐识别和捕捉。但对于初职教师而言,他们如何从研究中成长,是大学教师教学学术发展需要思考的问题。

三、大学教师教学学术表达交流的现实审视

大学教师教学学术的表达交流,包括大学教师课堂教学的技艺展现、大学教师课堂教学的公开与评价及大学教师课堂教学研究成果的表达和共享三方面。笔者从以下三方面进行分析。

(一)大学教师课堂教学的技艺展现

本书借鉴崔允漷、施良方教授对教学行为的分类,将大学教师的教学行为按照教师在课堂教学中的行为方式及其发挥的功能划分为主要教学行为、辅助教学行为和课堂管理行为。笔者将主要课堂教学行为划分为教师的呈示、对话和指导三个维度,将辅助课堂教学行为划分为学习动机的培养与激发、有效的教学交流、课堂强化技术和积极的教师期望四个维度,将课堂管理行为分为课堂教学时间的分配和课堂教学行为问题的管理两个维度。以此为观察大纲,研究者参与式观察了大学教师们的课堂教学,并做了详细的课堂记录,下文中对此予以分析。

1. 大学教师的主要课堂教学行为

主要课堂教学行为是教师在课堂中发生的主要行为,包括教师的呈示、对话和指

导。主要课堂教学行为是以目标或内容为定向的。有效的主要课堂教学行为必须以教师具备扎实的专业知识与技能为基本条件。表10呈现了G大学教师的主要课堂教学行为情况。

表10 G大学教师的主要课堂教学行为

G大学教师的主要课堂教学行为($N=16$)			
二级编码	一级编码	行为范例	使用人数
呈示	语言呈示	讲授知识点、学习方法及学科前沿,推导数学公式,提示重点希望学生记忆	16
	文字呈示	播放PPT,重点部分用下划线,偶尔板书	16
	声像呈示	结合古代希腊地图和战争片讲历史;利用实验图片演示裸子植物和蕨类植物的运水系统;播放白蚁的视频;播放英文电影	8
	动作呈示	用手势、身体等做例子	2
	实物呈示	给每个学生分发植物,要求学生观察植物叶子上的透明小孔	1
对话	讨论	“你们认为单穿孔好还是多穿孔好?为什么?”“为什么植物病理后产生孢子?你们认为该怎么样解释?”“最近我有三个思考,我们可以讨论一下。”“我们自由讨论一下”	8
	问答	整体提问:“同学们能结合当时的社会背景总结一下隋唐非营利性组织的特点吗?”;个别提问:“看了这张图,你想到了什么?”	13
指导	指导阅读或练习	指导英语听力练习和写英语句子;指导学生做练习题;指导学生思维;指导阅读书籍;指导论文写作	9
	指导探究或实验	指导学生将植物叶子折断,闻其气味	1
	指导合作学习	指导学生设计心理学实验;指导学生设计人力资源培训方案	2

由表10可见,大学教师的主要课堂教学行为表现如下:大学教师以语言和文字为主要方式系统呈示教学内容,注意知识的系统传授、学习方法的指导及学科前沿信息的介绍。为了增加学生的学习兴趣和效果,一半的教师结合声像材料进行教学。

教师们教学的动作呈示和实物呈示较少。在与学生对话方面，教师们主要以问答方式与学生互动。教师们也与学生讨论解决问题，体现了教学的民主性和学习共同体的特点。在指导学生学习方面，大学教师主要是指导阅读或者练习，但指导学生探究学习和合作学习较少。

2. 大学教师的辅助课堂教学行为

教师的辅助课堂教学行为以学生或具体的教学情景为定向，是为了使主要课堂教学行为产生更好的教学效果而在课堂中发生的教师行为，主要包括学生学习动机的培养与激发、有效的教学交流、课堂强化技术和积极的教师期望等。笔者的观察总结如表 11 所示。

表 11 大学教师的辅助课堂教学行为

大学教师的辅助课堂教学行为（$N=16$）			
二级编码	一级编码	主要范例	
激发学生学习兴趣	言语激发	介绍心理学学术会议信息和最新发展，预测学科学术前景。举例毕业生和自己的短信交流，说明在校学习的重要性	12
	非言语激发	用视频、图片、故事、短诗结合理论内容	8
教学交流	课堂上的交流	走到学生中间问问题	12
	课间休息时的交流	走到学生中间问学生："刚才你听懂了吗？这个问题，你怎么看？"	7
课堂强化技术	言语强化	"这个同学认为生活中的麻类植物物品有麻袋，是对的。很好，就是这样，一语中的。""那些主动回答问题的同学的名字是……""你说得很好，但是还不全面，要再加上……"	10
	非言语强化	眼神的交流和鼓励，点头示意	14
	符号强化（标志性强化）	回答问题，平时成绩加分	15
积极的教师期望	向学生传递积极的期望	"你们都比我们那时候强，从本科阶段开始就有研究的意识和理想，知道自己要干什么。"	13

表 11 是大学教师的辅助课堂教学行为。笔者认为，G 大学教师通过介绍学科前

沿、发展动态,激发了学生学习的内在兴趣。半数以上的教师结合视频、图片、故事讲述,提高教学的趣味性和可接受性,以此激发学生的学习兴趣。在教学交流方面,大学教师主要是课堂最多,课间次之,课后最少。在课堂强化技术方面,他们运用积极的语言、期望的眼神以及外在的符号强化物,希望学生出现教师期望的学习行为。此外,大多数教师能给予学生积极期望。往往,学生在课间放松状态下更能表达个人的意见。由此,大学教师需要加强和学生的课间交流,与学生互动,了解学生的意见,做到使自己的教学更加适合学生的需求。

3. 大学教师的课堂管理行为

课堂管理行为是为教学顺利进行创造条件,是教师实现教学不可缺少的一种行为,它主要涉及课堂教学行为问题的管理与课堂教学时间的分配。G 大学教师的课堂管理行为统计如表 12 所示。

表 12 大学教师的课堂管理行为

大学教师的课堂管理行为($N=16$)			
二级编码	一级编码	主要范例	使用人数
课堂教学时间分配	开始上课时用点名提问的方式复习上节课内容	“上节课我们学了昆虫生态学的系统构成,谁能给我们说说包括哪些?”	2
	课堂大部分时间学习新内容	复习上节课“采矿方案”后,快速转到新内容,讲“自然支撑采矿法”	13
	离下课 5 分钟左右总结课程内容	“有人想表现、总结一下我们今天的主要内容吗?”“我们今天讨论了全球化对我们的影响……”	6
课堂教学行为问题的管理	对学生迟到的处理	眼睛示意学生坐好:“快坐好,我们在等你呢!”	8
	对课堂纪律的维持	教师讲课,学生窃窃私语,一般不回应	14
	容忍学生做与课堂无关的事情	学生看手机、看杂志,不提醒	16

由表 12 的分析可知,尽管 G 大学教师将大部分时间用于教授新内容,但大部分教师并不重视课前新旧内容的衔接、课后总结强调所学知识等环节,教学的科学化程度有待提高。大多数教师认为大学生已经是成人,具有自我管理的能力,本着对学生尊重的态度,对学生迟到、课堂窃窃私语、使用手机、翻看其他书籍等课堂行为问题都

采取容忍态度，以保证课堂的正常进行。

通过对上述大学教师主要课堂教学行为、辅助课堂教学行为和课堂管理行为的分析，笔者认为G大学教师通过课堂教学，向学生系统传授了学科知识，让学生了解了前沿动态，授课中注重与学生互动，正确使用强化技术，对学生给予积极的期望，激发学生的学习兴趣，这些都是优秀的教学行为。但教学的科学化程度有待提高，在指导学生探究学习和合作方面显得不足。

(二)大学教师课堂教学的公开与评价

舒尔曼认为，公开课堂、教学能让同行评价是教学学术的重要特征之一。因此，笔者此处分析G大学教师课堂教学的公开与评价。G大学教师课堂教学的公开与评价主要有教师之间的听课评课、参加教学观摩课竞赛、申报学校教学成果奖、自然交流和参加学院教学研讨会。教学研究成果的交流和共享包括申请“课改课”[①]、写作和发表教学改革论文、参加教学改革项目、撰写教改项目研究报告等。从研究者对21位教师的访谈统计中，我们可以知悉他们的教学学术表达交流的情况。

表13 教学学术的表达与交流

大学教师教学学术的研究反思($N=21$)				
二级编码	一级编码	范例	提及人数	提及次数
课堂教学的公开与评价	被动听课，不评课	系里通知有公开课、示范课，没有课的时候就去听，把听课当作完成任务，不主动去评课	13	13
	主动听课，很少评课	主动去听别人的课，学习优点，避免缺点；只要有人说谁的课好就去听谁的课，不评课	5	6
	自主交流与合作	开会、阅卷时问某个班的学生怎么样。平时学生的问题问同事	11	13
	参加教学观摩课比赛	自己主动参加学校青年教师观摩课比赛且获奖	2	2
	申报学校教学质量优秀奖	申报需要提供上课视频、教学大纲、教案、教学PPT。每次上课都要精心准备这些，课程结束后顺利交了，算是对教学的一次公开和接受评价	1	1

① “课改课”是G大学本科课改示范课和课改实验课课程的简称。

续表

大学教师教学学术的研究反思($N=21$)				
二级编码	一级编码	范例	提及人数	提及次数
教学研究成果的表达与共享	申报“课改课”	申报“课改课”，必须写教学总结，就是把自己教学中的做法写出来，交上去，不发表	14	14
	写作教学改革论文	将少数教学经验写成教改论文发表，四五年写一篇	18	18
	写作的意愿和目的	评职称可以用，如果不评职称，就没有必要写	12	13
	发表共享的途径	发表于一般刊物或者学院论文集，权威刊物不发	17	18
	参加、申请教学改革项目	主持、参加教改项目，总结教学经验	6	6
	撰写教改项目研究报告	教改项目要结题，就有意识地参考教育学论文，把自己的做法总结出来	2	2

1. 听课评课

“缺少其他人搭建的脚手架，缺失其他人多样化的观点，缺乏其他人互补的视角，没有其他人充当积极的听众和诤友，个体从自己的经验中学习几乎是不可能的。”① 正因如此，主动从同行的授课中学习经验，请同行对自己的授课提出建设性建议的听课、评课，早已是中小学教研活动的主要形式，更是中小学教师学习的重要途径。同样地，大学的听课、评课是提高大学教师授课水平，促进大学教师教学专业发展的宝贵方式。G大学也制定了学校听课和评课制度，主要有学校教学督导组听课制度、学院系主任听课制度、学院的公开课制度以及新任教师听课制度。2012年学校全面推行“课改课”以来，又增加了“课改课”听课制度。上述四种听课制度中，前二者是教师作为听课的对象，授课后听取学校教学督导组专家或者学院系主任的意见和建议，改进教学，促进良好教风和学风的形成，以便提高课堂教学质量，后两者是普通教师作

① Shulman L S. Just in Case: Reflections on Learning from Experience[A]. In Wilson S M (ed.), *The Wisdom of Practice: Essays on Teaching, Learning, and Learning to Teaching*[C]. San Francisco: Jossey-Bass, 2004: 480.

为学习者，听取有经验的教师或者进行教学改革教师的课堂教学。通过表13的访谈统计，研究者呈现出了G大学教师听课、评课的状况。在研究者访谈的21人中，13人提及在“系里通知有公开课、示范课，没有课的时候就去听，把听课当作完成任务，不主动去评课”。5人提及“主动去听别人的课，学习优点，避免缺点，甚至只要有人说谁的课好就去听谁的课，不评课”。

被动听课者的解释如下：

“听课还是有的，平均每学期要听起码3次课。主要听一些公开课，再多了就没有时间去了。我是听，但从来不提建议，都是同事，人家的课怎么改进自己可能是知道的。再说，你作为一个旁观者，提的建议不一定合适，可能人家会说，叫你做，你不一定能做到我这水平呢。”(I－MAN－9－FP)

“我们有个全系的示范课堂还是公开课，我就去听了三四次。听完之后，大多数普通老师(有时候包括系主任)只是当作任务完成就行了，就走了，顶多主管教学的副院长说几句，但大多数是说好话和优点，真正的有建设性意见的还是少。原因吧，我觉得顾名思义，你都是公开课或者示范课，就是叫我们学习的，哪里还能提建议！你如果提建议了，不就说明这个课有问题吗？还怎么起到示范作用啊？”(I－MAN－1－CX)

作为被动去听课的教师，上述两位老师之所以去听课，是因为所在的学院有规定，示范课或者公开课没有课的教师一般要去听，学期末要交教师听课纪录。在这样的政策规定下，一些老师以被动完成任务的态度去听课，并没有期望从观察同行上课之中获得成长，所以听课的准备和投入可能不足，因而对问题发现较少，难以给出中肯的评价。另外，因为是同一学院、同一学科的熟识老师，即使发现了问题，碍于情面，多数老师也不会当面提出，一般是以表扬授课教师的优点为主。更重要的原因，可能在于一些教师把教学视为“专业个人主义”，认为靠个人的钻研与感悟能够解决教学中的问题和困难，他者的建议不一定适合于授课者本人的教学情境。由此我们可以判断，作为一种行政化的听课制度，如果不能调动听课教师的积极性，转变教师的思想观念，使他们认识到听课不是任务，而是在自己学习的基础上促进同行的发展，即无论是公开课还是示范课，抑或是普通的听课，是教师们之间的专业互助与互相启发的桥梁；任何阶段的教师，都需要从他者的“描述镜像”中反照自己教学行为的全貌而自我审视。或者说，教师教学学术如其他学术一样，是一个群体性的活动，并非“专业个人主义”，同行的评价与建议对促进教师教学学术发展意义重大，对被听课教师教学学术发展的促进作用重大。

为什么多数老师将听课视为一种任务被动应付，而没有真正重视，LF老师和WY老师或许代表了一部分人的观点：

“我听别人的课也少，觉得我去听其他老师的这个课，他们讲得也不太好。就算是讲得好的，也是别人讲得好，你模仿不来。我觉得去听别人的课以及模仿，用处不大，也只能靠自己，一是上课的技巧，二是理论的扎实，三是平时的锻炼。有时候我觉得上课也是一种演练吧，你演练得多了，你自然会讲得好。”(I－ENG－4－LF)

“一般教师不愿意听课，也不愿意提建议。如果有什么公开课，可能系主任就会说，大家明天没课的都去听某个老师的课，点到的就来，有事的就不来。那些听课的老师，心里就会想，你又强了多少？就那样呗，也没有什么特色啊，我也这么上过。有的老师还说，你这个内容好讲，我那个不好讲。你要讲生物学的课，你也不好讲生动。”(I－AGR－11－WY)

教育的传统观点，教师只被视为传授知识和技能的工具，其行为目的是“传道、授业、解惑”，这种行为的技巧只要经过训练就会获取。因此，在LF老师看来，教学犹如某项技艺动作，必须经过自己的长期练习。他人的经验再好，如果不经过自己的练习，仍然不能彰显。所以，他认为与其学习、模仿别人，还不如通过自己练习，形成自己独特的教学风格。另外，自古以来形成的“文人相轻”的职业文化，在自认为知识分子的大学教师身上还是体现了出来，正像LF老师和WY老师所说的那样，“讲的也不好”“就那样，没有什么特色”，这种情结使教师职业本身带有明显的“专业个人主义”特点。一方面，教师在多数情况下独自面对教育情境中的问题，独立自主地处理教学事务，他们的课堂生活往往是“自给自足”的，与其他教师的课堂是相互隔离的。另一方面，他们习惯了只是在自己任课的学科领域通过自身的苦读、钻研来深化自己的专业知识，很少想到学习他人，涉足自己专业以外的知识。这种长期孤立、隔离、封闭式的教学生涯，可能会使教师变得越来越保守、思想越来越僵化、视野越来越狭窄。也正是这种教师与教师之间彼此孤立，很少合作，更无法从他人身上汲取有用的东西的现状，将教师的工作定格于“孤独的职业”的境地。

促进教师教学学术的发展，可能关键的问题之一在于打破教师自我封闭的固执之念，形成教师之间互相学习的学习文化，促使教师走出自我隔离、保守狭隘的境地，形成开放包容、博采众长的观念。

G大学部分教师还是意识到了“主动走出自我封闭，走进别人的课堂发展自我”的重要性。在研究者的访谈中，提及“主动去听课”有5位教师。这5位教师中，1人获得了G大学2013－2014年度教学质量优秀奖；1人连续3年入选该校年度“我心目中的好老师”；1人被学生评为“上课有条理、风趣轻松和知识性强”，同时，入选G大学2014年度“马克思主义理论研究和建设工程重点教材相应课程‘精彩一课’”。提及主动听同行的课，他们如此说：

“可能受我博士期间几位讲课很棒的老师影响，我就有这么一种想法，一定要向我的老师们看齐，要通过我的努力，让咱们学校的所有本科生知道，G大学哲学系怎么怎么样。而这种目的，必须要经过精彩的课堂去宣传，所以我利用一切机会学习提高我上课的水平。我们学院有公开课以及观摩课，让全系的老师去听某个老师的讲课，当看到别人的短处时，就提醒自己上课一定要避免这种现象。他们的长处，我也去学学。通过听别人的课，看学生的反应我就想我如何去避免这种现象。另外，我在课下，会问学生我的课和别人的课相比怎么样，怎么改进。"(I－PHI－2－HXZ)

"我刚做老师那会儿，就一个想法，怎么让学生喜欢我的课，所以我更喜欢听其他老师的课，不同老师、不同学院的课。只要有人说，哪个老师的课不错，课件做得很好，你们最好交流交流，我就去上网查，正好这些课与我的课相关，比如环境学院一个老师的课，我就去听了。我现在听得少了，那时候到处去听课。我就是进学校教务管理网，网上可以找到所有老师的课表，我就找自己感兴趣的课，记下时间地点，就去听，学他们的方法。同时我有时候也会和他们探讨上课中的一些问题，那些被听课的老师也挺感谢，说我的建议对他们的教学具有帮助作用，后来我发现这种交流也是挺好的一件事情。"(I－AGR－21－LH)

HXZ是博士毕业2年的教师，为了上好课，他不仅主动听同行的课，而且自己专门购买了摄像机，拍摄视频自我观察分析。正是这样的努力，让学生深深喜欢上了他。研究者在访谈之前，征得同意，走进了他的校选课"西方哲学史"课堂观察学习，问及听课学生，学生们表示，HXZ老师是他们上大学以来讲课讲得最好的老师，条理清楚，元素丰富，幽默风趣。LH老师已有21年教龄，却说自己需要不断地学习，并感慨，做教师的前5年，基本每周有一半的时间在听别人的课。研究者有幸走进她的"植物学"课堂听课3小节，在与学生交流的过程中，学生们表示，LH老师声音洪亮，大量的图片，配以简洁的文字，时刻保持互动的授课方式，是他们非常喜欢的。也由此，LH近三年连续被评为G大学年度"我心目中的好老师"。

从他们的谈话中，我们可以发现，教育理想和教学价值在促进教师发展教学学术的过程中起到了关键作用，是教师专业发展道路上的信念支撑。也就是说，促使教师主动学习、主动听课的，并非外在的激励力量，而是源于他们内心的某种"使命感"，这种"使命感"，在HXZ老师那里，是"雄心勃勃"的"让全校本科生知道哲学系"；在LH老师那里，是朴素的"让学生喜欢自己的课"。但正是这样的"使命"，让他们不懈努力，发挥自我价值。由此，我们可以得出结论，促进教师教学学术发展的根本力量，可能在于教师本人。

2. 申报竞赛类课程，接受专家听课的评价

G大学分别从2008年开始，每两年举行一次教学质量优秀奖评选活动。2013年，G大学又举办了首届青年教师教学观摩课讲课竞赛课。上述两种活动由于要求任课

教师提供教学材料，学校专家深入课堂听课而使得教学实践有了公开和接受评价的机会。

2014 年 1 月起，G 大学开始评选 2013－2014 年教学质量优秀奖，要求参加申报的教师要具有齐全的教学文件，包括教学大纲、讲稿或教案、教学进度表，积极参加教学改革，近两年在教学内容、研究性教学方法和教学手段、实践性教学环节改革中成绩突出（需附文字总结材料或论文），在授课中注重学生知识、能力和素质的培养，教学效果好、严格课堂纪律管理，认真考勤，有考勤记录，有较完整的教师、专家和学生的评价材料，评价高。在教师申请和各学院推荐后，由学校教学质量优秀奖评审委员会对参评教师进行考核和评审，即审阅评选材料、深入课堂听课。从 2014 年 1 月至 12 月，经过个人申报，学院推荐，学校教学质量评审委员会评审，G 大学教务处发布通知，拟定 18 位教师为 2013－2014 年教学质量优秀奖获得者。① 研究者访谈的 ZP 老师名列其中。谈及申报学校教学优秀奖，他这样说：

“申报这个奖需要提供上课视频、教学大纲、教案或者讲稿、教学 PPT、教学进度表。我从申报这个奖开始，知道自己的这门课要交这些东西，所以每次上课都按照要求准备，到课程结束后顺利交了，最终获了奖。这个奖其实不重要，重要的是，我养成了良好的教学习惯。从那以后，无论什么课，我都会制作这些材料。这样，你上课就会按照计划，就不会乱。并且，专家听完课后，多多少少会给你一些建议，这对你也有启发。另外，因为有视频，又获了奖，应该是比较好的，我希望能作为新进教师培训的例子，发挥一点作用。”（I－ECO－10－ZP）

通过教学质量优秀奖的评选，一方面为 G 大学了解教师课堂教学实际情况，督促教师改善课堂教学行为，提高教学质量，促进教学改革提供了机会；另一方面，正如 ZP 老师自己所说，通过这样的激励措施，督促教师认真备课，通过积累扎实的专业学术知识，深入钻研课堂教学，提高课堂教学的技艺，获得自我成长。同时，教师养成了将上课视频、教学大纲、教案讲稿、PPT 和教学进度表系统保存的习惯，便于教学学术知识和文化的传承，以及教学的公开化，为其他同行提供借鉴，同时为教师研究自己的课堂教学提供了物质资料。

G 大学为加强青年教师队伍建设，激发青年教师的教学热情，提高青年教师授课技艺，促使他们在教学实践中增长才干、提高教学质量，于 2013 年举办了首届青年教师观摩讲课竞赛活动，鼓励年龄 35 岁以下、有本科教学任务的青年教师参加比赛。比赛以随堂随机听课的方式在正常的教学过程中进行，学校评委进行听课评议。对

---

① 广西大学 2013－2014 年“教学质量优秀奖”获奖人员事迹介绍[EB/OL]．(2015－05－25)[2019－11－15]．http://jwc.gxu.edu.cn/info/2030/4936.htm.

参加青年教师观摩课讲课竞赛的老师，学校评委从教学态度、教学内容、教学方法和教学效果四个指标进行测评打分。[①]

从2013年3月16日至6月16日，经过各学院预赛、推荐，学校组织专家认真听课、评审，公示无异议，确定4位教师获得G大学青年教师观摩讲课竞赛一等奖，8位教师获得二等奖，13位教师获得三等奖。学校对获奖者进行了表彰，并颁发了获奖证书，获奖结果记入教师业务档案，作为教师业务考核的重要依据之一，以此鼓励获奖者再接再厉，不断提高授课技艺和质量，也激发广大教师向获奖者学习，立足课堂教学，积极进行教学方法改革，进一步提高G大学教学质量和人才培养质量。[②] 研究者所访谈的21位教师中，2位教师在此次讲课竞赛中获奖，GX老师作为参赛并获奖教师，感想如下：

“去年我还参加了咱们学校的青年教师观摩讲课竞赛，得了二等奖。当时我一看是青年教师，年龄35周岁以下，我想要是再不报名就没有机会了。我就想，反正我一直在上课，在实践当中，自己也常常在方法上进行着一些试验，但不知道自己方法上的改进效果，我需要对自己的教学有一个基本的判断，而且需要和其他老师交流，知道自己的教学处在什么水平，需要从哪里去提高，所以我就去报名了。这种比赛也不需要特别地准备什么，就是学校的评委拿着你上课的课表，在你某一次上课时随机听课，并录像。听课后，专家们给出了好评，说我的课程理论联系实际比较好，但也给出了建议，就是我的语速快、我上课面部表情比较僵化，要我放慢语速并且活跃一些，精神饱满一些，这样才能让学生更加放松。后来评审出来后，我得了二等奖。但关于面部表情的建议，我以前从来不知道，这学期上课我有意识地保持微笑，有一天一个学生上来跟我交流，说我变了一些，变成了‘微笑哥’，他们觉得更加亲切了一些（笑）。

“因为有录像保存，学校后来评选‘马克思主义理论研究和建设工程重点教材相应课程“精彩一课”’，我参加比赛的课程‘社会学概论’被确定为我们学校2014年度马克思主义理论研究和建设工程重点教材相应课程‘精彩一课’。这次‘精彩一课’，全校总共有16个人的课程被确定，同时有专项资金奖励，目的是抓紧课程建设和教学内容、教学方法及手段的改革进程，加强课程的规范化管理，全面提高课程教学质量。这对我鼓励很大，我觉得大学教师的科研固然重要，但你如果认真对待教学，迟早有一天，你的成绩也会显露出来的。”（I－SCO－9－GX）

---

① 关于举行2013年广西大学青年教师观摩讲课竞赛活动的通知[EB/OL].（2013－03－21）[2019－11－15]. http://wjxt. gxu. edu. cn/Wjxt_UI/showdoc. aspx? id＝20847.

② 关于青年教师观摩讲课竞赛决赛结果的公示[EB/OL].（2013－07－09）[2019－11－15]. http://dwxwgk. gxu. edu. cn/info/1102/3851. htm.

GX老师之所以去报名参加青年教师讲课竞赛，可能主要目的是想通过与学校专家的沟通，获得外在的对自己教学能力的定位，后来的获奖结果以及入选“精彩一课”的外在激励，让他认为自己的努力得到了回报。学校专家在评审听课的过程中，指出了他以前从来不知道的“缺点”，这让他有意识地去改变“僵化的面部表情，开始微笑”，由此获得了学生的喜欢，并称他为“微笑哥”。学校的激励加上学生的喜欢，让他对教师职业和自我充满了肯定与认同，正如他在研究的访谈中提及“大学教师是个有尊严的职业”，此刻他体验到了“认真对待教学，迟早有一天，你的成绩也会显露”的喜悦。由此，研究者认为，利用外在激励因素，促使教师公开教学，得到同行的评价，在教师教学学术的发展中具有举足轻重的作用。

3. 自主交流与合作

教师之间紧密、有效地合作，形成一个以平等为基础、以互动和自然交流为主要特征的教师群体，既能满足教师的情感诉求，还能促进教师教学学术的自主发展。目前，教师的自主合作与交流已成为提升教师素质、促进教师专业发展的有效途径。G大学的教师之间自主交流与合作呈现出什么状况呢？研究者访谈的教师，分别这样说：

“我刚参加工作，还是有些不懂，大多数时候还是请教其他老师，我们那块儿住了很多新来的老师，大多数情况下，谁碰到什么事情，都会拿出来交流，或者说他们有什么样的想法，我们都会互相请教，觉得请教了还是多多少少解决些问题，有时候就算解决不了，但通过交流，知道大家都遇到过这个问题，心里就会得到安慰和缓解。”(I－MAN－1－CX)

“我去年在本校博士毕业后留校任教，第一年主要是听课，听了一年课。今年才开始上课，但还是有些时候不知道怎么上，包括专业知识和教学问题，当时就心里焦虑，总想把课上好。这个时候，专业问题我一般是自己钻研、在QQ群里问同学和朋友。对教学问题，我会问我的指导老师，或者我的博士导师。他们都很好，给我的建议还是能解决一些问题。”(I－ENG－1－XL)

CX老师和XL老师都是参加工作1年多的初任教师，处于专业发展的初期，“求适应，求生存”的动机，使他们急切地希望获得教学的实用技能。所以，大多数情况下，他们向同行请教，在获得教学技巧的同时，获得情感上的支持。有研究者认为：“几乎所有的教师都经历了进入教学工作的过渡时期，这是他们的教学生活和职业生涯最困难的一个阶段。”①在这个阶段，预想的成功与教学实际状况之间存在的差距，会使得大多数初任教师产生如CX老师和XL老师一样的焦虑情绪，外在的专业帮助或者情感支持，对他们渡过这个时期，获得专业发展初期的高自我效能感，是非常关

① 李家鹏. 论促进高校青年教师成长的策略[J]. 江苏高教，2008(1)：103－104.

键的。否则，专业发展初期受挫可能会深刻地影响其后的专业发展品质，甚至很大程度上成了他们离开工作岗位的直接原因。可见，对高校初任教师的教学学术发展而言，可能外部的支持比激励老师自我钻研更重要。

长期以来，高校教师中呈现着个人主义文化、派别文化，影响着教师的专业发展和教学学术能力。从研究者对 G 大学教师的访谈中，我们分析个人主义文化和派别文化以及其他因素对高校教师的影响。

"平时，如果我在教学中遇到问题，我至多在心里想想，自己下次该注意什么就可以了。也不会花很多心思在上课方面，现在的学生不怎么喜欢听课，你那么用心，你用心请教别人了，学生也不一定真的就感激你。我们都做了快 10 年的教师了，除非是专业问题，你和学生交往啊，怎么上课啊之类的问题，一般都是自己想办法琢磨的。而且，对上课中出现的问题也习以为常了，我出现，可能别的老师也出现。"(I－ENG－9－LW)

"我如果在教学中遇到教学问题，基本是自己分析解决，因为以前养成的习惯，高中的时候就很少问问题，经常遇到不会的问题放在那里，过两天再看的时候就会找到解决的方法。基本没有问过其他老师课堂上的问题，会自己想是什么问题，慢慢进行改进。"(I－MAN－9－FP)

LW 老师和 FP 老师的谈话体现着比较明显的"专业个人主义"特征。他们认为，教学像其他问题一样，是靠着自己的琢磨与辛苦钻研就能够解决的问题，是个人的事情。所以，他们喜欢独立完成教学任务，拥有强烈的独立成就感，不愿意与同行交流，也不愿意观察和干预别人的工作。在 LW 老师那里，也许出于自尊保护，担心任职快 10 年的教师还问同行一些上课的事情，会被认为不会教学。所以，他宁愿靠自己琢磨而不是与同事交流。FP 老师宁愿把教学中遇到的问题搁置几天，自己慢慢思考，也不愿意很快去与同行交流得到启发。这种不肯与同事合作，坚持独立成功观，对其他教师采取不干涉的态度，也就是哈格里夫斯所言的教师个人主义文化，①它既表明

① 哈格里夫斯将教师文化划分为四种类型：(1)个人主义文化(individualism)：教师拥有强烈的独立成功观，很少干涉其他教师，他们不喜欢变革，也不愿与同事合作，避免与他人讨论变革。(2)派别主义文化(balkanization)：学校分裂为许多独立的团体，教师忠诚于、归属于某一个派别。派别内部成员之间联系紧密，但派别之间教师则漠不关心甚至相互竞斗，因此学校中教师很难有共享的目标，革新也难以在全校范围内进行。(3)人为合作文化(contrived collegiality)：教师之间的合作是由外在行政控制的，这是由某种正规而特定的科层程序强制的、可以预测的、局限于特定时空条件的合作。合作的主要目的在于满足科层制度的要求，而不是学校实践的要求和个人的本意。(4)自然合作文化(collaboration)：这是经过人为合作文化阶段后的更高级的合作文化。

教师对合作交流重要性的认识不够，更是阻碍教师教学学术发展的思想根源之一。

“我在上课时遇到问题，专业性的问题会自己查阅资料或者请教同事来解决，上课教学方面的问题首先与学生沟通交流，以面谈、电话、短信或 QQ 群讨论来解决，主要是问学生的要求，然后自己想办法迎合他们。”(I－LAN－17－DX)

“如果真的是教学本身的问题，我觉得问老师还不如问学生有效，我就会去问学生，我如何上课他们更喜欢。如果有的学生问的问题，我不会，人无完人，任何一个老师都会遇到这种情况，尤其对非本专业的学生，会提出很多很好的问题，因为我们这个专业已经陷入专业的思维，很少有稀奇古怪的想法，但是学生不一样，他会问，可能有些东西在我们的专业范围之内我可以马上把它解答，但是有些问题我可能就是真的不知道，这个是很有可能的。非常非常常见的一个问题我不知道，这个时候我也可以直接告诉学生我不知道，回去查了，我下节课告诉你，我也这么做过，学生还是非常理解你，他不会一下子就把你看低了。比如说去年上课，有个学生问我：茶虫是什么虫子，问我怎么养。那是一种茶叶放在家里储存之后长的一种虫子，那个虫子排泄的粪便可以接着泡茶，因为它吃的是茶叶嘛。这个问题我如果很简单地回答，我也会，他要问我怎么养，我就不知道，因为这个问题是从来没有涉及的，那我不能随便说两句把学生应付过去，是吧？我就回来查，查了之后，再告诉他该怎么样养，该有什么样的设施。他说家里想做这个事，他自己不知道怎么弄，就问及这个，那我觉得也行，他自己也应该学到一些东西。

“至于和老师的交流，可能更多的是跟同专业课的老师交流吧，跟其他非专业课的老师可能交流得比较少一点。比如一个项目组老师可能在一起碰到面啊或者在一起吃饭、喝茶的时候会交流一点专业方面的问题。”(I－AGR－1－ZL)

“我在上课的时候如果出现问题，比如遇到学生提意见给老师：‘你不能老这么讲！只按照课本让我们背公式！’我当时并没有批评学生或者难堪，而是耐心与他们交流，当时我就问：‘老师怎么讲你们才能理解？老师怎么上你们容易理解？是讲得多一些，还是习题多一些，还是课堂讨论多一些？作业是多久一次？是 1 周一次，还是 2 周一次？’我就会根据学生的反馈有意识地调节。就教学本身而言，我觉得跟学生的交流比跟老师交流学习更有效，因为学生不一样，你怎么讲他能理解，是学生说了算。所以，除非是专业问题，如何上课的问题，我一般不和老师交流。”(I－ECO－10－ZP)

DX、ZL 和 ZP 三位老师的谈话中出现了忠于学生的倾向。他们共同的经验是，教学是特定的教师与特定的学生群体的交往，同行的经验只是在他们与自己班级的学生教学交往中产生的，并非适合于自己的教学实践。因此，征求听课学生的意见，以学生的兴趣和需要为出发点，适应学生的需求，比与同行交流更能提高教学的有效性。这正应了舒尔曼的观点——“教学学术既是教的学术，也是学的学术”。学生的观点，正在成为影响教师教学学术发展的重要决定因素。但需要注意的是，毕竟学生只是从自己喜好的角度出发思考问题，对教学的规律性、科学性、学术性考虑较少，如大学教师只以学生为中心发展教学学术，这样的教学学术能走多远？另外，ZL 老师也与同行交流，但只与同专业课的老师交流，带有明显的教师派别主义文化。相关研究表明，其优点是可以就某个学科教学的问题进行深入交流，缺点是缺少跨学科的视角，无法为本学科的教学问题输入新鲜的血液。

总之，通过上述几位老师的谈话，我们发现 G 大学教师之间自发交流，发展教学学术的文化氛围还没有形成，教师之间的教学合作至多是在相同的专业内部进行有限的交流，这属于教师交流的派别主义文化或者人为的教学交流文化。要形成教师教学交流的自然主义文化，发展教师的教学学术能力，G 大学在进行教师培训时还需要营造更好的环境。尽管教师个人重视发展自我的教学学术能力，但毕竟教师个人势单力薄，仅靠个人的钻研无法解决复杂多变的教学问题。有时候，教师们倾向于把教学和自己教学能力发展的瓶颈，归结为自身的因素。实际上，同事与所在集体的认同和支持是教师成就感的主要来源之一。也就是说，群体是支持和帮助教师成长的重要来源。通过交往、群体互动来获得支持和挑战，有助于教师确立自己的奋斗目标并在追求目标的过程中获得勇气。如果一个教师缺乏群体的支持，必然导致把教学中的问题看作自己的问题，与其他教师无关，与学校结构和学校系统无关。教师必须认识到，学校的结构怎样深刻影响了自己的工作，自己与同事、学生、学生家长的互动如何影响着自己的教学。只有拥有了这些知识，才能转变成教育智慧并帮助他人成长。[①] 从事教师研究，想促进教师真正的发展，就必须从个体主义的研究方法转到系统研究的方法上来。换言之，我们想促进教师的教学学术发展，也必须将教师拉上学校整体发展的列车，进行系统的筹谋，为教师创造尽量多的合作文化氛围。

(三)大学教师课堂教学研究成果的表达和共享

本章第二部分述及大学教师教学研究的主要方式有教学反思和课堂教学研究，则教学研究成果的表达涉及教学反思的转化和课堂教学研究的成果表达。综合表 9 的教学学术的反思转化、表 13 的教学研究成果表达与交流，以及部分访谈资料，研究者进行了分析。

① 徐燕兰. 论交流、合作与教师专业发展[J]. 教育与职业，2006(29)：48—50.

1.教学学术反思的转化

研究者访谈的21位教师，都经常进行教学反思，但反思后的结果分布如下：21人或者形成上课的想法和概念，储存于自己的脑子里；或者改变教学内容和教学方法；或者修改教学课件。18人写成教学改革论文，用来评职称。但他们也明确说明，“这种教学论文不常写，是几年才写一篇”。3人经过反思一门课的教学方法，在“脑子里形成一定的教学模式”，如果有教改项目，就去申请。

分析上述数据，G大学教师教学学术研究成果的表达最常见的形式是写作教改论文。从研究者的访谈看，大多数G大学教师并没有形成通过撰写教学反思笔记表达教学研究成果的习惯。G大学教师中有人会主动写作教学总结，但还是零星的文化现象，不足以形成写作教学经验总结的文化氛围。虽然G大学教师撰写教学论文，但写作的数量极为有限。G大学所在的省(自治区)教育厅相关文件规定，教师从助教晋升讲师、从讲师晋升副教授，分别只需1篇教学改革论文；从副教授晋升教授，需要2篇教改论文。并且，从低一级职称序列晋升到高一级职称序列，需要4年左右。显然，4年左右的时间，写作一两篇教学改革论文，相比于教师丰富的教学实践，是少之又少。以此判断大学教师的教学反思，大多数是以缄默性的知识形式存在的。

我国教育家叶澜教授认为：一个教师写一辈子的教案不一定成为名师；如果一个教师写三年的反思，有可能成为名师。更有学者指出，教师能否以科学的“反思教学”的形式化解教学中发生的教学事件，形成明晰的改进教学的方案，是判别教师专业化程度的一个标志。可以说，专业性的反思在教师的成长中极为关键，也是大学教师教学学术发展的一个突破点。是什么让他们的教学反思停留在此境地？研究者结合访谈资料分析。

“我平时不写教学反思笔记，不会非常频繁地去做这些事情，没有时间，我们还有自己的专业研究论文。我也不会每一门课都写教学经验总结。我们学院鼓励大家去写教学类的论文，而且有些教改项目，那么我就会结合自己有经验的、感兴趣的课程，写一两篇关于课程教学的论文，发表了等着评职称用一下。这个论文我能写出来、能写好，才写。这些都是个人兴趣，而不像我们的专业论文那样，你必须发表，有项目，你在圈里才有发言的机会。”(I－ENG－9－ML)

ML老师的谈话可以帮助我们理解大学教师的教学反思不能以书面的形式保留下来的原因：一是作为大学研究人员，自己学科的科研任务繁重，他们没有更多的心思将反思写出来；二是他们认为教学研究以及写作教学论文并不像专业学术论文那样，是他们在学术圈立足的凭证，不需要为此付出极大的精力。他们不必像记录专业研究的观察记录一样，把日常的教学反思都写下来，形成教学论文的素材。

2.课堂教学研究成果的表达

对课堂教学研究成果的表达与共享，在研究者访谈的21人中，14人因申请了“课改课”（这种课要求学期末必须写教学总结），总结自己的教学经验交到学校教务处，但不发表。18人在四五年的时间内，写作一篇教学改革论文发表。其中12人明确表示如果不是为了评职称，自己不愿意写教学改革论文。17人的教学改革论文发表在普通刊物上或者学院的论文集里。6人会参加或者申请教学改革项目，2人因教改项目要结题将课堂教学的研究成果写成结题报告。由此可见，教师们表达课堂研究成果，大多是基于外部的制度要求，而非内在的表达需要。

“我对我的授课反思，就是回去之后马上改课件，然后逐渐在自己的脑子里系统化，同时看看关于某一个方面的东西，尝试去申请课题。比如我去年申报的那个教育厅2014年度高等教育教改工程就是我平时反思的东西，我就把这个系统化总结了一下，申报了课题，做这个项目的时候，还要再深入想。”（I－EDU－10－RM）

“我要把课上好就要琢磨学生的心理，去调动它。我琢磨的这些东西，如果有申报课题的机会，我会有目的地去看教学论文，或者就去看相关的书籍，我发现我所做的东西是有理论基础的。那么我就结合相关理论，把我做过的东西总结一下，形成一个理论或者一个框架，就去申报新世纪课题，比如我前面结题的两个“新世纪教改”课题，就是这么来的。然后这个项目要结题，要设计一个教学法，那么这个时候我会专门去看一些相关的教学法的论文。”（I－MAN－12－JK）

RM老师和JK老师都认为自己系统地反思了自己的教学，并在写作教改项目申请和项目结题报告时，书面化地表达了教学反思的部分内容。可见，教师们进行课堂教学研究，是受项目激励而不是自己的教学需要或者兴趣使然。也就是说，G大学的教学改革项目是教师们认真从事教学研究、表达教学研究成果的一个有效方法。要激励教师们进行课堂教学研究，就要通过外部的制度进行激励。

3.网络教学资源的建设

使大学教学走出人为隔离的境地，不仅公开化地接受同行的评价，而且进行共享，成为同行借以建构和相互学习的财富，是教学学术的特征。由此，大学教师公开自己的教学，共享教学的程度，也是教学学术发展的指标之一。G大学教师教学学术的共享，主要分为公开课、精品课、网络课程、教学课件库。截至2015年初，G大学“动物寄生虫与公共健康卫生”“碳减排与低碳生活”和“科技建材构筑美好家园”三门课程入选国家精品课程，并制作成公开课，上传在网易公开课。[①] G 大学的“大学生心理健康教育”等 46 门课程被确定为省（自治区）级精品课程和重点课程，这些课程把课程内容、教学课件、教学资源、课堂讲座、案例分析、习题参考、教学录像、网络课堂、课程习题、参考书目和教学评价全部公开于学校教学资源网络库，供学习者参考学习。同时，还开辟了网上答疑，以便与网络学习者交流沟通。另外，学校还把 64 门网络课程、120 门校级精品课、67 门课程的精品课件库也上传至学校的教学资源库，全部开放，供学习者学习和下载。[②]

另外，根据《教育部关于国家精品开放课程建设的实施意见》（教高〔2011〕8 号），教育部高教司决定“十二五”期间，从教育部和财政部实施的“高等学校本科教学质量与改革工程”中，立项建设 1000 门精品视频公开课，并从 2012 年开始，在“985 工程”试点学校的基础上，2012 年扩大“211 工程”学校为精品视频公开课的建设学校。G 大学作为“211 工程”学校，根据教育部《关于开展 2012 年度精品视频公开课推荐工作的通知》（教高司函〔2012〕11 号）和广西壮族自治区教育厅有关文件要求，决定由教师教学发展中心负责遴选校级精品视频公开课，要求参加校级精品视频公开课课程的主讲教师应为学校正式聘用教师，原则上要求具有教授职称，并长期从事该门课程相关教学工作，具有丰富的教学经验、较高的学术造诣，课堂教学效果好；申报课程最多有 2 位讲授，必须有不少于 20 分钟的教学录像或视频，以光盘等形式提供。同时，G 大学也委托学院推荐、学校专家评审，遴选校级精品资源共享课。经过遴选，当年确定“生物小分子，精彩大世界”“科技建材构筑美好未来”“公共权力与政治美学”“模具与现代生活”和“法律冲突与文化趋同——你身边的国际私法”为 2012 年立项建设的精品视频公开课程，“大学物理”“木材学”“家畜寄生虫学”课程为 2012 年立项建设的精品资源共享课程。

精品视频公开课程的主讲教师注重课程内容的选择和教学方式的创新，善于与学生互动，充分展现个人的教学个性和人格魅力，保证视频课堂的现场教学效果。确保建设完成后的课程影响力大、受众面广，同时符合网络传播的特点，选题适当，内容完整，分专题呈现，凝聚精华，引人入胜。

同时，精品资源共享课程在建设中，持续更新和完善课程教学资源，及时反映教

---

① 广西大学网易公开课[EB/OL]．[2019－11－13]．http://open.163.com/newview/movie/courseintro? newurl=%2Fspecial%2Fcuvocw%2Fdongwujishengchong.html.

② 数字系研究者根据大学教学资源库整理统计所得[EB/OL]．[2019－12－05]．http://210.36.18.50/.

育教学改革动向，将社会和科技发展成果融入课程之中，以提高课程质量和教学效果。精品资源共享课，还充分运用了信息技术进行课程资源建设和教学手段改革，使得课程同时为高校学生、教师和社会学习者服务。

总之，上述公开课、精品课、网络课程、教学课件库，以及精品视频公开课和精品视频资源共享课，一方面，作为一种教学形式，推动了高等教育的开放，使得人类的文明优秀成果以及现代科技最新知识得以传播，实现了大学教学服务社会和文化传承创新的功能，是大学教师教学学术的直接呈现。另一方面，作为一种教学研究，它激励大学教师积极投入教学和人才培养的研究工作，转变教学观念，更新教学内容，改革教学方法，将更加科学、更具思想性和学术造诣性的课程成果在线共享，为其他教师提高教学水平提供借鉴，是大学教师教学学术的间接作用。

但我们必须敏锐地认识到，以上教学资源推动教师教学学术成果公开和共享的力量，不是教师自下而上的内在动力，而是来自外在自上而下的外部动力。由此，如何以外部政策支持和激励为突破口，激发教师们自发研究、公开和共享教学学术成果的内在动力，是教学学术研究者的研究问题之一。

四、大学教师教学学术制度保障的现实样态

各种制度是大学教师经由各种培训学习、研究反思和表达交流，生成教学学术的专业知识的保障系统，它既是大学教师教学学术发展的重要组成部分，也保障着大学教师个体和群体教学学术发展的顺利进行。本部分通过对G大学的组织机构保障、制度规范保障、激励保障、交流保障文本解析以及教师对上述保障系统的感知来分析。具体如表14所示。

表14 大学教师教学学术的保障系统

大学教师教学学术的保障系统（$N=21$）				
二级编码	一级编码	范例	提及人数	提及次数
组织机构保障	教师教学发展中心	知道有教师教学发展中心，目前主要是进行一些短期的慕课、微课等教育技术培训。那次学院没有教师了，被拉去充数，听过一两次培训，因为没有项目资金支持，自己上课用得少。所以，只有参与项目的老师受益多一些	3	3

续表

大学教师教学学术的研究反思($N=21$)				
二级编码	一级编码	行为范例	提及人数	提及次数
制度规范保障	入职培训制度	新入职的教师参加统一的高校教师岗前培训，通过笔试和面试获得高校教师资格证。博士毕业生不参加培训，直接办理高校教师资格证	16	16
	新入职教师听课制度	入职的第一年跟随指导教师听课 1 年，观察指导教师如何上课，指导教师指导如何上课	13	14
激励保障	“课改课”	申请“课改课”，“课改课”随便报，工作量会增加	14	14
	教改项目	教改项目大多数是领导申报，自己只是为了评职称，在里面挂个名，并没有实质性地参与	6	6
交流保障	公开课	学院要求领导和专业责任教授必须听，一般教师不做硬性要求，去了也不要求写听课笔记，听完就完了，印象不深	13	13
	教学研讨会	学校的教学研讨会只有少数教师参加，学院的教学研讨会，讨论专业课程建设和本科生教学问题，不讨论教学技巧问题	14	14

(一)教师教学发展中心：大学教师教学学术发展的机构保障

G 大学为了提升教师教学能力，提高本校的教育教学质量和人才培养水平，于 2012 年 9 月 14 日成立了教师教学发展中心。① 2012 年 10 月 26 日，G 大学印发了《广西大学教师教学发展中心工作细则》，②指出教师教学发展中心成立的目的是全面贯彻落实《国家中长期教育改革和发展规划纲要(2010—2020 年)》和《教育部　财政部关于“十二五”期间实施“高等学校本科教学质量与教学改革工程”的意见》(教高〔2011〕6 号)文件的精神，进一步提升学校教师的教学能力与教学水平，不断提高教育教学质量。

① 广西大学关于成立教师教学发展中心的通知[EB/OL].(2012－09－14)[2019－12－7].http://wjxt.gxu.edu.cn/Wjxt_UI/showdoc.aspx? id=22078.

② 关于印发广西大学教师教学发展中心工作细则的通知[EB/OL].(2012－10－26)[2019－12－7].http://wjxt.gxu.edu.cn/Wjxt_UI/showdoc.aspx? id=22079.

(1)教师教学发展中心的指导思想是:“创造多方交流、相互合作与资源共享的平台,为广大教师提供教学服务,促进教师追求教学卓越,努力打造与高水平研究型大学相适应的素质优良、业务精湛的教师队伍,主动引领经济区域高校教育教学改革,提升教学质量,为服务地方经济和社会发展培养优秀人才。”①

(2)教师教学发展中心承担的主要工作:开展学校全体教师的培训,组织全校教师的教学专题研讨会,以便教师们交流和分享经验。开展全校教师的教学咨询服务、帮助教师运用现代教育技术,改进教学策略与技巧,提高教学能力、开展教学质量评估,加强对教师业务水平、教学能力、教学效果等的考核、检查、评估和交流,促使教学改革卓有成效、教学质量不断提升。

(3)教师教学发展中心工作具体内容:开办名家讲坛、报告会,为新教师提供教学理论与教学基本技能方面的岗前培训,举办青年教师教学技能比赛,举办教学沙龙活动,举办教学午餐会,开设教学工作坊,建立教学资源共享网,开展教师教学培训。

为保障教师教学发展中心的高效工作,学校为教师教学能力发展设立专项经费,组织教研交流活动,购买培训教学资源,以保证中心各项活动正常开展。

教师教学发展中心的指导思想、主要工作具体而详细,表现出了领导们提高教师教学能力的决心。目前,教师教学发展中心陆续选派3批教师赴校外和省外大学接受教学培训,同时对校内教师进行慕课和微课等短期技术培训,可见具体的工作也开展了。但在研究者的访谈中,3人认为教师教学发展中心所进行的“短期的技术培训因为没有项目资金支持,普通教师们还是会延续自己的上课习惯,不采用最新的教育技术。所以,只有申请到微课项目的老师受益”。可见,在教学学术的发展中,仅仅有机构的保障是不够的,如何使机构发挥更大的功能,给予教师长期的、可持续的工作方式的培训,让更多的教师受益,是教师教学发展中心需要认真思索的。

(二)岗前培训和导师制度:大学教师教学学术知识生成的制度规范保障

在本章第一部分大学教师教学学术知识生成的实践审视中,研究者发现G大学教师通过公共教学知识获得教育教学的理论知识,通过自身的实践与反思获得教育教学的实践知识。上述途径中,G大学出台文本制度规范的是高校教师岗前培训制度和新任教师导师制度。研究者访谈的教师中,16人参加了“新入职的教师参加统一的高校教师岗前培训,通过笔试和面试获得高校教师资格证”,13人“入职的第一年跟随指导教师听课1年,观察指导教师如何上课,指导教师指导如何上课”。具体制度下文进行详细介绍。

① 关于印发广西大学教师教学发展中心工作细则的通知[EB/OL].(2012-10-26)[2019-12-7]. http://wjxt.gxu.edu.cn/Wjxt_UI/showdoc.aspx? id=22079.

1. 高校教师岗前培训制度

G大学贯彻上级部门高等学校师资培训中心的精神，规定凡没有教师资格证的新入职教师都必须参加高校教师岗前培训。培训的具体工作由人事处负责(2012年以后改由教师教学发展中心负责)。培训主要是组织新补充到该校从事教育教学工作的人员、往年补充的从事教育教学工作未经岗前培训的人员和申请认定高等学校教师资格而未参加过培训的人员举办入职后的岗前培训。具体学习"高等教育学""高等教育心理学""高等教育法规""高等学校教师职业道德修养"四门课程。培训一般为期15天，约80学时，由学校聘请教育学专家授课，学习完毕后参加高等学校教师资格证理论考试，考试具体科目是上述四门课程(但具有副高以上职称或博士学位的高等学校在编在岗教学人员，申请高校教师资格可以免考高校教师资格理论考试四门课程[①])。考试成绩合格，申请参加教学技能试讲面试，面试通过，由教育厅颁发高等学校教师资格证。

为保障培训落实和真正促进新入职教师的成长，教师教学发展中心规定，培训考核结果记入个人业务档案，作为职务评定、岗位聘任、教师资格认定和继续教育的依据之一。高校教师岗前培训制度作为一种该校执行的来自教育部和教育厅要求的制度，虽然在实践上已趋于成熟，却没有对教师教学学术知识的发展带来长远的影响，大学教师对岗前培训所传授的知识印象不深，这些知识甚至对教师"学会上课没有很大帮助"。这警示着，岗前培训制度需要从培训内容、培训方法和培训形式上进行一定的改革，才能符合教师们的需求。

2. 新任教师导师制度

如果说新入职教师的岗前培训是G大学保障教师教学学术理论知识的学习，那么新任教师导师制度则可能是通过听课观察，获得实践性知识的重要方式。G大学规定，新进教师实行导师制，入职第一年，原则上不能单独担任教学任务，要跟随一名副教授以上职称的指导教师听课一年，学习、吸收和借鉴他们上课的经验。具体是学习授课教师对课程的设计和章、节或单元的教学目标设定，体认授课教师的教育观念和教学原则，学习授课教师的教学过程的设计与实施，观摩体验授课教师的教学过程。

研究者访谈的教师中，13人14次提及自己新入职时，跟随指导教师听课的一年，获得了教学经验上的成长。农学专业的ZL老师和工学专业的XL如此说：

"就是第一年不能上课，跟着导师听一年课，实验也跟着，课程准备也得跟着，批

---

① 关于参加2014年广西高校教师岗前培训及高校教师资格理论考试有关事宜的通知[EB/OL].(2014-07-03)[2019-11-13]. http://rsc.glut.edu.cn/info/1085/1680.htm.

改作业也跟着。这样才能对学生负责，第一年对新教师不考核工作量。如果考核工作量，听课也算在内，就是听3次课，算作1节课的工作量。有的时候，指导老师会让你上一个章节，让你试着上上。我刚上课时有个毛病，就想把课本的内容全部上完。我的指导老师就会告诉我哪里该详细讲，哪里可以跳过去。这是最明显和有益的经验。这一年要说真正的教学经验，听课只是一个外在的形式，重要的是你自己在听课时观察什么，思不思考。我的经验更多还是来自我学生时代的思考，就是自己不喜欢的方式，不给学生讲，'己所不欲，勿施于人'。"(I－AGR－1－ZL)

"我们学院主要就是让刚参加工作的老师必须听一年的课，我就听了导师的课，看导师怎么上我就怎么上，我还没有独立思考为什么这样上，还谈不上我个人的经验。这种听课，大多青年教师还是比较认真的。经过一年后，年轻老师也就很少去听课了。"(I－ENG－1－XL)

从提及导师制的受访者人数和两位新入职教师的谈话中，我们可以判断，G大学的青年教师导师制，落实情况比较到位，且对新任教师获得教学能力的提高起到了一定的促进作用。但正如两位老师访谈中所流露出的那样，这种制度对青年教师教学学术的持续发展保障作用有限。没有更进一步的措施，促使新任教师在听课观察时深入思考，将难以将导师的教学经验转化为自己的教学经验。

(三)各种项目:大学教师教学学术研究反思的激励保障

1.教学改革项目:大学教师教学研究的激励措施

高等教育教学改革项目是G大学教师转变教育观念和思想，从专业结构调整、课程体系整合、教学方法创新、评价方式改变等方面系统实施教学学术研究反思的重要渠道。近年来，G大学积极贯彻省级教育厅关于高等教育教学改革的思路，秉承"把课程和教学还给老师"的理念，鼓励教师积极申报新世纪高等教育教学改革项目和高等教育本科教学改革项目，学校给予了配套资金支持。这些做法激发了教师们对教学内容、教学方法、教学手段等进行理论和实践研究的兴趣，也激起了教师们在实验实习实训和社会实践活动，大学特色专业培育和教学资源共享，大学教学管理与质量保障，大学人才培养质量评价，教师学术发展与教学能力提升等方面进行探索的热情。老师秉持"把课堂还给学生"的理念，在教学内容、教学方法、考试方式等多方面进行改变和实验，既培养学生的志趣与能力，又提高自己教学的实践能力和教育理论水平。从2005年到2015年的10年间，G大学共有632项高等教育教学改革项目和高等教育本科教学改革项目获得立项，得到了广西壮族自治区教育厅和学校的共同资助，开展高等教育教学改革的新理论、新方法、新形式的探索研究。[①] 通过这些项目，G大学激励教师进行教学研究。有趣的是，在研究者的访谈中，有6位老师提及，“教改项目大多数是领导申报，自己只是为了评职称，在里面挂个名，并没有实质性的参与”。可见，改革教改项目的评审规则和程序，让更多从事一线教学的教师得到项目的资助，不仅可促进一线教学的教师教学学术能力的发展，更可利用教学改革促进本科生课程教学的创新，是大学教师教学研究的激励保障需要改革的方面。

2.“课改课”和“课改示范课”：激励教师进行本科生课程教学改革的新常态

面对“重考试结果，轻教学过程”的本科生教学现状，G大学教务处领导先后于2007年、2008年在美国访问考察期间掌握了大量美国研究型大学本科教学的第一手资料。2009年，G大学启动了全校范围内的课程教学改革。改革注重课程教学过程每一环节的评价，建议教师授课时引导学生学会批判学习，学会调查和探究方法。希望学生主动地、富有个性地学习；让学生在课堂上动起来，给学生表现自我、体验成功的机会，提高学生的沟通能力，降低期末考试分数的比重。G大学的这次课程改革注重教学过程评价，将指定阅读、平时作业、课堂发言、广泛阅读、读书报告、研究报告、期中考试、小组讨论、个人陈述、小组评价、教师点评等环节的成绩计入考试成绩。

从2009年秋季开始，G大学首先在25个学院开展课程改革试点，将143门课程确定为本科生课程改革示范课程和课改实验课（简称“课改课”），要求这些课程必须是课程教学过程评价包括其中4个以上环节的课程。学校出台优惠配套政策扶持“课改课”，为申报“课改课”的教师配备研究生做助教，由教务处发给研究生助教补贴，同时提高授课教师的课程补贴。学校注重从参与教师中培养“种子”教师，以便现身说法，作为学校“课改课”的榜样。在2009年首批确定的课程改革示范课中，44门课配备了研究生助教，263位教师参与其中。

2009年12月，学校召开了本科课程改革情况交流的会议，参与“课改课”的教师在课程改革方面进行了大量有益的探索，取得了很好的教学效果，受到学生好评和学校期中教学检查各专家组成员的一致肯定。在会议上，有5位教师分享了他们的探索经验。学校将“种子”教师的优秀经验和课件及时分享，以便学校其他教师及时学习。会议还决定从2010年开始，全校所有专业责任教授、主要课程责任教授、公共基础课责任教授必须全部参加课改。

经过3年的试行，从2012年开始，学校全面推行本科课程教学改革的思路，学校每学期确定不少于500门课程作为“课改课”。至今，超过3000多门课程被确定为“课改课”。通过“课改课”，使教师转变教学观念，自觉投入课程改革中。

---

① 根据G大学历年获省级教育厅资助项目公示统计。

学校为了鼓励更多的教师践行“课改课”，决定从2011年开始，每年从参加“课改课”的课程中评选校级优秀“课改示范课”15门。由学校组织专家对各学院申报的课程进行评审、听课，分别从教学过程设计、教学过程管理、教学方法改革、考核方式改革、作业类型改革、实践训练改革、教材体系改革等方面来评选。对评选出的课程，学校给予经费资助，希望这些优秀课改示范课的负责人在授课中彰显先进的教育理念、先进的教学内容、新颖的教学方法、显著的教学效果和独特的教学特色，结合本课程的课改体会，写出3000字左右的课改论文，以便达到真正的示范引领作用。

“课改课”是G大学全面推行本科课程教学改革的具体思路。它作为一个新常态，落实于广大教师的日常教学工作中，促使老师们从教学改革、学习改革、考试改革等方面，全方位研究反思，提高本科生教学质量，促进教学学术的发展。

综上，通过教学改革项目、“课改课”及“课改示范课”，G大学从教师发展、教师观念和思想更新、高等教育的课程体系整合、学生教育方法创新、教育评价方式改变、课堂教学方式改革方面，进行着系统整体改革实践。如果说教学学术是一种教学水平，G大学的“课改课”便保障着教师教学水平的提高。如果说教学学术是一种学术类型，G大学的高等教育本科教学改革项目和新世纪高等教育教学改革项目便保障着教师们研究教学问题，总结研究发现，形成研究理论。如何让更多的普通教师利用教学改革项目研究自己的课堂教学，促进本科生课堂教学的创新，是大学教师教学学术研究反思的激励保障需要改革之处。

(四)教学研讨会：大学教师教学学术交流的形式保障

交流是学术知识增值和传播的主要途径，也是教学学术研究成果得到推广的重要形式。G大学教师教学学术交流的主要方式是教学研讨会和公开课。

1. 教学研讨会

自G大学2009年推行本科生课程改革以来，学校抓住改革契机，推行学校和学院两级教学研讨会制度，推广优秀教学案例，交流教师教学改革的有益经验，一方面提升教师教学能力，另一方面提高全校本科生教学质量。校级教学研讨会制度每年召开一次，由各学院分管教学的副院长、专业责任教师和课程责任教授、“课改课”教师出席。会议的主要议程是：总结教师在本科课程教学改革方面、教学能力提升方面的总体情况，各分管教学的副院长、专业责任教师、课程责任教授以及“课改课”参与教师交流课程和教学方面的改革策略，介绍提高教师本科教学能力方面的实践经验，指出存在的问题，提出解决办法。例如，在2012年的校级教学研讨会上，有5位“课改课”负责教师为全体参会教师展示了公开课。其中，环境学院T老师结合专业特点，倡导在环境专业课程的学习中贯穿“合作学习”与“探究性学习”。数学与信息科学学院W老师率先将学生纳入成绩评定的主体，将对学生平时的学习要求纳入评价体系中，改变了以往过于单一的评价主体。外国语学院Z老师带领的大学英语课题组对公共课"大学英语"课程教学进行了改革，采取了"两个注重""两个结合"的教学模式，使学生的英语听说能力得到提升。生命科学与技术学院F老师尝试研究生助教辅助教学，在教学过程中试行研究式，通过小组讨论和陈述操作的教学模式，进行"微生物学"课程教学改革，激发了学生潜能，提高了教学质量。小组讨论和陈述操作的教学模式主要有"教师导学—学生自学研讨—大组交流—教师评价反馈"等环节。公共管理学院Y老师将案例教学运用到"公共关系原理与实务"课程的各个阶段，总结了案例使用的三种境界：感知案例、学会理性地分析案例、尝试操作案例，让学生可以在规定的情景中处理现实问题，使学生在实际操作中真正掌握课程的精髓。公开课展示后，课程负责人和其他参会者就课程改革理念、课程目标设计、课程内容选取、课程实施方法和课程评价环节的相关问题进行交流。

"课改课"不仅提高了教师的教学能力，而且提升了教师的学术能力。"课改课"负责教师一致认为，在探索课程教学改革的时候，教师们强化了以学生为中心实施教学的观念，增强了与学生沟通的能力，以及设计课程的能力和教学组织能力。与学生一起探讨教学中的相关问题，扩大了自己的视野，转变了思维方式。"课改课"后的课改论文，是全面提升自己教学理论水平和教学研究能力的机会。更为重要的是，老师们的科研灵感因"课改课"而得到激发。如该校计算机学院H老师的"课改课"，参加了数模竞赛的同学讲述了"交巡警服务平台的设置与调度"，他受启发，将学生的课题与北斗导航系统结合进行研究，突破了他原来的研究范围。①

G大学各个学院每学年也召开教学研讨会，交流本科生教育的相关问题。在研究者的访谈中，有14位教师提及自己的学院每学期都召开教学研讨会，一般讨论专业建设和人才培养，不涉及具体教学方法和教学技巧问题，或者对教学方法的讨论较少，流于形式。并没有专门观照研究教师教学能力，正如哲学专业的HXZ老师所说：

"学院每年的教学研讨会，我感觉讨论不充分，就是没有讨论就完了，而且就是谈得很宏观，主要是教学政策啊什么的，对教学艺术谈得少。"(I－PHI－2－HXZ)

作为一种帮助教师讨论教学问题的保障制度，教学研讨会如何最大限度发挥它的本职功能，增加教师教学方法的分享和交流，凸显对教学技能和艺术的特别关注，保障教师们通过这样的讨论会，提高自己的教学学术能力，可能需要认真思考。

2.公开课

公开课是G大学各学院教学系主任、专业责任教授、主要课程责任教授和"课改

---

① 周仕敏.西大课改5年：学生成了课堂的主人[J].当代广西，2013(11)：48.

课”负责教师在其一个学期授课中，选择1～2次课作为公开课。由系主任通知全院教师听课，课后所有教师交流沟通，互相学习、互相交流的形式。例如，G大学外国语学院自2006年以来，每学期都定期举行2次公开课，教师互相学习、共同进步，不断提高课程的教学质量。G大学公共管理学院10年来坚持公开课制度，对教师的发展而言，研究者访谈的该院教师LX如此说：

“我们学院的公开课制度好像从我进校就有了，实施了10年，一般就是那些全院公认上课好的老师或者课程责任教师，必须上一次公开课。这样的公开课，不仅新进、青年教师要听，而且老教师也要听，是教师生涯的终身学习的一种方式，我们学院10年来一直这么做。”(I－PHI－10－LX)

LX老师将自己学院的公开课制度理解为教师终身学习的一种形式。由此，我们可以如此理解：公开课制度一是希望有经验的教师，进一步凝练教学理念、规范教学步骤、更快速地提高教学水平；二是使其他教师学习经验型教师的科学授课方法；三是为教师们提供互相学习、进行讨论、碰撞火花、不断进步的机会。这种交流制度，提供了教师们在课程设置、教学方法、师生沟通、课堂组织与管理方面进行经验交流和学习的机会，从而保障着教师的教学学术交流。但研究者访谈的部分教师认为公开课制度不对普通老师硬性要求，不要求写听课笔记，老师们听完就完了，印象不深。由此，教师所谓的“印象不深”，可能是没有听课反思笔记等外部要求，教师们通过公开课的交流仅能获得表层的操作性经验印象。但这些表层的操作性经验若不经过深层次的批判性反思，书面化为理论性的、能引起共识的东西，会随着时间的推移而被教师所淡忘。由此，公开课制度作为G大学教师教学学术交流的保障制度之一，如果要促进教师的教学水平和教学研究能力的提升，不能流于形式，而要进行交流载体的“可视化”。除了授课教师的课堂之外，其他听课教师在公开课上的交流材料、公开课之后的所思所想，也应“可视化”为听课反思笔记或者论文。

第四章　影响大学教师教学学术发展的因素分析

通过第三章理论结合实践的分析，我们发现，G大学教师的学术性教学彰显程度较高，如他们认真钻研教学，认真备课、用心上课，结合所教学科最新前沿和教育教学的理论知识启发学生的心智，同时培育学生的心灵。在课后，他们主动反思教学，总结经验，并结合反思结果修改教学内容。但他们的教学学术化程度不高，他们的教学反思仅仅是内隐的经验性反思而不是外显的批判性反思；他们的教学反思并没有上升成为教学的理论，他们的教学公开化程度也不高。如果说大学教学学术是一个系统的机制，那么，造成大学教师教学学术的此等态势的原因，也是多方面的。也就是说，影响大学教师教学学术发展的因素，可能是一个复杂而系统的问题。本章将从观念、理论和制度三方面，进行具体分析。

一、影响大学教师教学学术发展的观念透视

20世纪50年代以来，学术界关于大学自身及高等教育的研究不断增加。研究大学的学者，其研究不仅涉及了高等教育的历史、作用、职能、理念、政策及面临的困境，而且涉及了大学的社会职责，关于大学的教学、科研、社会服务三大职能的划分基本上固化了大学的政策制定，也深刻地影响了学者们的教学和科研观念。在教学学术发展中，大学教师的观念作为首要的原因，影响了教学学术的良好发展。

表15　大学教师教学学术发展的观念障碍

大学教师教学学术发展的观念障碍($N=21$)				
二级编码	一级编码	范例	提及人数	提及次数
教学回报的期待落差	利益驱使	理论上，教学要好，科研也要好，但现在的利益导向却是科研，大家都往钱多的地方走	21	21
	质量难保证	学生不愿意听，讲再好都没有用		

续表

大学教师教学学术发展的观念障碍($N=21$)				
二级编码	一级编码	范例	提及人数	提及次数
教学研究的责任推诿	教学研究应由专业人员承担	教学研究是教育学专业人员的责任;搞其他学科研究的教师缺乏研究教学的支撑	9	9
	教学研究不能为科研加分	教学无法促进科研,不必花太多力气;大学没把教学当学术,自己不必多做努力;已经有的教学方法够用了,没有必要再进一步研究	11	11
教学经验的意义迷茫	教学经验的提炼对他人没有指导价值	教学是个体性的,总结研究的经验对别人不一定具有指导价值;大学的课堂在于灵活性和摸索性,需要从头摸索。那些教学经验可能教育学方向的大家都已经演绎过了,已经形成了理论体系,我们没有必要去班门弄斧	17	17
	教学反思撰写的现实条件不足	要把教学反思笔记形成理论体系需花大量的时间;上面没有要求,就不用写教学反思;教学有了固定的模式与规范,就没必要写教学反思;教学反思应该是有成熟的一套体系,个人的各种做法还不成熟	12	12
教学论文的拼凑应付	教学论文写作不情愿	如果不评职称,就没有必要写,不喜欢写教学方面的论文	15	15
	教学论文的可见价值被矮化	不是我们的专业,很难为自己的科研加分;很难说教学论文对教学有实质的正向影响力,不想努力;看过的教学论文都比较虚,不实用;已看过的教学论文水平低,有的教学论文数据造假,不可信	15	15
	教学论文的胡乱拼凑	教学论文有时候并不是自个教学中遇到问题反思得出的东西,而是看着什么东西比较新,好发表,就写什么;没有用心去写,有时候还抄袭别人的东西,已经发表的,那都是凑合的	10	10
	不懂写教学论文	到目前为止,还不知道论文怎么写;写不出想要的效果,就不想写	2	2

(一)教学回报的期待落差

1. 职称晋升等不看重教师的教学钻研

教学在大学里的重要性不言而喻,对大学的发展作用也众所周知,正如约翰·亨利·纽曼在《大学的理想》中所提及大学教育的一个重要方面,就是传播和推广知识,大学应以传播知识,培养理性为己任。大学人才培养主要是通过教学实现的,因而落实教学中心地位是大学人才培养的核心所在。研究者所访谈的大学教师也认为,如果没有教学,大学将与研究所无区别。但在实际的大学教师工作中,他们是否将精力中的大部分投向了教学工作?研究者访谈的教师认识如下:

"现在的老师们心里也想把课上得好一点,让学生喜欢听一些,但是现实情况不允许老师这么敬业。对我们而言,刚入职时听别的老师的课程,然后自己单方面摸索,应对教学肯定是不够的。但是现在大的政策是重科研、轻教学,教学再好,学生不听,你也没有办法,而且也没有用。反而是,你教学太多会影响你发文章,这样你的职称也受影响。所以,能搞科研就搞科研。"(I－ENG－9－ML)

从访谈中可以得知,G大学教师在教学方面的精力投入减少,大学教学的中心地位受到了威胁,大学教学的理念与教学实践偏离了大学之基。事实上,大学教师的职业理想中,教学还是占有重要的位置,如ML老师所说的那样,"老师心里也想把课上得好一点,让学生喜欢听一些"。但现实情况是,"课讲得再好,也没有用!"大学教师认为的"没有用"可能是钻研教学对自己的关键利益——职称的晋升等作用不大。

2. 钻研教学并不一定会得到学生的承认

ML老师还说,"教学再好,学生不听,你也没有办法!"教学质量和教学效果还与学生的合作有关,教学显现比科研更容易受不可控因素的影响。如果教师的教学与学生的兴趣相左,教师精心准备的教学内容也许并不受学生欢迎,教学达不到期望的效果。多重原因,使得教师教学的效能感和成就感下降,因而教学热情锐减。从ML老师的话语分析,可知使教师潜心教学的关键不在于教师的职业道德及教师修养,而在于承认教师既有的教学劳动,使教师从精神和物质两方面获得满足。

3. 钻研教学得不到期待的物质回报

"老师们去写论文了,没有时间钻研课堂了。人家都说嘛,讲课再好,都没有用的。现在好多大学老师都这样的。造成现在这个样子,还是利益的问题,老师们都愿意往钱多的地方走,现在的课酬又低,科研论文的奖励高。"(I－AGR－21－LH)

目前,在包括G大学在内的国内高校,与传统科研相比,教学的"课酬"偏低,引起了教师的普遍不满。教师也是社会成员,他们必然会受到来自社会、家庭、学校等多种因素的影响,承受着生活、工作和工资绩效等方面的压力。权衡之下,教师们做出了符合自己利益的选择，背离自己的职业理想，对教学工作投入的精力减少。因此，对大学教师而言，职称和学历、学位，是他们在大学得以安身立命的关键。学历、学位的取得以及职称的评价，是以科研论文而非教学成果为标准。如果教师在教学方面投入太多，不仅无益于职称上升，反而会因他们在科研论文方面的精力减少而影响职称上升。为了能在大学场域中取得一席之地，大学教师只能做出如此选择。

作为理性人，面对教学期待的回报落差，教师自然对教学的投入减少，如一些教师对教学实践的准备不足，有些教师不认真备课，上课前不做系统的研究和反思。关于备课，管理学专业的JK老师和教育学专业的JJ老师分别如此说：

"我现在很少写比较详细的教案，不会为了明天的课而特意去备课，觉得更重要的是靠个人的积累，上课时间长了，我就知道哪些理论会出现在哪里。然后，我平时上网啊、看报纸啊，看其他书的时候，我看到跟我的理论相关的东西，我就会把它记下来，上课的时候抽出来用就行了。当然，比如第二天上课，头天晚上我会翻一下教材，这肯定是有必要的。

"大学生是有思维能力的，大学的教学是个动态的，是有很大不确定性的。而教案是静态的，你以静态的东西去教动态的东西，肯定是不行的，是解决不了现实问题的。学生每天的情绪不一样，每天有不同的事件在发生。如11月12日我有一堂市场营销课，这节课的前一天就是"双十一"，我就联系实际，用"双十一"去引入话题，就设计得比较好。教师就需要根据现实情境去调整上课的东西。还有一点，教学是一项艺术创作，艺术创作不能拿着套路去做，而是需要原创的东西。教师是一个演员，你要演好这堂课，就需要你临场去发挥，而不是拘泥于教案，如果按照教案套路，这些临时出现的东西就无法发挥。教案只能起到提示的作用。"(I—MAN—12—JK)

"我从教10年了，加上兼任系主任行政任务，每天的杂事一大堆。所以，现在就算是理论课，我也没有时间认真备课，就拿着书上课去了。"(I—EDU—10—JJ)

备课是教师提高课堂教学质量的基础，更是教师将文本知识转化为学生可以接受的知识的桥梁。国外有学者发现备课会影响课堂教学的质量。① 同时，纽曼也认为"教育就是为获取知识做准备，教育就是根据所做的准备传授知识。准备越充分，获取知识越多，准备越少，获取的知识越少"。② 可以说，备课的价值在教学中举足轻

① Edith Lai, Chi-Chung Lam. Learning to Teach in a Context of Education Reform: Liberal Studies Student Teachers' Decision-making in Lesson Planning[J]. *Journal of Education for Teaching*, *2011*, *37*(2): 219-236.

② 约翰·亨利·纽曼. 大学的理想[M]. 徐辉，顾建新，何曙荣，译. 杭州：浙江教育出版社，2001:64.

重,但通过对访谈对象的访谈,我们发现,教师们有不重视备课的倾向。究其原因,除了教师没有太多的时间投入教学以外,可能还有教师认为自己平时的积累足够应付教学中所要涉及的问题,对教学中的环境、学生情况考虑较少。所以,就出现了 JK 老师的认识:教案是静态的,不能以静态的东西去教动态的东西,教师是一个演员,你要演好这堂课,就需要你临场去发挥。可以说,JK 老师作为具有 12 年教龄的成熟型教师,在教案设计上,已经不再写详细的书面教案,而是把教学过程储存于头脑中。从教学学术的视角分析,教学,如果没有行动前的反思和假设,教师如何发现其行动中的策略选择的原因?在行动后的反思中,如何表达与假设的差异?由此,这种备课的不足,一方面影响学生的学习质量,另一方面也影响教师的专业化成长,从而影响教学学术发展之路。

(二)教学研究的责任推诿

作为一个特殊的社会机构,大学在维护、传播、研究永恒真理方面和在探索新知识方面的作用是无与伦比的。[①] 大学教师对原创知识的研究趋之若鹜,并将其视为真正的学术,潜心钻研,而把教学和社会服务看作对原创知识的运用,不愿意投入过多的精力去钻研。或者说,教师在教学中投入了精力,却没有把自己在教学方面的工作看作研究,他们将主要的研究精力,投入本学科的研究当中。研究教学的责任,当属于教育学科的研究者。

这种责任推诿的思想,具体表现为以下两个方面:

1. 教学研究应由教育学专业人员承担

"这些个人的教学体会和经验,在教育学上叫作教学的知识,对我们来说,这些知识用就行了,没有必要把它写下来,因为我觉得这些东西教育学的大家都已经演绎过了,已经形成了理论体系,我们没有必要去班门弄斧。而且,任何一门学科的研究都有自己的方法论体系,我们恰恰就缺乏这个方法论的支撑,如果我们胡乱去做,我们的研究就缺乏科学性。"(I—MAN—12—JK)

"我们研究教学,是做非专业的研究,我们很难做出有意义的东西,我们可能更多的是做我们本专业的东西,把重点放在我们的学科研究上,而不愿意分散精力。我们评职称时,人家看的是你的专业范围内的成果,同行评价看的是同行的,非本专业的他们不看。教学是人家做教育学和心理学的人研究的东西,我们干吗要瞎搅合,我们有这个心态。"(I—SCO—9—GX)

① 克拉克·克尔. 大学的功用[M]. 哈佛:哈佛大学出版社,1963:44—45.(转引自:德里克·博克. 走出象牙塔:现代大学的社会责任[M]. 徐小洲,陈军,译. 杭州:浙江教育出版社,2001:译者前言 3.)

研究者访谈过的教师中，有9人如上面两位教师一样，认为教学研究是教育学研究者的职责，同时，教学研究像任何学科研究一样，有一套独特的、迥异于自己上课的方法。尽管自己在教学的备课环节、在教学的实施环节已经"琢磨"了很多，但是并没有把这些"琢磨"看作研究。在他们看来，教学研究的结果，应该形成明显高于自己上课实践的"高深理论"。因而，自己在上课方面无论多么有想法、有经验，都不愿意投入精力，进一步进行总结，形成自己的理论。

2.无法为科研加分的教学研究不值得投入

教学是教师们的日常工作，教师们是不是像在日常工作中对待自己的学科研究一样对待教学研究呢？管理学专业的JK老师和工学专业的LW老师分别如此说：

"我不认为自己的教学是一种科研，教学是一个……一个……一个获得乐趣的一个东西吧。对我们来说，把教学作为一种乐趣，能给我带来幸福感，就足够了。你跟学生互动，你会得到从其他渠道得不到的东西，比如给你的学术带来灵感，但教学本身不是一种学术，所以我们没有必要对教学进行研究。再说，目前一般的教学方法如案例教学、研究性学习、探究学习等，我觉得对我来说够用了。

"教学是一个平面运行的，就是你的教学内容、教学方法，基本是变化不大的。科研是上升的，比如你今年做的研究，明年你就要在这个基础上更进一步，也就是你的科研值需要不断提升，科研的内容也不断提升；而教学内容提升的难度，要大一些，它的层次变化不大，变的只是教学类型和方法，教学内容的提升空间小，比如你的课，是针对大二学生的课，你就是只能给这个层次的学生上，你要是稍微提高一点难度，他就理解不了。所以教学和科研是两个平面运行的，教学是无法为科研服务的，我就不想在教学上多花心思。如果要研究教学，是你们这些教育学专业的人所研究的，而不是我们的。"(I－MAN－12－JK)

JK老师从教学中获得了个人的幸福感，他认为，在和学生互动的过程中，学生的思想可以给自己的学术带来灵感，有助于学术的提升，并且这种幸福感是从其他渠道无法获得的。即使如此，JK老师也没有研究过教学提升教师幸福感的机制何以发生，也许在他看来，教学本身不是学术，因此没有必要进行研究，而且这种研究也无法为科研服务。在当前以专业论文为主的科研评价体制下，G大学对教师的专业技术职务评审也主要看的是专业学科方面的论文，而不是专业教学方面的论文。由此，即使JK老师在教学方面进行更多的探索，也不会得到体制的承认。因此，在研究者访谈过的教师中，有11人的想法与JK老师相同，认为无法为科研加分的教学研究不值得投入。

JK老师代表了大部分教师的观点，他们热爱教学，投入教学，但不愿意研究教学规律。从教师的职责方面看，还是令人欣慰的。但另一部分教师，还存在不愿意真正投入教学的思想。

“现在的大学不重视教学，学生也不喜欢学习，我带的那门‘安全工程’课，你也看见了，学生根本不想听，一上课就看手机，他们认为毕业了也不靠这个。但因为这是必修课，他们必须选，必须参加考试，所以才来的。学生都不愿意学，你花那么多心思也是白花，还不如写几篇论文，那还算你的成果。另外，我都想转行了。”（I－ENG－9－LW）

LW老师悲观地认为，是学校和学生对教学的不重视，才导致了教师工作积极性和专业忠诚度下降。这种情绪的后果，就是教师的课堂教学缺乏激情。研究者观察了LW老师的课堂教学。正如LW老师自己承认的那样，他可能仅仅将教学视为差事，而不是热爱的事业，他的讲课缺乏生机，机械性地对着电脑，念着课件上的文字，没有和学生的交流。大多数学生低头玩手机，LW教师也没有采取相应的教学措施，吸引学生的注意力。学生的漠然，使LW老师更加失望，没有从教学工作中获得成就感和个人效能感的他，愤愤地说，在教学上“花心思是白花，还不如写几篇论文”。更加令人担忧的是，这种个人效能感的低下，导致了他的专业忠诚度下降，令他想到了离职。

（三）教学经验的意义迷茫

大学教师在教学方面的研究一般集中于本学科人才培养模式、专业建设途径、课程设置模块、教学内容更新、教学方法和教学手段创新、教学资源共享、教学管理与教学质量保障、教师学术发展与教学能力提升等方面的理论与实践研究。普通教师的研究主要集中于教学内容、教学方法、教学手段、教学特色和教学资源共享方面。研究者所访谈的教师，也认为教学研究主要是将自己在教学内容、教学方法、教学手段、教学特色和教学资源共享方面的探索进行反思，总结成可见的教学经验或者教学论文。他们概念中的教学研究，并没有在他们的观念深处被认真对待，在行为上更是难以付诸实施。

1. 教学经验的提炼对他人的指导价值无益

通过第三章G大学教师的实践性知识论述，研究者认为，大学教师在日常的教育教学实践中创造和积累了大量宝贵的教育经验。不言而喻，教学经验是教师教学专业发展的动力源泉，也是教师教学学术知识生成的来源。对于教师而言，教学经验不断积累和澄明，可提高其专业发展水平；对于学校而言，办学和教育经验不断丰富，可不断提升其办学水平；对于教育研究来讲，教育改革和发展的过程，本质上是教育研究者不断反思和推广教育经验的过程。但遗憾的是，在G大学，笔者访谈的21名教师中，17人认为教学不仅与教师个性有关，而且与教学环境、教学对象、教学内容有关,个人总结研究的教学经验不一定对同行教师具有指导价值;或者认为大学的课堂教学在于灵活性和摸索性,任何教师都不能靠照搬他人的教学经验取得教学成功,必须经过自己的摸索和试验这个过程,因而,所谓前人的经验指导价值十分有限;或者认为,自个在教学中的那些经验,教育学的专业研究人员都已经研究过,并形成了理论体系,自己没有必要进行重复工作。下面几位老师的观点具有代表性。

"我在教学方面所摸索出来的经验,主要就是记在心里,不会把它写出来的。因为我觉得教学这种东西是不需要和别人交流的。如果我要跟别人交流,那我就要写出来。但我的这个课程下次还是我来上,也不需要交接,就算是交接,人家有人家的上课方式。因为每个人的教学方式不一样,教学方式的形式是教师个人从摸索感知到得心应手的过程。我们刚来的时候,也是自己摸索。别人的可能不适合自己。别人说的,自己没亲身经历过,就觉得干吗要这样子啊,没有道理。自己经历过了,可能才觉得有用。我是一个新进老师,有经验的老师写出的经验类的东西,我看了,但我能不能深切体会,能不能用,还是要自己一点点地摸索。"(I—SCI—9—SZ)

教学交流是教师获得专业发展的主要途径。正是通过经验交流,优秀教师的个人教育经验才能为更多教师所分享,转变成为教师群体的共同财富。SZ 老师却认为,教学因为专业内容、教学对象的不同,一般不要和同行交流。并且,就算是相同的内容,也是"每个人的教学方式不一样,需个人从自己摸索感知到得心应手的过程"。在 SZ 老师的概念中,可能教学没有所谓的通用方法,或者说,从新手摸索到专家熟手的得心应手的过程之中,是没有规律的。因此,教师自身在教学中的一些经验,也就不需要总结出来,以供更多的教师去借鉴、创造、积累和表达新的教育经验。类似这种观念的阻碍,使得大学教师不注意对专业教学的相关问题进行系统思考,只是按部就班完成教学任务。教育经验本身具有一定的个体局限性,但正因为有局限性,才需要通过总结和交流,使其更好地澄清、保存、扩展,变成教师群体的财富,进而成为教师教学学术扩充和增长的源泉。大学教师这种既不交流,也懒于总结提炼、系统澄清的观念和做法,既影响了学校的教学质量,更无法丰富自己专业学科教学的相关理论。关于教学经验总结对个人的意义,管理学专业的 JK 老师这样说:

"上面您所提及的这些个人的教学体会和经验,在教育学上也许是教学的知识,对吧?我想你们教育学的大家都已经演绎过、研究得很透彻了,已经形成了理论体系。我们只是在用罢了,所以我们没有再把它提炼出来班门弄斧。"(I—MAN—12—JK)

JK 老师将自己的专业学科教学的研究责任归为教育学的专业研究者的责任,他的职责就在于传播自己学科的知识。他没有看到,自己的日常教学过程同时就是教学探索和教学研究的过程,也就忽视了对自己的教学探索和研究成果的总结表达,其专业教学的经验没有被概念化成专业教学特有的教学知识,使宝贵的专业教学经验失去对同行的指导价值。

教育教学经验是教师个体在自身的教学实践中积累起来的，具有很强的个体依附性。教师本人的离职和遗忘，常常会导致教育教学经验的遗忘或者消失。受制于教师个人的观念阻碍，大学教师的教学经验只能成为个人缄默性的知识，随时会随着教师本人的离开、转行而不能对所在的学科、学校产生积极的推动作用。

2.教学反思的写作对教师的教学促进有限

撰写反思笔记是教师把自己的行动、体验、反思呈现出来，对自己在教学中的手段、途径、方式和方法进行思考，对已经发生的教育、教学活动，以及活动背后的理论、假设进行系统思考，并在思考过程中清晰地表征遇到的教育教学问题和寻求问题解决方案的过程。撰写反思笔记也是教师一一还原教学过程，以发现问题、分析问题、评价判断、概括经验、建立假设并进行假设验证的一种反思方式。研究者访谈的21名教师中，12人认为“没有时间”“没有习惯”或者“没有必要”写反思笔记。访谈实录会让我们更加清晰地了解他们。

“我很少写反思笔记之类的，具体原因：一是，我们不是研究教学问题的专家，就没有必要写；二是学校没有要求，我们没有时间写，就拿我个人来说，白天一个活动接着一个活动，晚上有时候还要上课，我是没有时间去写。”(I－EDU－17－YG)

“教学反思笔记我很少写，它就是自己头脑当中的认知和理念。每个人的情况不一样，教学就是自己的体会。教师个性不一样，学生也不一样，你如何把它总结成规律？这需要时间，但是我们连备课的时间都不足，更没有时间写反思笔记了。再说，大学又不像中小学那样，检查你的反思笔记，我们的学校看的还是你发表的论文，你的反思笔记什么都不算。”(I－EDU－11－ZH)

“我上课后有反思，但没有想着把它写下来，基本上就是按第一年上课的情况根据学生的接受程度，第二年调整授课方式或者换一点教案呀，或者是题目上变动一下，肯定第二年要比第一年好。而且内容比第一年要熟悉了，对学生的反应也会有基本的预料。比如我以前上C语言的时候，那些内容永远不变。基本上，都知道学生在哪一点上容易出现问题，那讲到那里的时候我就会特别地提一下，不用特别写出来。也就是说，还是用脑子总结经验就够了，没有把它写出来。我们很少有人写，可能教学研究的人觉得需要总结，才把它写下来。”(I－SCI－9－SZ)

“我没有反思笔记之类的，关于教学反思后的某些想法都在脑袋里记下来，而不会写下来。主要是因为脑子里的这些东西我一般上课上到那个地方的时候会想起来，想起来在这个地方有什么好的想法，就用上了，我觉得就不必要花时间去写了。另外，我会在上完课之后，在课件里更新、调整一下，就够了。”(I－ECO－10－ZP)

“我对自己所琢磨的教学经验，或者课后的反思，不会去写下来的。你写这个东西需要花时间，要去想，要把它形成理论，还要有方法的支撑，才能形成体系。我没有时间这么体系化地去写，而且单纯为了教学，不需要这么麻烦。更为重要的是，因为你上课时间长了，你就会有自己的范式出来，或者惯性，这些东西就是你个人的范式。"(I－MAN－12－JK)

"我反思的东西没有写下来，如果每个老师都写下来，那我们就成了教育研究专家了。我至多是在自己上完课之后，思考一下，当作一种经验吧。为什么这样上好，为什么那样上不好，就在心里慢慢积累经验，慢慢成为一种习惯沉淀下来，形成你自己的一种教学模式，这种模式比较固定，就算写了，也不会使你的教学实践发生变化。"(I－ PHI－10－LX)

"我在教学中反思的东西，还没有写，我之所以还没有写，是因为我觉得我还是毛头小子，还没有成熟，我正在尝试，还要经过一段时间的积淀。我这几年，对校选课、本科生课程和研究生课程，每一门课、每个层次的课和每一次课的讲课方式都不同，因为我每年都在尝试新的东西，摸索这个新的方法到底效果怎么样。这些尝试包括上课的方式、考核的方式，进行比较之后我再找出最好的方法，再写下来。"(I－PHI－2－HXZ)

通过上述七位老师的表述，我们可以总结，老师们之所以很少写教学反思笔记，主要原因有四个：

一是学校的制度环境。学校的制度环境是指学校中的各种条例或规章制度、行为规范、纪律以及学校的文化和约定俗成的规范、学校在长期教学过程中逐渐形成的传统和风格等。从老师们的谈话中，研究者发现，G 大学每学期只要求提交教学课件、教学大纲、教学进度表，而并没有要求教师提交教学反思笔记，这就形成了 G 大学教师的教学习惯，教师从来没有形成撰写教学反思笔记，将反思笔记转化成显性经验的意识。正如，YG 老师和 ZH 老师认为的那样，学校没有要求，教学反思笔记又什么都不算。大学教师在教学、科研、社会服务和文化传承的多重职责的挤压下，势必会将时间用于其他更加有利于个人发展的地方。

二是大学教师认为真正的教学反思是全面性的"以方法的支撑形成体系"，而不是对某个细节、某个部分的反思和显性表达，因此，在畏难心理和时间不足的双重理由下，大学教师会像 ZH 老师和 JK 老师一样，放弃了将教学反思笔记写出来，表达成教学经验。HXZ 老师认为教学反思，必须是尝试完各种方法，形成一套成熟的理论和方法，才能够写出来，才有意义。在这样的认识影响下，他虽然不断地尝试着各种教学的模式和方法，却没有记录教学的步骤和方法，对于教学经验的传播和教学理论的形成，十分不利。

三是部分大学教师将教学反思笔记的撰写等同于教育教学专家的研究记录，认为自己不是研究者，只是教学实践者，自己的任务是提高教学的质量，不是进行教学研究，因而不需要通过撰写教学反思笔记，进行系统总结研究。作为非教育学专业的教师，只要能通过反思，在头脑中形成提高教学的相关范式和教学习惯，如 SZ 和 ZP 以及 JK 三位老师所说的那样，知道该在适当之处做出合适的教学行为，达到提高教学效果的目的，就足够了。

四是随着任职时间的推移，一些教师慢慢形成了一套相对固化的教学范式，如 LX 老师表达的那样，"这种模式比较固定，就算写了，也不会使你的教学实践发生变化"。也意味着，在这部分教师看来，这种范式已经不需要经过反思笔记的提醒，就决定着教师的教学行为和习惯。即使教师们参考了某些理论和方法，系统反思自己的教学，写成教学反思笔记，这种反思笔记也不会引起教师教学行为的改变。

(四)教学论文的拼凑应付

G 大学的教师在长期的教学实践中，积累了丰富的教学经验。根据波兰尼的知识分类和教师的职业特点，这些经验还仅仅属于教师个人的隐性知识，它的价值必须通过与显性知识的转化来实现。由此，教学论文，就成为大学教师教学经验显性化，实现其价值的一个途径。G 大学教师对教学论文的写作与表达，并不那么热爱与投入。研究者访谈的教师中有 15 人明确表示，如果不是教师专业技术职务评审条件的要求，自己不会主动写教学论文；15 人认为教学论文的价值很有限；10 人坦言所发表的教学论文自己没有认真对待，属于胡乱拼凑；2 人不认同现在的教学论文，自己不知道写作教学论文的方法。更多教师的现身说法，会让我们更进一步理解他们的想法。

1. 教学论文：不情愿的勉强为之

"我上面所说的这些经验，如果你不访谈我，让我把它说出来，我从来没有意识到或系统想过。我可能只是在实践当中用，从来没有总结、升华过，可能也觉得没有什么价值。主要是我觉得我在教学方面的那些探索不是多么有创新、有价值，对教育科学多么有贡献的东西。我就觉得这个东西，跟我们的关系不大，距离较远，所有的这些东西，只是在上课用，平时不用，价值不大，用处不多。"(I－SCO－9－GX)

"这些摸索的经验，我会在写教改论文的时候体现出来。但事实上，写教改论文也不是很多，就是那么一两篇。如果不是为了发表论文，为了上好课，没有必要把摸索的东西写下来。因为我们就算写下来了，对我的教学也没有实质性的指导作用。"(I－MAN－12－JK)

教学论文作为教师开展教学改革与探讨、提高课堂教学效率的途径，可以清晰地证明大学教师在自己日常纷繁的教学改革中的历程，大学教师应该对它抱有热情。

但GX老师和JK老师似乎并非如此。GX老师甚至并没有有意识到需要将个人丰富多彩的教学经验总结成教学论文。在他看来,如果是为了上课用,他自己的教学经验轻车熟路,没有必要写出来。基于教学经验的教学经验价值,应该发挥在提高教学质量上,如果不能,就不具有其理想的应用价值。JK老师也持有同样的观点,他认为如果单纯为了上好课,把摸索的教学经验总结为教学论文并不一定能提高教学效率。两位老师的认识有着同样的认识局限,他们不仅是自己学科知识的"传道、授业和解惑者",更是自己学科教学理论的发展者。

2. 教学论文:被矮化的可见价值

"我的反思常常有,但是写下来的非常少。很少一部分,就写那么一两篇教改论文,那也是应景之计。比如我看过德国的大学的课堂中有一种叫'Seminar'的方式,我就把它写出来,写这个东西是源自我对我的讨论课教学的一种思考。写了之后,我把它发表了,当作我评职称的教改论文。除这个之外,其他的很少专门去写。有时候,很难说这个论文对我的教学有质的提高,我没有感觉到。从兴趣来说,教改论文我不喜欢写,主要是你用心写了也难发表啊,没有哪个好期刊会发表教改论文,老师的教改论文只能发很一般的杂志。也就是说,如果我花心思写了教改论文,结局也只会让我的积极性大大受挫,我也就凑合一下吧。"(I- PHI-10-LX)

"评职称用的教改论文,要求又非常低,只要公开发表就可以了。若要求核心或者说CSSCI,那我就重视了,我要为了符合我的利益,但现在体制没有这个要求,到评正高的时候,我再随便发表两篇,反正不会觉得有什么压力,不愿意在这方面多做研究。"(I-SCO-9-GX)

在工具理性盛行的今天,教师们也以"工具理性"的眼光抉择自己的教学和科研生活行为。教学论文,无论在对他们教学质量的提高方面,还是在专业技术职务评审方面,其可见价值都是次等的。专业技术职务评审条件方面,G大学所在省要求晋升讲师和副教授,只要在公开发行的刊物上发表1篇教学论文,晋升教授公开发表2篇教学论文。G大学的教师所发表的教学论文,一般在学报增刊或者非核心期刊上发表。这些期刊对学术论文的写作质量要求一般较低。教学论文发表之后,因期刊级别较低,G大学也不会有科研奖励。由此,大多数教师只将教学论文作为自己晋升专业技术职务的工具,并非出于个人的兴趣和真正的教学经验,不愿意投入精力思考和写作。这些教学论文,反映教学实践、对教学实践的指导作用也就可想而知。更深层次的原因,正如LX老师的无奈,你用心写了,也"没有哪个好期刊会发表教改论文"。我国整个学术期刊界,教学论文不被列入较高级别期刊的入选范围。一些期刊明确没有关于学科教学的栏目，[①]一些教育类期刊的征稿启事明确说明接收讨论宏观和中观层次问题的论文。[②] 由此可见，老师们对教学论文不重视、不投入的直接原因，源于对教学论文可见价值的失望。而教学论文可见价值的矮化，是中国整个学术论文体制评价的"通病"。

3. 教学论文写作：价值排斥的成文难题

"我呢，就是非常喜欢实际的东西，我到现在也不知道怎么写符合要求的论文，这评职称的教学论文，更不知道怎么写。我在国外读硕士的时候，并没有学到怎么写这种论文。现在回来了，一看那些欠缺关键信息的论文，我就不想写。"(I—ENG—4—LF)

LF 硕士毕业于英国某大学，对国内有些刻板的学术论文评价体制和写作方法有些成见，他认为，按照中国的学术论文写作框架，自己认为的论文中的关键信息得不到充分显示，但自己认同的教学论文又可能不会被期刊发表。价值理念的冲突之下，他选择了抵触写教学论文。

"我自己所摸索的教学方法，我也不会把它写出来，就在自己的脑子里，所以我从来不写教改论文，学校的教学质量优秀奖，我也因没有材料而不参评。我唯一写过一次，发给期刊社人家马上打回来，说我的观点太突兀。这打击了我，我说我不写了，所以我永远写不成论文。我觉得我写不出自己想要的效果，我一看别人的，怎么都一样的，也不是我想要的那种效果。他们说有些教学论文的数据是编的，他们都没有调查过，就是编出来的，我就觉得太水、不值得。我不想写那种论文，要写也可以，但我觉得心里过意不去，所以不写。

"还有一点，因为我父亲是教授，他不随便发表文章，他说要发就发高水平的文章，这影响了我。我要写那种有效果的教改论文，我觉得自己还远远不够。我们农学院就是比认植物，农学院很多老师问我一种植物时，我若不知道，就去问别人，或者问我爸。那时候他生病不能说话，我就让他写下来。就这样，学院的人现在啥植物不认

---

① 研究者仅以 2012 年 5 月的《清华大学学报(哲学社会科学版)》为例。《清华大学学报(哲学社会科学版)》是全国中文核心期刊、中国人文社会科学核心期刊、中文社会科学引文索引(CSSCI) 来源期刊，入选"教育部高校哲学社会科学名刊工程"。它的主要栏目有：历史研究、文学研究、哲学研究、国情研究、名师讲堂、清华国学院与现代学术、海外学者论坛、跨文化研究、人类学研究、法律与政治、经济与社会、中国传统文化、文献与考辨、艺术与艺术史、讨论与评议、期刊与评价等。

② 以《教育发展研究》为例。《教育发展研究》是全国中文核心期刊、中文社会科学引文索引(CSSCI) 来源期刊。其"征稿须知"规定，刊物以大教育的视角，关注教育与社会、经济、文化和科技的联系，从中、宏观层面研究和探讨教育改革和发展的热点和难点问题，探讨教育的内在规律和发展趋势。

识，都说问 LH 老师。我在教学上是下了很大功夫的，但我就是没有像样的文章，所以这个副教授的头衔受之有愧。”(I－AGR－21－LH)

LH 老师的教学，被学生评价为“富有特色和激情、条理清晰而科学”。她的教学，是在其父亲和父亲的朋友严格指导下，经过多年的锻炼而达到比较高的水准。受父辈和自己教学能力的影响，LH 老师对教学论文，也持有较高的个人理想，但她所了解的教学论文写作中乱象丛生(他们的论文都一个样，不是我想要的结果，而且数据是编的)，加上第一次写作投稿被拒，“试水”失败让她对所谓的教学论文产生了价值排斥。在这种抵触心理之下，不再有激情去写教学论文。

LF 老师和 LH 老师因对教学论文的价值排斥，选择了消极不作为以维持自己内心的教学论文标准。这种做法，对其所在学科教学理论的发展，以及教师个人教学专业的发展和教学学术水平的提高，都带来了不利的后果。

4. 教学论文：拼接凑合的低劣质量

“我以前在一些学报上看到过有些人写的教改和教学论文，我看他们基本上写不出什么东西，所以我对好多写教改论文和教学论文的人，是有一些成见的。当然并不是教改论文不值得写，我觉得如果是大教育家或者水平很高的人所写的教改论文，应该比较有价值。但我看到的，全部是像我一样的是凑合的，写不出东西的、甚至不如我的。或者一些是把一件本来就很普通的、平淡的大家都在用的方式，在那里吹嘘，当个宝贝。我就觉得你这是在干什么呢，我还比你用得好，你还有什么可写的。(笑)不好意思哈，我知道你是学教育学的，但我绝没有贬低教育学专业者的意思，我知道你我一样，对教学和研究很认真！”(I－SCO－9－GX)

“对教学论文，我把自己教学中的经验总结一点写了，还不太全，还要从人家那里抄一点，我不怎么用心写(笑)。主要是我看那些教改文章，确实写得比较虚，你要做一些比较实的文章，你就要做大量的调研，你要看不同的学校，不同的人，人家学校你这个专业的教学情况跟你这个学校有什么不一样，光看自己可能是一些比较浅的东西。(我们的教学论文)只是一些上课技巧的讨论，至于大的专业设置、课程设置之类的，可能我们涉及得比较少。所以别人的不一定适合我，我就想，我的也不一定适合别人，别人可能也不会看，那就为了评职称凑合一下吧。”(I－SCI－9－SZ)

上文述及，由于教学论文的可见价值和评价标准“低人一等”，教师“理性”地选择了轻视教学论文的写作而拼接凑合。不难理解，整个论文圈里，教学论文的整体质量普遍低劣，不能为需求教学良方的教师们带来激励作用和指导作用，反而给了他们一个消极的榜样，导致了他们写作教学论文的积极性下降，令他们也采取同样的路径，拼凑写出言不由衷的论文，应付学校的各种政策。

二、影响大学教师教学学术发展的理论透析

(一)大学教学理论的研究不足

教学是大学的四大功能之一，关于大学教学的理论研究，在整个高等教育理论界的地位如何呢？

1. 大学教学理论在高等教育理论界的地位衰微，创新不足

改革开放以来，我国高等教育理论界主要将精力放置于高校教学外部环境的研究，着眼于大学与政府、大学与市场、大学管理、大学治理、大学章程、大学制度等领域的探讨，忽视了对大学的根本——内部教学的重点关注，对教师与学生关系，课程与教学、课程与教材等研究较少，大学教学理论的建设先天不足。这种状况，一方面使得大学教师研究教学的理论基础不足，另一方面也牵制了大学教学质量的稳步提高。伴随着近年来国家对高等教育质量问题的高度关注和频频问责，关于大学教学问题的研究才日渐增多。与已然非常稳固的高等教育管理等理论相比，大学教学理论仍然显得稚嫩，其价值的受认可程度相对显得不那么高。

研究者仅以“大学教学”“大学管理”和“大学制度”为篇名主题词搜索 2001 至 2014 年发表在中国知网的文章，得到的数据如表 16 所示。

表 16　大学教学研究与大学管理、大学制度研究的对比

篇名主题词	2001	2002	2003	2004	2005	2006	2007	2008	2009	2010	2011	2012	2013	2014
大学教学	32	27	34	34	61	82	57	63	171	173	138	164	179	177
大学管理、大学制度	55	48	81	113	174	153	193	172	209	201	299	314	296	277

表 16 显示，虽然大学教学从 2001 年以来持续受重视，且随着国家 2010 年出台《国家中长期教育改革和发展规划纲要(2010—2020 年)》，明确提出了高等教育内涵式发展道路，关注高等教育教学质量之后，关于大学教学的文章，显著上升。但是，以“大学教学”“大学管理”及“大学制度”为题名的文章，在数量上的对比悬殊，教学作为大学的主要功能之一，受到的关注程度还不及大学管理和大学制度。

研究者访谈的一位教师道出了对高等教育教学理论创新程度和应用价值的怀疑。

“我一般只参加学科的学术年会。只要有，我都去参加。但是，我们学科教育教学的学术会我只参加过一次就不去了，主要是我感觉那些会没多大用处，都是探讨已经有的、比较旧的教学模式和方法。那些方法我在中学当教师时都已经用过，觉得还

不如我做的好呢。不像我们专业的学术会，他能让你知道前沿的信息，比如国外人家在做什么。”(I－AGR－11－WY)

不可否认，由于大学长期以来形成的“重科研、轻教学”的传统导向，影响了高等教育理论研究者和大学教师的重心选择，他们对学科新知识的发现、投入极大，促进了其学科的不断前进与发展。相比之下，大学教学不被认为是科学，而且教学不受重视，自然不会有人投入更多的精力研究适合大学文化特色的教学新知。目前，大学教学中常用的理论和方法，是挪用基础教育教学的研究成果，并没有反映大学教学的本质特点。研究者以“大学教学理论”为篇名，搜索了中国知网从 2001 年到 2014 年的文章，发现了大量题名冠以“有效教学”“互动教学理论”“反思性教学理论”“支架式教学理论”“研究性学习理论”“分层教学理论”“模块教学理论”“个别化教学理论”“‘游戏人’理论”等的文章，这正是基础教育领域早已演绎或者正在试验的理论和方法。由此，正如有过中小学教学经历的 WY 老师看来，大学教学理论研究陈旧而落伍，对自己的教学和理论成长没有实质价值。

创新是学术研究的必然要求，重复他人，亦步亦趋，何以能创新？这是大学教师教学学术发展的理论障碍的关键。

2.大学教学问题的理论探讨不充分，教学研究方向不明

目前大学教学的重点是如何提高教学质量，进而提升整个大学培养人才的质量。然而，在哪些领域、通过什么途径，大学教学质量的提高有所突破？具体到教师教学学术问题，大学教师教学学术如何与大学教学质量的提高发生质的联系和作用？教师教学学术如何发展，才是提高教学质量的最佳选择？或者说，大学教师教学学术需要重点研究哪些问题，才能够解决教学中的实际问题？这些问题都缺乏分层次、别门类的理论探讨。这种迷茫而混沌的理论，也使得大学教学学术的研究陷入了迷糊之境。

在大学教学的相关关键问题上，存在着诸多因素之间的矛盾，如大学教学是以教为主还是以学为主？大学教学的成功标准是以教师教了什么为主还是以学生学到了什么为主？大学教学的两个行为主体之间是“你教我学”还是互相合作的关系？大学教师是知识的权威发布者还是学习的合作引导者？学生学习的方式是对权威知识的全盘接受还是个人建构？大学学习的重点是文字、定理、公式、图像、数据等显性知识还是通过丰富的校园活动获取个体的隐性知识？大学的教学目标与评价方式是相互统一还是相互背离？一系列相关问题，到目前还没有得到充分的理论观照，这就使得大学教师的教学学术发展的实践和研究，既缺乏坚实的理论基础，也缺失了明确的方向路标。

3. 大学教学理论的知行脱节，教学经验难以转化为教学理论

教学研究理论与教学实践之间的关系，应当是理论既来源于实践，又指向了实践。但现实是否如此呢？

我国大学教师在教学方面普遍存在知行脱节的问题，教育理论对教学实践的指导和参与度不高。这种现象在G大学也存在，笔者在第三章的大学教师教学知识来源分析中发现，大多数教师没有专门的教育教学理论知识背景，仅参加了简短的岗前教师资格培训，教学普遍缺乏专门理论教育知识支撑，很少将已掌握的教育理论知识同自身的实践相结合。他们的教学经验，主要依靠自己摸索，其次是对自己的老师和同行的模仿。而这些教学经验，由于缺乏有效的专业技术指导，绝大多数只是一种个人经验，并没有上升到理论水平，以书面化形式呈现。

反思，在G大学教师的教学行为中较为普遍，趋向于习惯化。反思体现在备课过程中，包括教学内容的适用程度、教学方法的适用程度及教学效果的自我评估等几个方面。但不可否认，这些反思只是经验性的反思，而非理论性的反思。G大学教师所做的反思多为经验性或总结性反思，体现为对其自身教学成功和失败经验的总结，而不是根据其自身的教学实践总结出一种教学模式或者发展某种教学理论。

G大学的教师也利用教改项目，进行教学研究，但随机性研究居多，系统研究较少。G大学的大部分教师缺少对某个教学现象进行更加深入系统（诸如查阅相关文献，采取系统的调查和访谈等方法进行论证）探究的主动意识和自觉性，知识的显性化程度不高。教学学术中的教学研究更强调个体隐性知识的显性化，以减少个体知识的消逝，实现对已有教育理论库的创新。而事实上，我国大学教师在教学实践中的知识生成多偏向于隐性知识，显性知识的生成率较低。

总结上述大学教学理论与实践脱节的现象，我们认为，G大学教师的教学缺乏有效的教学理论指导，教学实践难以贡献于教学理论的创新。

（二）教学学术自身理论不成熟

教学学术自身理论不成熟、不完善也是教学学术思想难以有效落实的重要障碍。目前，中西方学术界对于教学学术的讨论虽初步构成系统，探讨范围涉及教学学术的各个问题领域，但理论中仍存有争议，突出体现在教学学术的内涵和评价标准方面。而这两个问题均是教学学术理论中的核心问题，它们的清晰程度将会决定教学学术在大学中实施的操作性、有效性。理论的模糊不清会直接导致实践的混乱，构成教学学术有效落实的另一理论障碍。

1. 教学学术的自身理论研究不足

自博耶的报告《学术水平反思：教授工作的重点领域》发表至今，尽管西方高等教

育界与教学学术相关的研究、报告、著作和实践日渐丰富，但教学学术的概念本身缺乏统一、能被人们广泛接受的定义。目前，学术界并没有对教学学术的内涵、功能、方法和实施等问题进行充分的讨论，进而形成一致的理解，也造成了教师、教育管理者和教育行政人员，甚至出现地区和国家层面的认知偏差和话语沟通障碍。例如，有些教师认为教学学术是一种优秀教学或者有效教学，教育专家则认为教学学术必须符合传统学术的同行评议和公开交流标准。有些学校学术发展部门的教学学术"话语"与基层教学单位的教学学术"话语"存在差异。国际上，在英国和澳大利亚，教学学术更多地被认为是一种有助于形成重视教学的校园文化；在美国，人们认为教学学术既是一种校园文化活动，也是教师专业发展的途径。而这种对教学学术概念的模糊认识阻碍了他们更好地参与教学学术的活动。正如英属哥伦比亚大学的布谢尔等人(Bruce B. Henderson and Heidi E. Buchanan)所指出的那样："在研究型大学，存在阻碍教学学术发展的诸多因素，教学学术概念容易被误读、教学学术难以操作、教学学术被理解为反理智的、教学学术过分依赖于同行评议而未能自成体系是关键因素。"[①]目前，对于教学学术的一些关键问题，没有得到充分解决。

我国研究者自21世纪初引介西方教学学术思想，本土化构建我国教学学术的理论框架。但是，他们对我国社会现状、文化观念、教育制度的分析不深，就盲目"嫁接"西方的教学学术，使得研究存在着一定程度的"食洋不化"。最集中的表现是，研究教学学术的理论根基不牢。目前国内大部分研究，以博耶的教学学术概念框架和舒尔曼的教学学术特征判定标准为依据，进行理论的探究和实践的构想。事实情况是，西方学界对博耶的"教学学术"思想体系的严谨与科学性仍然质疑，我国研究者对博耶思想进行引介时，又发生了一定的偏差，两方面的原因，使得我国教学学术研究和实践常陷入模糊之境。舒尔曼的教学学术特征判定虽然简单易行，但这种教学学术特征的判断标准如何成为一种理论根基而指导实践，很多问题还有待澄清。

2. 教学学术方法论体系的不成熟

笛卡尔认为，方法对于探求真理是绝对必要的，寻求真理而没有方法，不仅找不到真理，而且会把谬误当成真理，从而陷入更大的谬误。因而，任何理论的创立，都必须有相应的方法论体系，作为理论继续深入的支撑。以此观照我国教学学术的研究，我们会发现众多概念的"莫衷一是"导致了方法论的"各行其是"现象。尽管博耶、舒尔曼在论述教学学术时，提出了探究、反思、交流、公开化等核心词汇，以提醒研究者

---

① Henderson B B, Buchanan H E. The Scholarship of Teaching and Learning: A Special Niche for Faculty at Comprehensive Universities? [J]. *Research in Higher Education*, 2007, 48 (5): 523-543.

们教学学术研究的关键方法，但由于教学学术与相关概念——学术性教学、教的学术、作为学术的教、用学术的方法教、优质的学术型教学之间，一直没有完全厘清。关于教学学术的方法论，也因概念本身的差异和模糊性而表现出不稳定和不成熟性。由于大学教师在实际教学、科研过程中身份的多重性，以及对教学和学术的多样性理解，他们教学学术的方法含糊而多样，似乎任何关于教与学的研究，或者任何与提高教与学有关的实践，都被冠以"教学学术"的标题，而其实践路径却大相径庭。这些实践之间，相互促进的价值难以实现。教学学术研究成果之间相互借鉴、相互促进的程度不明显。

3. 教学学术实践中的障碍影响了其操作模型的形成

一种理论或学说的命运，是由它适应和引导时代的能力所决定的。教学学术理论的不成熟阻碍了它的有效实施。至今，尽管教学学术的重要性得到了包括教育行政官员和教师在内的所有人的认同，但教学学术在实践中仍然存在着诸多障碍。

在西方，西方高等教育领域对教学学术褒贬不一。赞成者认为大学教学学术的兴起是挽救大学教学质量的灵丹妙药，大胆预测其将引起高等教育发展范式的变迁。保守者认为大学教学学术是大学实力薄弱的学者在传统学术体系之外寻求聘任、晋升的旁门左道。[①] 这样的观念明显会阻碍教学学术的有效推进。同时，西方高等教育管理现有的学术评价体制并没有因人们认识到教学学术的重要性而发生根本性的改革，而是固守传统，教学学术的边缘地位与传统高等教育观中的学术地位形成了巨大的反差。这使得教师担心，如果"执意从事教学学术，便是冒险"。[②]失去了推进教学学术的动力。此外，教师沟通的保守性阻碍了教学成为共同财富。教学学术倡导教学的公开性，但作为长期受传统教学观影响的教师，依然保留教学作为私人性、隐私性的观念。打破教学的隔离状态，非一日之功。

在我国，教学学术研究成果缺乏实践推进的力量。我国研究教学学术的主体是大学的理论工作者，而非具有决策权的行政工作者，他们研究的对策建议，能在多大程度上得到决策部门的采纳，不得而知。由此，通过实践探索，构建教学学术实践发展模型还没有形成。

---

① Atkinson M P. The Scholarship of Teaching and Learning：Reconceptualizing Scholarship and Transforming the Academy[J]. *Social Forces*，*2001*，*79*(4)：1217－1230.

② Howard N. Shapiro. Promotion and Tenure and the Scholarship of Teaching and Learning [J]. *Change*，*2006*，*38*(2)：38－43.

三、影响大学教师教学学术发展的制度考察

(一)大学教学管理的制度僵化抑制了自主创新

无论是作为一种教学水平,还是作为一种学术类型,大学教学都需要大学教师拥有一定的自主权。作为教学的自主,教学学术自主意味着大学的专业设置自主权,课程设置自主权,教学内容、教学模式、教学方法、评价方法等选择的自主权;作为学术的自主,教学学术自主意味着教师不受政策干涉,自主选择研究主题。

教学自主是大学办学自主权的重要体现,它不仅是师生从事教与学活动的权力,而且是大学组织完成自我职能的基本要求。教学自主不仅仅是指大学教学活动相对于外界的独立性,而且还包括大学内部教学组织以及教师与学生自身所具有的自主性。具体表现为:第一,大学作为独立的培养人才的法人单位,有权根据自己的办学条件、理念确定学科专业设置、教学方法、人才培养模式等,这体现为大学组织在教学事务上的独立决策和独立实施。第二,大学的院(系)相对于教学行政管理部门而言,具有独立性和自主性。第三,大学教师有权根据学科与专业性质选择教学方法、调整教学内容、确定考试方式、参与教学决策等。第四,大学生作为学习的主体具有自我选择权和自我管理权,包括自由选课、转换专业、自由选择学习方式和学习重点、评价教师等。①

现代大学的教学管理制度下,教师感知自己的自主权有多少?这种状态的自主权如何影响教师的教学学术的发展?我们将通过几位老师的访谈记录进行分析。

“我觉得我个人的自主权只能发挥30%左右。一个专业申请下来,啥时候申请的,我们都不知道。申请下来了,有课程了就在群里共享一下,我们报能上的课程。学校的课程框架不由我们定,除了国家定的那么几大块外,到了学院的课程,学生学什么课程,主要由专业责任教授定,也不召集所有专业老师讨论。定了以后,开课前发给大家看,老师们能上什么就报个名,再由他定谁上哪门课,这里面普通老师根本没有自主权可言。如果你上课了,方法倒是自由,考试又不自由了。我们的大多数课,与工程安全有关,应该是把学生带到现场看了之后,由学生设计安全方案最好,但学校担心安全问题,没有这个方案,就只能纸上谈兵。”(I－ENG－9－LW)

教育实践是这样一个教育谱系:“一端是由权利、个人和自由为出发点的教育实践,另一端是以权力、国家和秩序为出发点的教育实践。”②长期以来,大学的教育在自治与控制之间的矛盾与冲突之中维持与更迭。从招生、管理、层次定位、人才培养

① 马廷奇.论大学教学自主与教学责任[J].中国高等教育,2008(11):30－32.
② 蔡春.在权利与权利之间——教育政治学导论[M].北京:北京师范大学出版社,2010:10.

目标、专业设置、课程制定、教学的内容方法、教学的评价体系到学生的管理，大学在争取着更多、更大的自主权。

G 大学的本科学生培养计划一般下放到学院，学院再下放到各教学系，由（系）主任和专业责任教授、课程责任教授等根据教育部的相关课程规定，来制订专业培养计划。除国家规定的思想政治、英语、体育和就业指导外，各个专业的专业必修课、选修课，或者理论课和实践课，完全由系里决定。在考评方式方面，考评分为考试课和考查课。无论考试课还是考查课，学生的总评成绩由期末成绩和平时成绩组成，两种成绩在学生成绩中的比例，由授课教师决定。但教务处也规定，凡是必修课，必须为考试课；选修课，可以为考查课。由此，关于课程的决定和课程考核的现状，就出现了像 LW 老师所说的情况。在 LW 老师所在的院系，普通教师的教学自主有限，他们不具有课程设置的决定权，也不具有课程体系考评方式的决定权。他们所具有的，可能仅仅是单门课程教材选用的自主、课程内容组织的自主、讲授方法的自主和考核内容决定权的自主。这种制度上的约束，限制了教师按照自己的专业爱好决定开设课程、传播学术思想的可能性，也妨碍了教师按照所教课程的特点，选择评价学生学习效果的自由，从而影响了其教学学术的发展。

“在中国，教学学术是不自由的。这一点最明显的表现是，权力不掌握在教授手里。如果谈到学术，学术的自由、大学自治、教授治校，教授和学生才是主体，官员都应为教授服务，要不然教授一点自主性也没有。德国人讲得很清楚，他不会让他的教授饿肚子，他的教授是国家公务员，工资非常高，人家不担心饭碗的问题，一定会保证他有充足的时间去创新。如果没有土壤，其他都是虚的。在大学里，教师应该有他的自主权。但是现在的大学，规定这个规定那个。不是说不要有规矩，而是这个规矩要由教授自己，由同行自己，让做这些事情，了解这些事情的人来做，懂这些专业的人自己选。你都是外行，一个外行的人管我们，我们难受，不想做事。按照你的框框我不想做，我按照自己想法做出来的东西你又不认可，那我就想，算了，我不做了。这一点就涉及高校权力的划分问题，谁是大学的真正主人，如果教授不是，大学就没有希望了。如果站在学术前沿舞台上的人物，他对自己的学术没有自主权，如何能有创新？有时候我看中国教育史，觉得很悲哀，中国的教育，那个框框的痕迹是很明显的。对我们如何成人，视野太狭窄。你看孔子，说白了，他没有一套真正的规范，是因人而异的，是很灵活的。可是我们，这里要有标准，那里要有规范，就拿我的这门课程来说，我们这门课程规定是必修课，就只能出卷考试，我比较讨厌这种强制性地让每一门必修课出卷考试的做法，因为哲学是培养人的思维的，而不是要死记硬背的。”（I－PHI－2－HXZ）

我国政府与大学关系现状，是比较典型的政治权力逻辑僭越大学知识逻辑的类型。HXZ老师的不满,代表了大部分对大学教学或学术被行政桎梏而满含怨言的教师的心声。HXZ老师认为,G大学的管理制度的很多方面,表现出了学术自由失范现象。此种现象最明显的是:权力不掌握在教授的手里,而掌握在行政人员的手里,是典型的外行管理内行。外行的行政人员制定了诸多在内行看来不科学合理的条条框框,限制了"内行"——站在学术最前沿阵地、最懂自己学科治学途径的教师的自主发展。这种条条框框的限制,从大学教师学术身份的获得——考取高校教师资格证,到大学教师教学学术自主权的决定——决定课程评价方式,表现在大学教师学术生活的方方面面。而正是这种所谓的规范管理,扼杀了大学教师学术创造的积极性。具体表现为采取不合作态度,不去作为,或放弃了自己最初的坚持,消极应付、顺从。

"我觉得在上课内容的取舍方面,我的自主性比较高,但在其他方面,我的自主性不高。比如说,我们这个专业吧,算是一个新专业,但现在我们的课程框架是理论课、实验课,就完全是理工科的思维,我们跳不出这个框框,我们没有办法在这个框架之外做一些东西。比如我们想要带着学生做一些调查、参观和访谈。这实际上类似于工科的实验,只是你们的实验是在实验室里,我们社会科学的实验对象是社会和人,我的实验仪器是采访机和录音机,原理上是通的。但在理工科思维框架下,我们走不出去。我们走出去做的那些调查,学校可能不算,我们无法按照这个学科的规律和实际需要去上课。

"比如说,我的课程中讲到社区这个概念,我想把学生拉出去让他们了解真实的社区类型,我想让他们去看看咱们学校周围的高级社区和城中村这样的社区。我那个班有40多个学生,我就想把他们带到学校附近的"龙源国际花园",因为这些社区环境比较好,设施比较齐全,服务比较好,我想让他们感受一下,让他们看到高楼、可视电话、门禁系统和地下停车场等,新型的社区的样子。然后我们想带他们去城中村看看,城中村主要居住着流动人口、打工人员;脏乱差、治安也不好,摩托车乱穿行。最后,我想带他们去一个农村社区,就是村庄。我想让他们知道,中国的社区差距很大,所以向学院申请。学院不支持,说观念上很支持,但制度上无法实现,一是无经费支持,二是把学生带出去很不安全,三是学校不会解决交通问题。"(I-SCO-9-GX)

G大学是一所以理工科为主的综合性大学,理工科的思维定式影响着学校的整体运行思路,渗透在学校科研、教学的各个环节。可能因为对文科专业固有的学科规范、主要问题和学术传承不甚了解,G大学的课程设置沿用理工科课程的设置框架,并没有注意到文科专业的主要概念、范畴、逻辑、体系以及学科本身的知识积累事实,也不重视构成学科发展前提的现实,把课程按照理论课、实验课和实践课来划分,没有给那些需要紧密结合社会实践进行的课程教学留下必要的灵活余地,因而出现了如GX老师所不满的现象。文科的一些理论,必须让学生亲自体会社会现实,进行社会调查，才能深刻理解，而不是待在学校的实验室里。但学校没有考虑到文科课程可能出现的情况，没有在教学管理中出台相应的制度，使得文科的老师在发挥教学自主性方面无所适从。显然，学校的管理制度限制了教师教学自主性的发挥，也影响了学校的教学质量。

“我就说说实习吧，我们专业的学生实习，一般是人才市场、事业单位管理部门、学校等。因为这次是学年实习，要算4个学分，对学生的成绩影响大，而且学生想着和实习单位搞好关系，毕业后去那里工作，我也在实习前和学生反复强调各种利害关系，所以整个实习期间他们表现得都很好，实习单位的实习鉴定都是90分以上。到了我们学校录入成绩的时候，我也觉得学生应该得这个成绩，但还是请示了主管领导，领导给我拿出了学校教学管理文件汇编，说学生的实习成绩必须呈‘及格(70—79)—良(80—89)—优(90)’的正态分布。我没有办法，就给两个学生打了79分，就是及格。你要知道，这4个学分，很影响他们的绩点，可以直接影响他们申请奖学金啊！这两个学生查了成绩后，打电话问学院，学院说是实习老师给的成绩。学生又找我，我只能将有关文件、我和主管领导的短信记录给他看，让他知道这是学校的规定，我们普通老师无能为力。我不按照这个规定行不行？很有可能，就会被扣上教学事故的帽子，或者相关领导说你这个人不服管理，下次不给你安排教学任务。”(I—ENG—4—LF)

成绩评定权本应是教师最基本的教学评价自主权。他们最清楚学科内容的考核方式，最清楚学生的学习状况，是最能对学生的学习效果做出科学评价的人，但在G大学，普通教师的评价权利面临着丧失的危险。正如LF老师所说，这种评价自主权丧失的背后，隐藏着教师权威地位遭受威胁的危机。一方面，如果教师违背学校的教学管理规范，学校将会给予一定的惩罚措施；另一方面，如果学生的利益因成绩遭受侵犯，他们问责的不是学校的规定，而是执行规定的教师。处在夹缝中的教师，处境堪忧。

综合上述，我们发现，G大学教师教学自主权缺乏在学科专业设置、课程编制和设置、教学评价中表现最为突出。教师所剩下的，仅仅是课堂教学方法的选择。这种自主权缺失，极大地抑制了大学教师在本学科教学创新的动力，会造成教学缺乏活力、教学研究缺乏动力。从长远看，学科发展必受限制。

(二)大学学术建制中的教学地位卑微

在诸多阻碍大学教师教学学术发展的因素中，除教师的观念、教学学术理论本身之外，教学在大学学术建制中的地位卑微也是重要的原因。这体现在教学工作的评价缺乏学术性观照、教学研究的激励回报显著低廉两个方面。

1.教学工作的评价缺乏学术性观照

教学工作的换算指标只体现量多寡，不体现质的区别，不能体现教师在教学工作中的努力程度，无法激发教师钻研和探究教学的积极性。

“教学质量怎么样，它不容易量化，你说上课上得不好，就是教师的原因吗？也不是，主要是跟学生有关。比如我有一次上了两个班的课程，一个班就比较好，另一班级很沉闷，你上课的心情都不一样，考试的成绩也不一样。学生不同，两个班之间没有可比性。所以你怎么衡量人家上得好不好？而科研比较容易量化，科研是死的，比如你发表了什么文章，你获得了什么项目，你获得了什么奖。这个是公认的，大家都认可的嘛！”(I－ENG－9－ML)

与科研成果的衡量标准易于操作、客观而少受学生因素影响不同，教学成果的衡量要靠学生的成绩来确定。这给教学成果的衡量造成了一定的难题，因而，包括G大学在内的所有大学对教学的评价，模糊而不易操作，学术性质难以体现。因而，ML老师也坦言，同一门课程、同一个教师，只是不同的班级，效果就不一样。如何科学而客观地评价教师的教学？在这样的难题下，教学工作量的核算指标不如科研详尽完备，是国内大学共同的事实。在G大学，对于科研工作来讲，项目规定、论文著述的规定，从数量到等级，规定完备。对科研项目经费的多寡，国内外各种学术会议的参与情况等方面，都详尽数字化、量化。而且为了方便计量，各学科专业、院系分别制定了相应的期刊分类标准，一定数量和级别的论文是硬性要求。对于教学工作来讲，大部分学校大致都体现为将教学区分为理论教学和实践教学两方面进行工作量考核，将教学工作的各个环节分类别依其权重进行核算。虽然也会对教学研究、教学奖励有所要求，但那都是附加条件，不是必须要求。较为明显的是很少见到院系的期刊分类标准中有教育教学类期刊的名称。或者说，很少有教育教学类期刊在已有的期刊分类标准中位居前列，更少见对教学交流的相关要求。一定的课时量是硬性要求。由两种工作的工作量核算指标体系设置来看，科研工作是被当作学术评价的，而教学工作却更倾向于被当作技术活动评价，缺少对其学术性的观照。或者说，对教师教学质量的评价，仅仅看教师对学生科学知识的传授，而忽视了教师对学生的价值观、思维方式、精神关怀、道德品质方面的培养。

2.教学工作的激励回报显著稀少

首先，教学单位工作量的可见回报低廉。

在G大学，单位教学工作对应的津贴低廉。G大学对教学工作量的考核依据是课时量，与之相对应的津贴形式是课时费。G大学教师本科生的授课平均课时费大体在30～40元/课时。以一门课45学时计，从研究者的访谈得知，大多数教师准备一次3小时的课，准备时间平均要8小时。以此计算，一门45学时的课，准备时间8小时加上上课所需的 3 小时，教师总的工作时间为 495 小时。按照每课时 40 元课酬计算，其所得为 1800 元，而且只有学院一级核发津贴。如果以教师的实际工作量 495 小时换算，教师的教学工作报酬为 3.64 元/小时。相比之下，科研工作的工作量核算依据是论文、著述。首先学院按照科研成果奖励相应津贴，以 CSSCI 论文为例，学院的奖励为 1000～3000 不等，学校对 CSSCI 对应的津贴为 1000 元，如论文被人大复印报刊资料全文转载，奖励 10000 元。同时，该论文还可以申报社会科学成果奖。可以说，一篇论文的津贴额度就相当于数十节课时津贴。这种教学与科研单位工作量津贴数额不平衡的结果是：发表 CSSCI 刊物论文、承担研究项目的教授的年收入，往往比承担了较多教学任务的教授高出很多。也就是说，教师的教学与其薪酬之间关系甚至呈负相关，而教师的奖酬与其研究生产力却呈很强的正相关性。自然，教师们不愿意在教学工作方面投入精力。可以说，教学的物质回报是影响大学教师教学学术发展的根本性制度因素。

其次，教学研究的激励力度较小。

大学对教师在教学和科研方面的激励，通常通过教学研究项目和科学研究项目、教学成果奖和科技/社科成果奖的形式体现出来。与科研项目的资助金额较高、奖励范围较广相比，教学研究项目的资助金额较少、奖励范围小。

一次性奖励分配不利于教学学术的有效落实。一次性奖励是高校经费资源的另一重要方面，同时也是阻碍教学学术有效落实的重要因素之一。首先，一次性奖励金额的设定标准不平衡。科研类成果的奖励金额明显高于教学。2013 年 G 大学对科研项目类的奖励标准为：主持国家自然科学基金面上项目奖励 5.6 万元，国家自然科学基金青年项目奖励 2.4 万元，国家自然科学基金地区项目奖励 3 万元；主持国家社会科学基金重大招标项目、教育部哲学社会科学重大课题攻关项目奖励 8 万元，主持国家社会科学基金年度项目奖励 4 万元，主持国家社会科学基金青年项目奖励 2 万元；主持教育部“创新团队发展计划”项目奖励 20 万元。对科研论文的奖励标准为：发表在 *Science*、*Nature* 期刊上的研究性论文，奖励 50 万元/篇，自然科学类的论文被 SCI(含 SCIE)一区收录，奖励 2.5 万元/篇，被 SCI 二区收录，奖励 1 万元/篇，被 SCI 三区收录，奖励 0.5 万元/篇；社会科学类发表的论文被 SSCI 或 A&HCI 收录，或发表在《中国社会科学》(含英文版)上，奖励论文组 2.5 万元/篇。①

与上述科研项目、科研论文的奖励额度相比，教师获得教学成果的数量和奖励额度明显偏低。由于教学成果奖每两年评审一次，研究者以 2012 年的教学成果奖奖励

① 关于印发《广西大学科研业绩奖励规定》的通知[EB/OL]. (2013-09-06)[2019-11-17]. http://cari.gxu.edu.cn/info/1021/1463.htm.

为例进行说明。2012 年,G 大学经过评审,遴选出特等奖校级教学成果奖获奖项目 15 项,一等奖 29 项。奖励额度为特等奖 1 万元,一等奖 0.5 万元。

上述数据同样可以解释,为什么教师不愿意申请教学类项目,不愿意从事教学类研究。正如一位教师所言,在一个本来没有研究氛围的大学,何谈教学研究?

(三)大学教师学术评价制度中的教学"低位"

学术评价制度的价值取向是大学学术观的反映,也是教师学术行为的"风向标"。我国现行的大学学术评价制度将教学边缘化,学术评价有被窄化为科研评价的倾向。这不利于教学学术思想的落实。这在 G 大学的教师评价中也暴露无遗。研究者通过 G 大学的教师专业技术资格评审来分析学术评价中的教学"低位"。

1. 教师职称评审条件中的教学评价标准宽松

近年来,G 大学教师职称的评审依据是省级职称改革工作领导小组办公室于 2010 年所印发的《关于印发广西壮族自治区高等学校教师系列高、中级专业技术资格评审条件的通知》。这个文件对高校教师高级和中级职称的经历条件、教学业绩、科研论文和著作等分别做出了相应的规定,笔者以"教授专业技术资格评审条件"为例,进行分析。

· 专业技术工作经历(能力)条件:

任现职以来,具备以下条件的第一、二、三款:

一、系统讲授 2 门以上课程,并根据教学计划的安排组织课堂讨论、社会调查,指导实习和毕业论文或毕业设计。

二、担任过 1 届以上研究生导师,或独立讲授过 1 门以上研究生学位课程,或指导过青年教师、进修教师学习 2 年以上并取得较好效果。

三、主持完成省(部)级以上的科研项目的研究、开发并通过省(部)级鉴定或获得结题证书;或在本学科领域主持开展科学研究、科技开发项目,取得多项成果;发表(出版)多篇(部)学术论文(著作),或创作、设计、展演多项高水平艺术作品,或参加(或指导学生参加)重大体育、艺术比赛获得突出成绩。①

上述对教授专业技术资格的工作经历(能力)条件要求,对教学的要求重在过程和各环节的参与,而非质量的要求。并且,对于教学而言,条件中要求的所有工作环节的分配,对教师不存在竞争性。相比教学,对于科研的要求是对质的要求,而且存在竞争性。显然,无论是申报省(部)级科研项目,为了完成项目发表论文,还是创作、设计作品,在重大比赛中获奖,都存在着较强的竞争性。大学教师为了在科研项目的

---

① N 省(自治区)高等学校教师系列教授专业技术资格评审条件[EB/OL].(2014-04-24)[2019-11-13]. http://cari.gxu.edu.cn/info/1021/1463.htm.

审批、论文的发表和在比赛竞争中获胜，势必要花费更多的精力，而对竞争性低的教学减少投入。

·教学业绩成果条件：

任现职以来，完成学校规定的教学工作量，教学综合考核成绩为B级（良好）以上，在公开出版物上发表2篇以上教育教学研究论文，且具备下列条件之一：

一、主持或作为主要完成人参与自治区级以上教学改革研究项目；或在教学质量工程项目建设上取得突出成绩（担任自治区级以上精品课程主要成员、示范性实训基地主要成员、优质专业主要成员、优秀教学团队主要成员）。

二、获国家级教学成果奖，或获自治区级教学成果奖二等奖以上。

三、获国家自然科学奖、技术发明奖、科技进步奖、星火奖、社会科学奖及其他专业奖项；或获省（部）级上述奖项二等奖以上。

四、主持或作为主要完成人开发的新技术、新工艺、新产品或解决的重大、关键性技术问题，通过省（部）级以上鉴定，并已推广应用，获得较大的社会、经济效益。

五、指导学生参加省（部）级以上专业比赛获一等奖，或二等奖2项。

六、艺术类技术专业人员参加省（部）级以上专业比赛获二等奖以上；或主持（或主要完成人）承担过省（部）级以上大型项目设计；或公开举办高水平的个人专业展演（画展、设计展、音乐会等）；或指导的学生在省（部）级以上专业比赛（展演）中获二等奖以上。

七、体育类专业人员参加或指导学生在省（部）级以上体育赛事获前6名（二等奖以上）；或担任省（部）级体育赛事裁判长以上职务。①

上述对教授职称的教学业绩条件要求看似从质和量两个方面规定，但笔者经过仔细分析，发现无论是质还是量的要求，都不足以形成教师钻研教学才能胜出的压力。G大学对教授的教学工作量要求为年均280分，这些工作量包括开设本科生理论课、研究生课程、指导课程设计、指导教学实习、指导研究生、指导和评阅学生毕业设计、补考等全部教学工作的综合，一般教师都能完成工作任务。对教学工作的考核，通常不是根据学生的评价，而是根据教师所填报的教学工作量，由学院各教学系主任根据教师自评给予定级。一般教师只要不出现教学事故，不被教务管理部门通报批评，即可获得B级以上。关于教学论文，只要求公开发行的刊物上发表即可，并不要求刊物的级别与类型。正因如此，一些为了评教授职称而写作教学论文的教师，就会采取拼凑应付，人云亦云地写作教学论文。这种教学论文的学术价值微乎其微。

---

① G省（自治区）高等学校教师系列教授专业技术资格评审条件[EB/OL]．(2014－04－24)[2019－11－13] https://wenku.baidu.com/view/b1b8df4379563c1ec5da7149.html.

可见，G大学的专业技术资格评审条件中对教学的质量要求，不足以对教师形成压力，使教师加大投入教学的力度，以求在竞争中胜出。

2.教师职称评审条件中的教学论文档次低级

对于教育教学研究论文的要求，只要求在公开刊物上发表，而并未规定刊物的等级。如此，一般教师便不会投入很多精力撰写高质量的教学论文，只写出能在最低级别刊物上发表的论文即可。

·论文、著作条件：

任现职以来，具备以下条件之一：

(1)年均授课240计划学时以上者，论文(著作)：理工类4篇(部)，文科类5篇(部)。

(2)年均授课150～239计划学时者，论文(著作)：理工类5篇(部)，文科类6篇(部)。

(3)年均授课149计划学时以下者，论文(著作)：理工类6篇(部)，文科类7篇(部)。

(4)艺术类专业人员公开发表(出版)学术论文(著作)4篇(部)；或公开发表(出版)学术论文(著作)2篇(部)并提交艺术作品5件[公开发表，或获得自治区级以上专业比赛(展演)奖励]或指导学生获国家级专业比赛(展演)三等奖以上。

(5)体育类专业人员公开发表(出版)学术论文(著作)4篇(部)；或公开发表(出版)学术论文(著作)2篇(部)并作为教练员指导学生参加国家级体育赛事获前8名(三等奖以上)或参加自治区级体育赛事获前3名(一等奖以上)。

"著作"是指公开出版(有ISBN书号)的本专业或相近专业专著、译著或教材、艺术专业作品集、音乐及舞蹈展演光盘(独著、主编或第一作者；或本人在著作中撰写部分章节)。"论文"是指在国内外公开发行的学术刊物(有ISSN或CN刊号)上发表的本专业或相近专业学术论文(独著、第一作者或通讯作者)。[①]

学术论文(尤其是核心论文、CSSCI、EI和SCI)的发表，既存在着周期长的问题，更存在着竞争性的困难。上述规定的刚性和学术论文发表的市场竞争性，使得老师们将主要精力放在论文的发表、专著的出版以及奖励的争取上，而对于自己的教学本职工作，则相对关注不够。一些教师为了有更多时间和精力从事科研论文写作，在备课阶段，对教学内容的更新不够，对课堂教学的基本方法、基本过程思考有限。在上课阶段，教学内容陈旧乏味、教学方式照本宣科。在课后，也不愿意探讨教学得失，

① G省(自治区)高等学校教师系列教授专业技术资格评审条件[EB/OL].[2019－11－13]http://cari.gxu.edu.cn/info/1021/1463.htm.

不愿意从事基础教材的编写。教学的体系性和系统性也不够。

综上，G大学教师学术评价中教学的“低位”现象在教师职称评审中表现突出，这些评价体系将教学指标置于一个不具有竞争性、不需要投入很多精力的位置，其核心主要是一些科研的硬性指标，而教学在教师职称评价体制中不是被置于中心地位，而是被边缘化。这种“重科研”教师职称评定机制的建立，使得教师无心关注教学，直接导致教育质量下降，影响了大学的教风和学风，而且形成教师不认真教学的习惯，阻碍了教师教学能力的提高，削弱了教师研究教学的兴趣。长期以来，不利于教师教学学术的发展。

(四)大学教师培训制度的校本“缺位”

科学完善的大学教师教学培训制度是进行教师在职继续教育、推动教师教育教学技能和教学研究能力提高、促进教师专业化发展的重要保证。G大学的教学培训制度怎么样呢？笔者发现，G大学有关教学文件规定，每个学院每学期须召开一次教学研讨会，讨论关于教学的相关问题，促进教师的教学发展。2012年G大学成立了教师教学发展中心，主要对教师进行微课、慕课建设与SPOC教学模式培训活动。笔者访谈了关于G大学教师对所在学院教学研讨会和学校教师教学发展中心所开展的培训活动的态度，并通过下面的访谈回答进行分析。

“我从外校调动来这所学校2年多来，还没有发现学院有与教学相关的培训或者会议，学校也没有。”(I－AGR－11－WY)

“现在，我们学院老师们唯一一起坐下来讨论教学问题的机会，就是改卷子。改卷子时大家都说不对的，有的老师也不质疑。而是：‘啊！那个不对呀？’害怕别人知道自己的错误，然后悄悄改了就行了，他就算进步了。所谓教学研讨会，只是形式。”(I－AGR－21－LH)

“我们学院的教学研讨会并非严格的教学研讨会，有的是系里开会，无意间如果一个老师说哪个班的学生上课纪律不好，反应迟钝等，我也会参与说自己上课的感受，上课缺课多，不听讲等。这种所谓的研讨会，给我的感觉是研讨效果不理想，因为没有人给出一个有效果的措施来解决问题。教学研讨会，要真正关心教学的事情，这个教学的事情很多，既可能有专业建设和课程编制的问题，还应解决教师上课的问题，更有与学生怎么沟通的问题。而我们的教学研讨会，就是谈一些很宏观的东西，主要是教学政策等，对教学技术谈得少。”(I－SCO－9－GX)

“目前的教学培训主要是和高科技结合起来的，比如微课、慕课，培训只是一天或者几个小时的大规模培训。去的老师，有的是看门道，有的是看热闹，有的是因为学院的任务而去的。听了之后，大多数因为时间限制和缺乏资金支持，也不一定就去实践它。而且你也知道，教学技能，应该是像我们的教育实习一样，需要一段时间的实战锻炼。你一个下午能干什么？至多是让教师们知道个概念罢了。我做教师工作以来，我们学院并没有专门针对某种上课技能的培训。”(I－PHI－10－LX)

上述教师的谈话内容可以分为三类：

第一类教师所在的学院并没有真正执行学校的文件，举办本学院的教学研讨会。这意味着，教师通过学院教学研讨会的交流，增加教学经验性知识的机会有限。

第二类教师认为，学院组织的教学研讨会是形式主义，并没有达到他们期望的效果。他们期望的教学研讨会，应该讨论微观教学操作层面的实践性策略，能够帮助自己解决教学问题。

第三类老师认为，学校的教师教学发展中心重点只是对教师的教育技术概念的介绍(慕课、微课)，而不是专门的教学技能培训。大多数参加培训会议的教师，因为没有实践操作的机会，并没有掌握这种技术。因而，这类培训还没有达到普遍促进教师教学学术发展的目的。

由此，我们可以总结认为，G大学没有一种校本培训制度对教师进行教学培训。这种制度的缺陷，使教师的教学成长缺乏外部保障。

四、影响大学教师教学学术发展诸因素的场域动力学分析

大学教师是实践教学学术的主体因素。如果以教师个体为轴心布设影响大学教师教学学术发展诸因素的图景，并分析各因素之间的关系，我们会发现勒温的场域动力理论能够解释这些图景关系。

20世纪40年代，美裔德国心理学家勒温(Kurt Tsadek Lewin)提出了场域动力理论，用于解释个体行为产生及其变化的空间场域和深层原因。勒温认为，“人的任何一种行为都产生于各种相互依存的整体，而这些相互依存具有一种动力场的特征”。[①] 日常生活中，“我们应该把人及其环境视作一个由相互依存的因素组成的集合，这些因素的整体称作该个体的生活空间，并用 $B=f(P,E)=f(LS)$ 来表示”。[②] 其中，B表示行为，P表示行为的主体——个人，E表示环境，LS (Life Space)表示生活空间。也就是说，个体的生活空间由个体、环境以及个体与环境的相互关系构成。个人的行为既是人与环境的函数，也是生活空间的函数。勒温指出，我们分析和预测个

---

① Lewin K T. *Resolving Social Conflicts*[M]. New York: Harpper and Brother Publishers, 1948: 11.

② Lewin K T. *Field Theory in Social Science*[M]. New York: Harpper and Brother Publishers, 1951: 239－240.

体行为,需要从个体所在的特定时空场域,以及个体特征出发,分析其行为产生和变化的原因。

笔者在此根据勒温的场域动力理论来分析大学教师教学学术发展的动力问题,认为教师个体、教师所在环境及其教师与个体所处的环境之间的相互关系,是教师教学学术发展的场域,教师的教学学术发展行为正是这个场域的函数。教师发展教学学术的动力,也来源于上述因素。反之,阻碍教师教学学术发展的力量,也可能来源于上述因素。为便于分析,我们将教师教学学术发展的动力分为教师主体动力、学校场域动力和社会场域动力。下文分析教师主体动力、学校场域动力和社会场域动力的受抑制情况及其对教学学术发展的影响。

(一)教师主体动力的消解

教师主体动力是指产生于教师个体并由教师自身各个子系统之间相互作用形成的合力(图 8)。教师主体动力系统由教师的认知、情感、意志和理念四个因素构成,大学教师教学学术主体动力正是这四个因素综合作用而确定的教师行为与价值取向。在笔者的访谈分析中,大学教师在认知和情感上有投入教学的动力,如他们认为教学重要,教学能给自己带来幸福感等。但教学的回报期待落差和教学经验的意义迷茫,让他们的意志与认知和情感发生了斗争。经过理念的协调,他们观念上重视教学,行动上却"疏离"教学研究,就像一位老师说,"教学是重要,但现在的利益导向是科研,你只能往科研靠"。

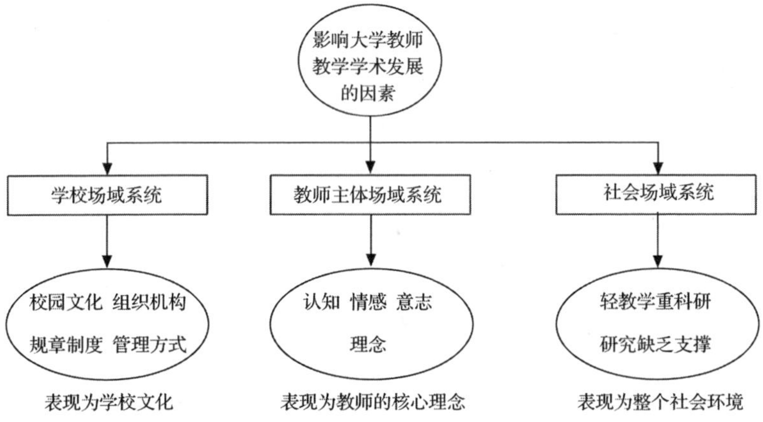

图 8　影响大学教师教学学术发展的个体、学校和社会场域动力

(二)学校场域动力的缺陷

学校是教师教学与生活的主要场域,它主要包括校园文化、组织机构、规章制度和管理方式四个因素。这四个因素的关系为:校园文化是核心,组织机构是基础,制度规范是保障,管理方式是关键。校园文化是一个学校特色的集中体现,它潜移默化地影响着教师的教学思想，引领着教师的理念，规范着教师的行为；组织机构是基础，大学教师教学学术的发展很大程度上取决于学校组织机构的健全；规章制度保障着整个学校系统有条不紊地运行，健全的学校规章制度是教学学术发展的重要保障。管理方式是关键，当学校通过管理健全组织机构，不断完善规章制度，促进教师教学学术发展时，一个重视教学、研究教学，促进教师教学学术发展的校园文化就形成了。笔者认为，在G大学涉及教师教学学术发展场域动力中，组织机构的不健全和激励制度的不到位是使教师教学学术发展动力“疲软”的主要原因。具体分析，组织机构的不健全指学院一级没有专门的教师教学培训组织。对教师的培训，仅仅依靠学校统一安排的岗前培训。激励制度的不到位指学校对教学奖励和教学研究项目的立项数量偏少，奖励额度偏低，学校目前没有校级的教师发展项目，以帮助教师发展教学。最终，学校还没有形成研究教学的文化氛围。总之，学校场域动力的缺陷，不能为教师教学学术发展提供合众为一的正向力量。

(三)社会场域动力的影响

社会场域动力是由社会各种力量相互影响而形成的。教师的教学学术发展不是孤立的，而是受社会场域的影响而发展的。目前，我国研究型大学轻教学重科研的整体氛围没有改变，大学教学理论研究的不足短期内仍成事实，这是整个高等教育的社会场域系统，表现为高等教育系统内教学学术发展的社会环境。显然，这个场域系统中给予大学教师教学学术发展的力量还比较弱小。可以说，大学教师之所以观念上重视教学，行动上疏离教学研究，主要是受目前中国高等教育系统重科研、轻教学和教学理论研究不足的整体氛围影响的。

第五章　大学教师教学学术发展的路径建构

通过梳理大学教师教学学术的已有文献，明晰大学教学学术的理论内涵。我们认为，教学学术向教师提出了两方面的要求。一方面，它要求教师要有深厚的专业知识、宽广的文化视野和敏锐的意识，在教学技艺展现的过程中，促进学生与自我的共同成长，完成文化的传承和知识的延续。另一方面，它要求教师成为一个合格的研究者，遵守严格的研究伦理和教学伦理，将专业情操和研究技能带入教学。我们还需要明白，教学学术不仅是一次学术性的教学或者一项关于教学的研究，也不仅仅强调教师个体从事教学研究的重要性。教学学术强调，教师要对教学认真准备、反思研究，并形成专业的、可供共享的成果，同时接受公开化的评价。教学学术还强调，教学学术的发展是一个系统的机制。从教学学术涉及的主体分析，它涉及教师个人、教师群体、学校组织制度之间的相互交流与协调；从教学学术涉及的要素分析，它包含了大学教师教学学术的知识生成、研究载体、交流方式和制度保障等环节。由此，大学教师教学学术的发展，便包含了教学学术的知识扩展、教学学术的研究环节、教学学术的表达交流和教学学术的保障四方面的发展。

本章将结合笔者对G大学教师教学学术的现状和阻碍因素的分析，遵循着“知识——研究——交流——保障”的学术要素，分析如何突破各种不利，以促进大学教师教学学术的正向发展。

一、大学教师教学学术发展的已有经验及启示

在教学学术的不断推进中，国内外众多学者提出了发展教学学术的方案。玛丽·泰勒·哈勃(Mary Taylor Huber)和卡耐基教育基金会副主席赫钦斯(Pat Hutchings)提出，教与学学术发展的重要方式是建立教学共同体，[1]英国萨里大学(University of Surrey)的艾迪·安德克鲁福特(Andy Adcroft)和安德鲁斯·洛克伍德(Andrew Lockwood)认为，教与学学术不能程序化地执行，要在实践中进行教学实践的分享和

---

[1] Huber M T, Hutchings P. Building the Teaching Commons[J]. *Change*, *2006*, *38*(3): 24—31.

反思,[①]等等。相关研究的结论是,教学学术需要教师和院校的共同努力:教师提高在科研和教学方面的能力,并成为所教领域的专家;[②]院校要营造一种交流、分享和实验推广的教与学的学术环境,[③]并进行广泛交流和实验[④]。

国际上,高校实践教学的学术的路径,已由整体的宏观政策设计,转向了落实于院系的教学实践,其中有机管理发展教学学术,取得了可见的效果,促成了实践院校教学文化的变革。我国《国家中长期教育改革和发展规划纲要(2010—2020年)》提出,"高校要通过学习国际上先进的教育理念和教育经验,推动我国教育改革的发展……大力提高高校教师的教学水平和科研创新能力"[⑤]。因此,借鉴国际上教学学术发展的经验,探索符合我国国情的大学教师教学学术发展的路径,尝试建构G大学教学学术发展路径,是十分必要的。

(一)大学教师教学学术发展的国际经验

1.英国萨里大学管理学院发展教与学学术的实践

萨里大学(University of Surrey, UK)成立于1891年,1966年成为综合性大学,管理学院是萨里大学一流的学院,隶属于经济、管理与法律学部。2014—2015学年,经济、管理与法律学部有3051名本科生,770研究生。[⑥] 学院为提高教与学学术,专门成立了教育与学术发展委员会(Educational and Academic Development, CEAD)。并与该校专业、卓越教育培训中心(Excellence in Professional Training and Education, SCEPTrE)开始合作。

萨里大学管理学院所推行的教学学术运动,并非直线进行,运动并没有明确的起始点和终点。2008年初,管理学院为了提高大学师生教学学术水平,召开了教学讨论会。首先,会议由教师提出了教学的愿景;其次,明确了教师和学生各自的责任和义务,以此提高师生的教学和学习策略;最后,学院制定了教师和学生在提高教学质

---

① Andy Adcroft, Andrew Lockwood. Enhancing the Scholarship of Teaching and Learning: An Organic Approach[J]. *Teaching in Higher Education*, *2010*, *15*(5): 479—491.

② Healey M. Developing the Scholarship of Teaching in Higher Education: A Discipline Based Approach[J]. *Higher Education Research and Development*, *2000*, *19*(2): 169—189.

③ Trigwell K, Martin E, Benjamin J, Prosser M. Scholarship of Teaching: A Model[J]. *Higher Education Research and Development*, *2000*, *19*(2): 155—168.

④ Bass R. The Scholarship of Teaching: What's the Problem? [J]. *Invention*, *1999*, *1*(1).

⑤ 国家中长期教育改革和发展规划纲要(2010—2020年)[EB/OL].(2010—07—29) [2019—11—17] http://old.moe.gov.cn/publicfiles/business/htmlfiles/moe/info_list/201407/xxgk_171904.html.

⑥ R40 Student Key Facts[EB/OL]. (2014) [2019—11—12]. https://www.surrey.ac.uk/sites/default/files/student—key—facts—2014—15.pdf.

量方面的短期、中期和长期行动计划及规划。会议形成了教师教学和学习策略报告，并确定了学院学生之间、师生之间的关系——合作伙伴关系。

2008 年 9 月，管理学院正式启动了学院学者计划（Faculty Scholar Scheme），陆续开展了两方面的活动，以此提高师生的教学学术能力。一方面，通过提高个体学者的创造性和业务水平的活动，以提高师生教学学术水平；另一方面，将各种实践活动有机结合，建立起它们之间的有机联系。

在提高个体学者创造性和业务水平方面，管理学院主要开展了如下三大类活动：

第一类活动面向学生。这些活动主要包括学习伙伴活动、探究式学习、学生学习动机调查和学习反馈活动、网络虚拟学习。这些实践也改进了学生的学习方法，提高了学生的学习决策和执行能力。通过学习伙伴活动，推广新颖的、优秀的学习技能和方法。

第二类活动面向教师。这些活动主要为了促进教师的教学专业发展，具体包括意在识别和推广优秀教学活动的探究式教学、教师生涯早期支持培训等。探究式教学主要是师生共同聆听优秀教师的课堂教学，并确定其中师生乐于接受的、值得推广的做法，并作为影像资料保存下来，作为新入职教师的培训资源。教师生涯早期支持主要是与阿斯顿大学、格拉摩根大学、利兹大学、利物浦大学、朴次茅斯大学、南安普顿大学、阿尔斯特大学联合举办高校教师教育项目，为新入职的教师提供培训和职业支持。

通过上述活动，那些优秀的教学实践作为案例和优秀教学成果被选定和保存，并在教师生涯早期支持培训活动中作为培训资源，得以共享。

第三类活动同时面向教师和学生。这些活动主要包括：意在识别和推广优秀教学活动的本科生教学研讨日和研究生教学讨论会。上述两种会议不定期举行。会议主要是教师和学生分别总结前期的教学和学习经历，提出困惑与疑问，再由师生各抒己见，提出改进的方法与策略，并落实成文，进一步形成培养本科生和研究生新政策，得以贯彻，从而使优秀的教学与学习的实践更加深化。同时，使教师之间、学生之间和师生之间的学习伙伴关系更为牢固。

尽管上述活动各有侧重，看似独立，但它们价值统一，互相联系，并且同等重要。以学习伙伴活动和学习动机调查为例，管理学院院长明确寄语：学与教是学院的核心工作，是学生、教师、教辅人员及其他人员之间的合作伙伴关系。学院自建院以来，一直强调通过伙伴形式，形成学生好学善问、刻苦钻研的态度，培养学生清晰表达、理智批判、灵活变通的能力，使学生成为高效和独立的学习者和自我实现的人，成为自我发展的主动负责者，进而成为专业、高效的、有益于社会的劳动者。因而，学院不遗余力地追求教与学水平的提高。2008 年，学院成立了教育与学术发展委员会（Educational and Academic Development, CEAD),并于同年9月启动了新一轮学习伙伴活动,要求所有1200名本科和硕士新生全部参加,成为互相帮扶的学习伙伴。学习伙伴活动基于如下目的:使本科生和研究生能集中精力,提高学习技能,获得知识,从而提高自己解决问题的能力,进而实现萨里大学培养学生独立和终身学习能力的目标。为此,学习伙伴活动鼓励学生预留时间,自我反思、自我审查和监控自己在提高学习技能方面的进步。学习伙伴活动形式多样,比如面对面交流、自我学习能力测试、时间管理练习、目标制订、愿景明晰等。尽管学习伙伴活动对学生学习产生了积极的影响,也使得大学和学生的目标更好融合。然而,如何激发学生的学习兴趣,使他们在学习伙伴中取长补短,互相促进,更加学有所得?

带着上述问题,教育与学术发展委员会开展了关于本科生学习动机的调查,来自学院各个专业的600名本科生填写调查问卷。学生学习动机的调查,实际上是学习伙伴活动的基础性工作,调查结果也成为评估学习伙伴活动效果标准制定的依据。

萨里大学管理学院发展教学学术的措施,使得学院师生的行为明显改变,人际间的合作成为一种常态。活动实施以来,教师中的70多人参与了学院发展教与学学术的所有活动,学生中学习合作伙伴关系逐渐稳固,个人导师制开始形成,探究式学习方法常被运用,网络虚拟学习氛围浓厚。萨里大学的学生评价和英国大学生学习状况调查结果显示,学院大学生学习方法有明显的改善。①

2. 美国印第安纳大学布鲁明顿校区(IUB)教学学术的经验

印第安纳大学(Indiana University)位于美国中西部的印第安纳州,主校区布鲁明顿分校(Indiana University Bloomington, IUB)成立于1820年,是印第安纳大学系统中最先成立的学校。学校以革新、创造和学术自由为显著特点,吸引着全球各地的学子。

IUB发展教学学术活动,始于1998年。当时,IUB分管学术和教师工作的副校长玛雅·安德鲁斯(Moya Andrews)在一次教师会议上提出了"有什么方法能最大限度改善IUB的本科教学质量"的问题,以此形成学校师生的共同愿景。为了更好地提高本科教学质量,IUB全校通过各个方面的活动发展教学学术,培养教师的责任感。IUB的主要活动,分为以下几个方面。

第一类活动主要是成立教师咨询委员会、教师学术促进委员会以及校园教学顾问等行政机构,从学校行政层面上给予支持。教师咨询委员会由分校教授、图书馆人员和学校各级管理人员组成,主要调查和反映教师教学中遇到的问题,探讨教学改革

① Andy Adcroft, Andrew Lockwood. Enhancing the Scholarship of Teaching and Learning: An Organic Approach[J]. *Teaching in Higher Education*, 2010, 15(5): 489.

的相关问题，提出分校教学发展的建议和教学学术研究的相关项目选题。教师教学促进委员会由来自不同学科和研究领域的在职教师组成，委员会的主要工作是组织教师交流和分享教学心得，探讨解决教学中的疑难问题，尝试创新教学方法，深化对教学学术的认识，积累教学学术的经验，从而更好地为教学服务。校园教学顾问主要帮助师生解决任何关于教学和学习的问题。

第二类活动主要是建立教学学术实践者沟通交流的平台，设立鼓励师生进行教学学术研究的教学学术专项研究项目。为此，IUB专门建立了“印第安纳大学布鲁明顿分校教学学术”网站。通过网站，IUB提供教师进行教学学术研究的指导手册和研究成果，以及申请教学学术研究项目的操作指南等。专门成立“创新教学学术中心”(The Center for Innovative Teaching and Learning，CITL)，为IUB教师和研究生提供有关教学的咨询服务，也提供供师生学习的在线课程，推出创新教学学术的资助项目。在相关期刊发表教学学术论文，是教学学术交流的重要途径。为此，IUB每年会在研究生院主办的刊物《研究和创造》上全版刊登一期与教学学术相关的研究论文，帮助各个学科的教师和学生传播自己研究的成果。

第三类活动主要是举行促进师生交流教学学术的教学研讨会，鼓励教师和研究生参加更大范围的教学学术交流活动。IUB的教师为了探索不同的教学方法，分享教师反思课堂教学的经验，从2005年起，IUB每年在全校范围内举行教学研讨会，参加者由最初的教师和领导者扩大到2009年的研究生和本科生。通过教学研讨会，不仅各个学科和研究领域的成果得到更好的交流，而且师生之间能更好地理解教学。更重要的是，教师可以重新审视自身教学的学术性。IUB还鼓励本校教师和研究生参加更大的校级甚至国家层面的教学学术活动，向同行展示IUB发展教学学术的实践成果。通过参加教学研讨会，在达到对教学学术的评判、交流和传播的目的的同时，师生也能够学习新的教学技术，解决教学问题。

第四类活动主要是增加研究生和本科生参与教与学学术活动的机会。CITL的教学学术项目吸引了众多的IUB研究生参与。通过参加导师或者其他教师的教学学术项目，IUB的研究生加深了对教学的体认，奠定了未来真正从教的基础。IUB也鼓励本科生加入教学学术活动中。如一些教师的研究项目，邀请本科生研究他们的学习特点，以便设计符合本科生学习特点的教学方法。通过参与这样的项目，本科生更清楚地了解自己的学习特点，判断适合自己的教学方法，对教师选择教学方法，起到了监督和启发作用。

(二)大学教师教学学术发展的有益启示

总结萨里大学和IUB发展教学学术的做法，可得出如下启示。

其一，两校发展教学学术，都不是自上而下的指令化运动，而是基于本校固有传统，结合教师兴趣，确立发展愿景。萨里大学管理学院自建院以来，一直强调通过学习伙伴的建立，形成师生高效自我实现和自我发展的能力。IUB具有重视教学，习惯于探究发现问题的优良传统，这和教学学术提倡教师探究教学具有相通之处。两校发展愿景的确立，也正是基于各自的传统，才能得到认同和拥护。

其二，两校发展教学学术，都是通过合作来实现的。萨里大学提高教与学的各种实践活动本质上是一个有机联系的整体，从学习合作伙伴和学习动机调查可见一斑。IUB鼓励校内跨学科、跨部门相互协作和沟通。

其三，两校发展教学学术，都具有自下而上的草根性和全员参与性。萨里大学由教师提出教与学的愿景，全院师生全员参与发展教与学的相关活动。IUB教与学学术研究项目的主题，主要来自教师对教育教学的反思实践，而非学校管理者根据学校的发展战略指派的任务，这能促进教师进行教学研究的自觉性。通过鼓励教师个体的教学学术研究活动，由点及面，形成学校普遍的教与学学术氛围。IUB实践教与学学术的机构由学校领导、著名学者、教师、教学管理人员、图书馆人员组成，来源广泛。IUB教学学术的研究项目，教师、研究生和本科生都有机会参加。

其四，两校发展教学学术，促成了师生行为的转变和校园文化的变革。萨里大学管理学院形成了学院人际间的信任和合作，网络虚拟学习氛围逐渐浓厚、学习伙伴关系稳固、个人导师制出现，形成以探究学习为载体的师生学习共同体。IUB的师生的教学行为和校园文化发生了显著变化，教师和学生重新认识大学的文化责任和期望，教师们逐渐转变了自己的角色认知，自觉投入教学研究，从对教学知识的单纯“消费”，转向了研究课堂，从事教学知识的“生产”。这在IUB的校园形成了一股教学研究的热潮。

上述英国萨里大学管理学院和IUB发展教学学术的方法，为G大学发展教学学术提供了操作性的借鉴。下文，研究者将结合这些经验，尝试分析大学教师教学学术发展的路径选择。

二、大学教师教学学术发展的路径选择

路径选择需要考虑路径选择的框架设计、内部条件和外部环境。本部分综合分析大学教师教学学术发展的一般框架、G大学教师教学学术的现状描述，基于中国高等教育教学改革的大背景，尝试构建G大学教师教学学术发展的路径框架。研究者提出以下建议：其一，以教学内容知识为核心，促进大学教师教学学术的知识生成；其二，以研究性、系统反思和课堂教学研究为重点，开展大学教师教学学术的研究；其三，以开放存取的模式，打造大学教师教学学术交流的主要模式；其四，以教学学术制

度化为目标，健全大学教师教学学术的保障系统。最终，促使大学教师教学观念的转变和教学行为的改变，促成大学教学学术文化的出现。

其主要模型图如下所示：

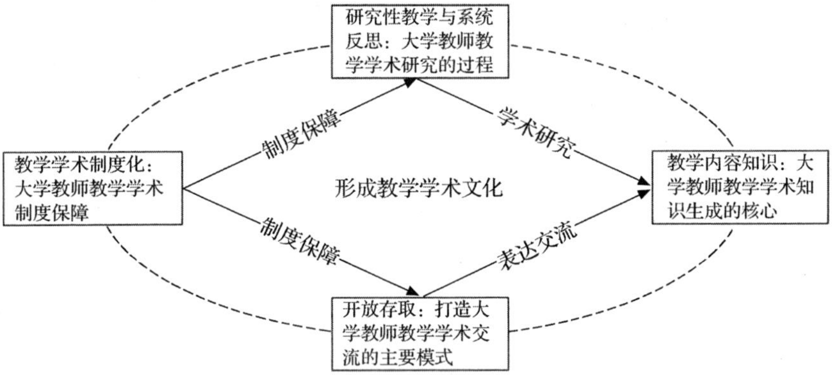

图 9　G 大学教师教学学术发展的路径选择

(一)教学内容知识：大学教师教学学术知识生成的核心

在第三章的分析中，笔者认为在大学教师教学学术知识生成中，理论性知识和实践性教学知识应整合为教学内容知识。因此，此处重点论述大学教师教学内容知识的生成。如图 10 所示，教学内容知识处于核心位置，即教学学术的所有活动，都围绕着教学内容知识的生成、扩展、致善与精致而展开的。因而，我们可以说，教学内容知识是教学知识的关键。能够有效联系专业的学科内容知识和教学法知识的教师，能够将这两种知识基础整合起来去创生教学内容知识。(见 D 和 C)

在教学内容知识的生成来源中，整合的来源和路径主要有：(1)课堂教学研究(J)，(2)反思教学经验(E)，(3)参与教师评价及发展培训(F)，(4)研究生培训课程(G)。在这四种路径中，课堂教学研究是最直接的教学学术发展之路。通过研究课堂，教师凭借对学科知识内容与教学法内容的理解，在自己独特的学科教学情境中，对学生学习的状况及其原因进行解读和探究。在这样的研究过程中，点滴积累、扩充与完善教师自身真实拥有的教学内容知识，不断提升教学学术的水平。同时，教学内容知识的逐渐丰富，反过来又影响教师已有的学科内容知识与教学法知识（图中的虚线箭头）。以此互动，推动教师学科专业知识结构的不断完善，强化教学专业知识的学习。这样，专业的完善与实践的历练之间良性互动与循环，使得教师的教学步入“教学相长”的良性教师发展轨道。

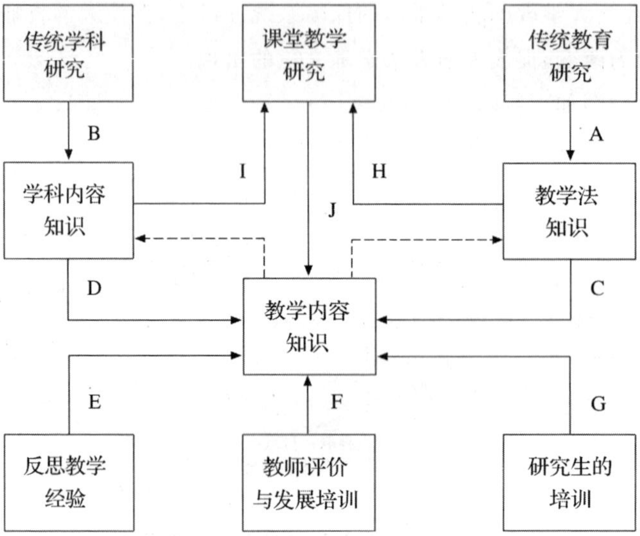

图 10 研究与教学内容知识生成之间的关系机制①

根据我国当前大学教师的培养模式和 G 大学教师对教学培训的需求，笔者提出教学内容知识生成的可能途径。通过职前培养，养成大学教师的教学学术意识；通过在职的“研修环”与“实践环”学习，促进大学教师教学学术知识的协调发展；通过开展本科生学习调查，丰富大学教师关于学生学习的知识。

1. 职前培养：大学教师教学学术意识的形成

目前，我国大学教师的职前培养体制主要有三种，一是单纯的学术专业型，没有附加教育学科知识；二是以专业学科知识教育为主，教育学科知识为辅的学科专业主导型；三是专业学科知识教育和教育学科知识教育并重。相关研究表明，学科专业主导型培养模式，既遵循了大学教师的成长规律，也符合我国现阶段大学教师培养与成长的实际，是当前我国大学教师职前培养体制的理想选择。② 这种模式的主要特点是，大学教师在入职前以学习学科专业为主导，同时辅助进行教学实践锻炼，确保他们有一定的教学体认和经历，在应聘大学教师时，具有一定的教学能力。因此，笔者建议 G 大学教师职前培养亦可采取这种模式，通过下述活动实现：

一是在研究生培养阶段尽量多地为研究生提供教学实践的机会，有意识地培养研究生的教学素养，提高研究生的教学能力；二是增加教学实践环节，研究生不仅要

① Paulsen M B. The Relation between Research and the Scholarship of Teaching[J]. *New Directions for Teaching and Learning*, 2001(86): 19－20.（转引自吕林海. 大学教学学术的机制及教师发展意蕴[J]. 高等教育研究，2009(8)：83－88.

② 付八军. 论大学教师的职前培养体制[J]. 教育研究，2011(4)：96－100.

精心准备一堂本专科生课程，还要接受专家点评与考核，并计一定的学分。通过上述做法，形成研究生重视教学的意识与自觉，在学科专业的学习空隙中获得一定的教学实践锻炼。①

目前我国一些大学，也推行学科主导型的大学教师职前培养模式。G大学有过类似职前培养经历的教师也认可助教经历，并用下面的话语表达。

"我上研究生期间，没有学过类似教学的课程培训，但我们有规定的教学实践这个培养环节，导师就要求我替他上课。老师也没有明确要求怎么上课，就给我一个课本，布置我准备上哪些章节。因为你要给学生上课啊，这个还是比较紧张的，我就先去图书馆借了相关的专业参考书，还在网上看了老师的上课经验分享，同时听导师和其他老师的课，看人家怎么上，就学人家怎么上。当时上了半学期的课，这半学期虽然很辛苦，但让我彻底体会了做老师的不容易和不能马虎。而且，我还知道了，课堂上跟学生对话是关键。"(I－SCI－9－SZ)

"我上博士期间没有参加过教学的课程培训，但我们做助教，学校是有要求的。首先跟着自己的导师或者年纪大的老师上课，从教辅做起，包括批改作业、论文、组织课堂讨论等，偶尔替老师上几次课。有这种经历，对我们是有帮助的，起码做助教，可以跟学生多沟通，知道学生私底下的想法。上几次课，你就知道上课不容易。"(I－ENG－9－ML)

SZ老师和ML老师都是参加大学教师职前培养环节的受益者，这种经历为准教师提供了一定的课堂教学情境体验等临床性知识，有利于教师形成学习教育学专业知识的自觉性。他们有过教学体验，对教学需要的内容有了一定的概念性体会，如SZ老师认为，"课堂上跟学生对话是关键"，她认识到了教学的交往性和互动性的特点；ML老师认为"知道学生私底下的想法"，他体悟到了从学生的角度出发组织教学的重要性。基于助教体验，他们以后的教育学、心理学、教育技术学等条件性知识学习有了可依附的载体。

基于上述分析，研究者认为，大学教师职前培养的重点，在于通过教学的体验性知识，形成从事教师职业的文化自信和意识自觉，从育人价值的重要性角度看待教学。

2. 在职培养：大学教师教学学术知识生成的主要途径

我国研究教师发展的学者顾泠沅教授根据多年的教学改革实验和理论研究认为，教师是在教育行动中成长的，即在"课堂拼搏"中学会教学，大学教师教学学术的发展，与此符合。大学教师要在其职业生涯中，不断地进行学习、研究和进行专业实

---

① 付八军. 论大学教师的职前培养体制[J]. 教育研究，2011(4)：98.

践，在三者的交错进行中，提高教学能力，丰富教学内容知识，促进教学学术发展。

若我们把大学教师的教学内容知识发展比喻为“前进中的一台车”，则“车轮”就是“双环”(即研修环与实践环，图 11 所示)，以教学内容知识为主线的知识脉络(即纵横关系)就是“路径”，大学教师教学内容知识发展，就形成了“研修环”与“实践环”同步进行的“双环模式”。大学教师的在职培养，可依此模型，把学习、研究和专业实践高度融合、相互促进，在提高教学能力的同时，发展教学内容知识。

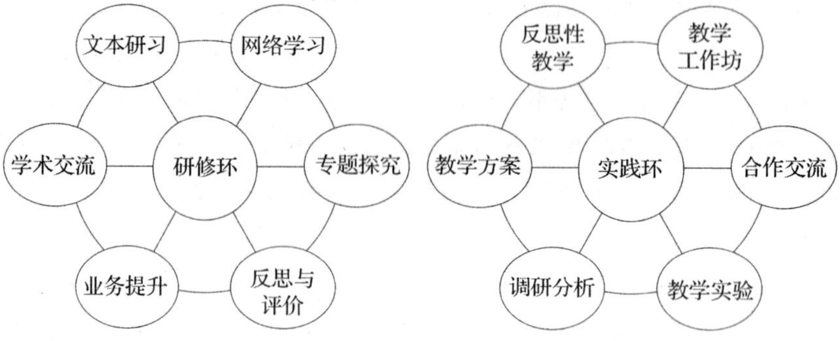

图 11　大学教师教学内容知识发展的“双环”模式[1]

(1)研修环

通过“研修环”发展教学内容知识具体包含以下几方面：

第一，文本研习。文本研习指大学教师要经常结合教学活动观察与文本分析，主动识别和表达自己教学中存在的问题，并依据自身的理论基础和实践经验，以及所教专业学科的特点和培养计划，进行探究性学习，提高自己的专业素养和创新思维能力。

第二，网络学习。大学教师可以结合学科内容和网络多媒体技术，充分利用网络资源，打造自己的网络学习资源平台。一方面，学习各种教学理论和教学经验，与专家和同行进行即时文字沟通，解决教学中的问题；另一方面，充分利用网络电子资源，结合自己的教学实践进行教学研究，创建自己的教学资源和成果库。

第三，业务提升。业务提升主要指大学有计划、有目的地组织本校教师参加校内外的教学理论和教学实践方面的专业培训，以便提高整体素质，优化队伍结构。目前，G 大学的教师培训主要有高校教师岗前培训、多媒体与信息技术培训、青年教师业务能力提升培训等。其中高校教师岗前培训和青年教师业务能力提升培训定期开展，取得了一定的成果，但也需要改进。例如，研究者访谈过的教师认为，高校教师岗

① 毕力格图. 数学教师学科教学知识发展的双环模式探究[J]. 中小学教师培训，2011(1)：23－25.

前培训通常不分学科和专业进行教学理论的传授和教学经验的分享，希冀教师上课时能够自觉、自发、成功地将其运用到实际教学中，实际上并不能帮助自己获得上课的能力。由此，G大学的高校教师岗前培训，要考虑到教师教学知识生成的实践性特点，结合教师的学科和专业特点，分类指导，让教师尽量多地进行实践教学技能的训练，在教学实践中，获得包括学科专业知识、教学理论知识和技能、教育教学情境观察与判断、教学问题分析、突发事件处理等在内的教学内容知识。

G大学青年教师业务能力提升培训应结合教师的学科专业，以校本培训为主，在注重教师教学能力提高的同时，兼以加强教师的教学研究能力。目前，G大学的青年教师业务能力提升培训主要是遴选老师赴外校参加理论培训和随堂听课。研究者的访谈发现，这种培训对教师的教学观念更新具有比较明显的促进作用，但很难帮助大学教师把听来的知识和技能运用到日常课堂上，也较少对培训教师的课堂教学进行研究。同时，赴校外培训毕竟只是少数教师，不能满足大多数教师教学能力提高的需求。由此，研究者提出，G大学的教师在职培训，应结合教师的学科专业，进行校本教师教学培训，将学科专业知识和教学技能的双重作用凸显出来，才能激起大学教师更大的参与兴趣，提高培训的效率。同时，培训要在提高教师教学能力的同时，提升教师的教学研究能力，使得培训更加有益于教师教学学术发展。

第四，学术交流。大学教师通过个体交流、参加校内外学术会议、听校内外学术讲座等，不断扩大学术视野，更新学术知识。通过个体讨论教学问题、参加学科教学会议、参与学科教学讲座等教学交流活动，也能拓展大学教师的教学内容知识。但研究者访谈发现，G大学的教师个体之间较少交流教学问题，学院基层教学研讨会不常探讨教学技能，教师参加校外教学研讨会的积极性不高，教学学术的交流还没有形成一定的制度。由此，研究者提议，G大学各个学院和系应加强教学研讨会的组织，可以定期组织本(系)院教师进行教学交流，为他们搭建交流专业教学的信息、思想和观点的平台，帮助教师开阔视野，掌握学科的前沿知识与学术动态，熟悉学科教学的常用方法，丰富教师的教学内容知识。

第五，专题探究。大学教师与中小学教师的不同在于，他们必须进行学术研究，他们要熟知本学科的最前沿，探究发现本学科的新知识。在进行学术研究和发现新知的过程中，教师也会思考学生需要和兴趣，探索通过教学进行传播新知识的有效途径，生成新的教学内容知识。G大学需要鼓励教师们在探索本学科的前沿知识时，注意结合学生的兴趣，将最新发展的知识转化为学生可以学习的新知识。

第六，反思与评价。一般而言，一次、一段教学完成以后，教师会借助一定的教学评价方法、技术和工具，对自己的教学实践进行多层次、多维度的批判性回顾、诊断和思考，对教与学的整个过程与结果进行评价和反思，以便自己改进不足，获得教学的新理念、新知识和新方法。这要求教师要对照评价结果，敢于批判自己，进行教学反思，针对教学中的某个问题（如教师的提问方式），搜集各种资料，与同行交流讨论，总结经验与教训，形成新策略和方法，更新自己的教学内容知识。同时，教师更要敢于突破和超越自己，将反思后的新知识、新方法运用于教学实践中，一方面实践新的教学内容知识，另一方面发现新的问题，再进行反思总结。如此螺旋上升，提高教学能力。

(2)实践环

与其他的专业实践活动一样，如果大学教师的专业知识要转化为可以教学的知识，教师的专业教学技术要不断熟练，教学行为要得到规范，课堂组织与管理能力要不断提高，教师的教学科研素质要得到提升，专业教学实践将是必不可少的锻炼环节。基于此，本书提出教师通过下述“实践环”，不断提高自身的专业素养。

第一，反思性教学。大学教师通过积极主动学习他人经验，广泛地进行教学合作交流，进行反思性教学，把专业知识、教学知识和专业实践反思有机地结合起来，进行有目标、有计划的系统的训练，能够提高自己的教学实践能力，发展教学内容知识。研究者访谈发现，G大学的教师虽言教学反思，但大多只是个体的经验性回顾，并没有在相关理论和方法的框架下理性反思。同时，这种反思是个体反思而不是合作反思。由此，大学教师应邀请同事（同行）为自己的课堂“把脉”，借助同行的专业眼光，“诊断”自己的教学问题，借助教学的理论，共同探讨改进的方法。如此进行系统训练，提高大学教师教学实践的能力。

第二，教学方案。教学方案设计是指教师以教学内容为载体，进行教学活动的预设和策划。教学设计要求教师首先要掌握教学方案设计的相关知识与方法，依据教学目标，结合内容和教学资源进行教学目标设定、教学内容呈现、教学情境铺设、教学互动形式、教学方式总结等的设计。只有通过教学方案的设计，教师才能够熟悉教学的各个环节。根据大学教学的特点，教师可以采用“创设情景—发现问题—计划解决问题—实施计划—总结”的教学模式，也可以采用“创设情景—形成假设—检验假设—结论”的发现法教学方法。总之，教师正是通过教学方案的设计和改进，不断提高教学过程的科学性。

第三，教学工作坊。教学工作坊是目前国内大学教师教学发展中心培养教师教学能力的一种形式，这种形式主要是大学教师教学发展中心邀请教学专家及名师介绍经验和先进理念，并手把手地帮助教师在教学实践中践行这些理念。G大学也可以开设教学工作坊，举办一些主题活动，如包括：如何开课？如何促进学生主动学习？如何与学生互动？如何发展学生的批判性思维能力？如何促进多学科背景专业教师的互相合作？等。

第四，合作交流。教学与科研活动，都需要与他人合作，在不断的交流碰撞中产生新的思想火花，提高教师的能力和素质。目前，教学合作交流越来越受到教师们的重视，并已成为教师专业发展的一种需要。只有在更广泛的领域中进行合作交流，才能够避免重复劳动，充分利用教学资源，提高学习与工作效率。当前，G大学教师教学交流的积极性不高，学校需要相关的激励措施，加强教师的交流与合作，使教师在与同行的教学合作过程中，学习他人优势，弥补自己的不足，丰富自己的知识，提高教学的能力。

第五，调研分析。教育对象的多样性和教育情境的复杂性决定了教师常常需要围绕教育教学中存在的问题进行调查，根据调查数据进行价值判断，改进教学方法、解决教学问题，增进教学知识，养成利用数据说话的科学态度和良好习惯。

第六，教学实验。教学实验是指把已有的教学模式或者教师团队研制的教学改革方案置于教学实践中进行实验验证的过程。教学实验既能够为大学教学实践提供经验指导，也能够为大学教师教学理论的完善提供依据，还能够增强大学教师对教学模式和教学方法适用性的把握度，增加大学教师的教学内容知识。因而，当前教学实验成为大学教师提高教学能力、发展教学知识的重要途径，也是大学教师进行教学研究的重要方式。通过教学实验促进教师教学学术发展，应促进大学教师采取专家引领、同伴互助、校本研究等方式进行教学实验研究。

总之，大学教师的教学内容知识发展是一个循序渐进的过程，大学教师要提高教学学术能力，需要将“研修环”和“实践环”有机地结合起来，更新教学理念，熟悉学习理论，勤于分析教学问题，善于反思教学经验，促进教学能力的可持续发展。

3.本科生学习调查：丰富学生学习的知识

教学学术并非单纯简单的、发生于教室的教学活动，而是一个拓展了的、较少受时空限制的活动。在教学中，我们所有关于教的讨论，都离不开学的活动而独立进行。研究大学生学习的知识，是提高教师教学的针对性，发展教学学术的重要前提。

大学教师需要丰富本科生学习的知识，可调查本科生的学习预期、就读经验和学习收获，以便教学能够有的放矢。目前，国内外关于本科生就读经验与收获的调查，可以作为调查本科生学习学术的主要工具。大学教师调查本科生的就读经验，一般应关注本科生在与学习相关的各种活动中的行为，调查他们的学习进程，具体包括调查收集本科生对受教育结果的预期，与教师的交流、与同学的合作、参与社团、参与实验、参与写作等情况的学习收获，评判他们在完成相应课程学习之后在知识、技能以及价值观念方面的进步状况。①

为了辅助本书的写作，笔者综合分析国内外关于大学生就读经验的研究，翻译了美国印第安纳大学编制的《大学生就读经验问卷》（*College Student Experiences Questionnaire*，CSEQ），对G大学637名本科生进行了调查。调查将本科生的家庭背景、校园环境、学生个人努力、社会交往、学校资源利用、学业活动、课程学习作为自变量，将大学收获作为因变量，以此模型表征大学生学的学术。调查发现，校园环境、学业活动、社会交往、学校资源利用对大学收获产生着重要的影响。据此，笔者建议，G大学可根据本科生学的学术和旨趣开展教师教育，使教学适合学生的学习兴趣和需要，同时促进教师教的学术。总体上，教师教的学术要与学生学的学术结合起来。在具体教学实践中，教师和学生一起参与课堂内外的各种活动，使教师在与学生共同活动的实践中，真正促进教学学术的发展，也促进学生的全面发展，提高本科生教学质量。②

（二）教学研习与系统反思：大学教师教学学术研究的过程

在第四章的理论分析和现状考察中，我们认为大学教师教学学术的研究方式，主要有行动研究和教学反思。G大学教师申请和参与教改项目，在进行着教学研究，但研究的主题大多侧重于课程体系设置与培养模式改革、学生实践能力培养研究与实践等，并没有在研究上突出G大学培养学生研究和创新能力的改革趋势。G大学教师在教学的备课环节、教学环节以及课后主动反思教学，但大多数情况下，并没有以书面化的方式写出教学反思笔记，所谓的教学反思还仅仅是一种比较肤浅的教学经验。基于此，研究者提出G大学教师教学学术的研究路径，主要是研究性教学、系统反思和课堂教学研究。

1. 以培养创新精神和研究能力为主的本科生研究性教学

目前，为了培养本科生的创新精神和研究能力，世界各国纷纷进行教学改革，实施研究性教学。因而研究性教学成了当前世界高等教育教学改革的重要趋势。研究性教学也是我国培养大学生创新精神和研究能力的有效途径。教育部在2005年颁发的《关于进一步加强高等学校本科教学工作的若干意见》的通知中指出："积极推动研究性教学，提高大学生的创新能力。将大学的实验室和图书资料室向学生开放，使

---

① Kuh George D, Shouping Hu. Learning Productivity at Research Universities[J]. *The Journal of Higher Education*, *2001*, *72*(1): 1—28.

② Li Xiaohong, Zheng Yanyang. Scholarship of Teaching and Learning Based on Learning Experiences and Rewards of College Students: An Investigation from Guangxi, China[J]. *Higher Education of Social Science*, *2014*, *7*(3): 118—125.

大学生尽早进入实验室，要在课程计划中增加综合性与创新性实验；要在教学方法中，推进讨论式教学、案例教学与合作式学习方式，引导大学生在讨论中了解多种学术观点，了解本学科最新进展；要鼓励大学生自主学习和独立研究，鼓励大学生参与教师的科学研究项目或自己选择研究课题，进行探索性研究工作。"[①]近年来，国内一些重点大学也进行了有益的探索与实践，如中国地质大学（北京）材料与化学专业本科生的研究性教学实践，证明经历研究性学习之后，学生对课程内容的广度涉猎和深度理解上更胜一筹，实验动手能力有显著提高。[②]

尽管如此，目前在我国普通高校，研究性教学还没有受到足够的重视，更没有形成实施研究性教学的制度，G大学本科生教学中更是没有形成研究性教学的文化氛围。结合国内外已有的研究性教学实践以及G大学的教学现状，笔者提出G大学本科生实施研究性教学的具体措施建议。具体是加强教学与科研的有机结合，完善本科生参与研究的管理机制，制定能促进教师开展研究性教学的激励机制。通过一系列的措施，尽可能地把研究性教学贯穿于整个本科生教学过程。

其一，加强教学与科研的有机结合。教学与科研相统一的理念早已被世界高等教育界深为信奉并大力践行。借鉴已有经验，G大学的教学与科研有机结合，一方面要指导大学教师将教学与科研工作协调统一，以教学激发科研灵感，以科研深化教学内容。另一方面，大学教师要实施研究性教学，将本科生引入科学研究的大门。大学教学的探索性、研究性的特点决定了它不仅在于给学生传授知识，更在于引导学生自主学习发现新知识。大学生必须参加科学研究既是大学师生发现知识的主要途径，又是大学生学习和应用知识的特殊形式。从大学教学过程、大学科研工作的理论与实践相结合等视角分析研究性教学，我们可以发现，大学教师的教学中有科研，本科生的学习也有科研。[③] 大学生与教师一样都是知识探索者，是在探索中学习的参与者。因此，大学教师要能同学生一起探索知识，同时给予他们更多的研究机会。

其二，建立和完善本科生参与、主持科研创新项目的专门机构和管理制度。本科生参与科研，离不开大学组织机构保证和相关制度的规范保障。目前限于各种原因，我国一般高校还没有成立直接负责组织大学生参与研究与创新活动的机构，G大学也存在这种情况，没有专门管理大学生创新性实验计划、创新创业训练计划等学生科

① 中华人民共和国教育部，关于进一步加强高等学校本科教学工作的若干意见[J]．中国大学教学，2005(2)：4－5．

② 赵增迎，龙梅，夏志国．面向本科生的研究性教学探析与实践[J]．中国地质教育，2013(2)：135－137．

③ 郭戈．再论大学生的科学研究[J]．河南大学学报（哲学社会科学版），1988(3)：95－98．

研创新类项目的机构。相关项目,由学校的科研处和教务处等部门管理。这容易造成机构之间职责不清、互相扯皮的现象。G 大学可专门成立“本科生科研组织”,既负责管理相关项目,也提供本科生科研创新项目申请和实施的咨询服务,还可以帮助大学生联系开展科研创新的实验场地和设备等。

完善大学生参与科研与创新项目的管理激励机制。目前,G 大学对国家大学生创新性实验计划项目的管理还不完善,对参与科研与创新的大学生的指导激励力度还不是很大。这在一定程度上影响了本科生研究性教学的实施,也影响了大学教师教学学术的发展。针对上述现状,G 大学对申请项目的学生和指导教师提出明确的要求,对项目开展中期检查。为了不使检查工作流于形式,需要召集相关领域的专家集体检查讨论、发现问题,及时调整,还要严格地进行项目的结题验收,加强对科研成果及成绩的利用。在激励大学生和指导教师的工作积极性方面,G 大学可以学习国内一些研究型大学(如武汉大学)的做法,启动校级大学生实验与创新计划项目,对申请项目的学生给予一定的经费支持。对悉心指导、取得良好研究效果的教师除给予一定的工作量补贴外,同时进行表彰奖励,并将指导成绩作为职称评定的依据。

其三,将研究性教学融入本科生教学的全过程。G 大学作为本省唯一的“211 工程”大学,具有良好的研究氛围,也有能支撑研究性教学的实验场地和教学设施。利用这一优势,可将研究性教学作为一种教学模式,向本科生教学的全过程渗透。研究性教学的核心在于给予学生参与研究的机会,提高学生的创新性思维能力、研究能力和创新能力。由此,教师除了将研究性教学贯穿于教学的全过程外,还要鼓励学生将研究性学习融入学习的全过程,在学习中独立思考,发挥积极性、主动性和创造性,善于发现问题、解决问题,提高创新能力和实践能力。

2. 系统反思

教学反思是教师教学认知活动的重要组成部分,它贯穿于教学活动的始终。具体地说,“教学反思指教师为了实现有效的教学,对已经发生、正在发生的教学活动,以及解释这些活动背后的理论假设进行主动、积极、持续、周详、深入、调节性的思考,在思考的过程中,善于发现、清晰表征教学问题,积极寻求多种方法来解决问题的过程”①。笔者发现,G 大学教师虽然都对教学进行反思,但还不是在系统的教学反思方法指导下进行的反思。基于此,笔者从教学反思的方法和教学反思的内容等方面进行系统说明,以期对大学教师的教学反思有所帮助。

其一,教学反思的方法。关于教学反思的方法,不同学者所提出的具体训练方法有所不同。俞国良等提出了对话反思法、录像反思法、教学反思法,并指出教学反思

---

① 申继亮,刘加霞. 论教师的教学反思[J]. 华东师范大学学报(教育科学版),2004(3):44.

的具体方法有：描述职业发展和教学现状、教学行动研究、教学模拟与游戏、撰写教学生长史与自传、写作反思日记。吕达、刘捷提倡自我反思法，并建议用教育叙事、反思日记和随笔、理论学习、微型教学、相互观摩、对话研讨、建立档案等方法进行教学反思。申继亮等把教学反思的方式分为四种：第一种是在头脑中想一想；第二种是记日记法，即教师教学之后，记录自己的所思所想，进行自我分析；第三种是与同事合作和相互观摩；第四种是教师进行行动研究。笔者根据G大学教师教学的特点和教学反思的现状表征，认为G大学教师的教学反思还处在"头脑中想一想"的阶段，因而非常需要有系统的反思方法指导以及与同事合作反思。由此，本书提出G大学教师进行教学反思的两种基本方式，即独立反思和协作反思。

独立反思就是个体反思。基于G大学教师的"个人专业主义文化"，教师的教学可以采用独立反思的方法，可以撰写教学反思日记、教师成长自传、教育案例叙事、教后总结等方法将自己头脑中所想的东西系统书面化，一方面使自己的思考系统化，另一方面为同行提供借鉴的材料。现代教育技术的发展使录像观摩反思完全有可能实现，G大学教师可以观摩自己的教学录像，同时和其他教师的课堂教学录像进行对比，反思自身教学实践。

协作反思是指教师借助与同行讨论，反思教学的全过程或者某些环节。笔者发现G大学教师的教学缺乏沟通，因此更加需要协作反思。具体来说，教师们可以定期(每周或者每个月)组织教学反思会，把自己的教学困惑和问题写出来和同行交流，互相学习、取长补短。同时，也邀请专家在批阅反思日记的时候，进行面对面的指导。有研究表明，合作的、集体的反思，往往能够获得更好的效果。

其二，教学反思的内容。研究者在访谈中发现，G大学教师反思主要集中于教学内容和教学方法是否适合学生需要的整体反思，而没有细化到教学的具体环节。

教师的教学反思可以通过"三问"进行系统深化。一问，这堂课学生收获了什么？学生的知识、技能、情感、道德、思维方法、社会性(如沟通与交流)发展如何？二问，学生是通过什么方式获得这些东西的？是通过独自学习，还是合作学习？学生在课堂中的参与程度如何？三问，有没有比这堂课更有效的方法？教无定法，教无止境，教师应该时刻想到教学方法的精致和效益的最大化。

3.科学的课堂教学研究

对课堂教学的研究内容可以从两个途径去考虑。一是以课堂教学过程为主线；二是以教师的教学行为为主线。

其一，以课堂教学过程为主线。以课堂教学过程为主线主要是对不同课型的研究。目前在大学课堂教学中存在着各种各样的课型，有如理论课、观摩课、新生研讨课、实践课、实验课、实习课。目前大学教师的研究，对理论课、实验课进行研究的居多，但是对于实践课和实习课，课堂教学的研究较少，因此有待研究与开发。目前G大学教师对课堂教学的研究，主要是整体研究教学模式的居多，但对课的局部，进行关注和讨论较少，因此课的研究要从对课堂管理的外部制度性，转入授课方式的内部质量性的关注，如教师的信息输出量和学生的信息吸收量的对比研究等。

其二，以教师的教学过程为主线。以教师为主线的研究主要指通过教学过程，对教师的教学行为和教师的价值取向做出更深入的理解和判断。研究者建议，以教师为主线的研究要把重点放在课堂直接表现出来的外显行为，主要指教师讲课、教师提问和课堂管理。

教师讲课是最基本的教学行为，要对它的语言特点（包括语速、语态、节奏、起伏、感染力等）进行研究，还要对语言的处理技术如讲课内容转折时的起承、语言量、简练度、准确度等进行研究。

教师提问是启发引导的主要行为。第一，问题的提出：问题的来源、问题情景的设置、问题的内容（指向的准确性、针对性、层次性、思考性）等。第二，问题的解决：讲解，交流；个别提问、集体回答；回答问题对象的确定，解决问题时教师的评价和评判等。

课堂管理是优化学习环境的行为。如纪律管理的主要方式方法，学生活动的组织指导等。

（三）开放存取：大学教师教学学术交流的主要模式

传统的学术成果出版经过选题、编辑、印刷、发行四大阶段诸多环节，最终的版权归出版社所有，学术著作使用者以付费的方式购买或者订阅，然后阅读获取学术信息。这种模式给科研工作带来诸多不便，对学术使用者而言，需要付出高昂的费用。对科研工作者而言，发表文章或出版学术专著的主要目的，是想通过出版的形式有效传播自己的学术成果，与业内同行交流，扩大自己的学术知名度。如此出版方式和传播模式导致成果创造者与使用者间产生了矛盾，造成了学术成果的发布者与潜在接收者之间的沟通障碍，阻碍了学术研究成果的快速传播，延缓了优秀学术成果价值的发挥。

为解决上述矛盾，近年来，在图书情报科学领域内兴起了开放存取（Open Access）运动[①]，它主要提倡在互联网高度发达的今天，学术成果的创造者可以免费开放并上传学术成果，同时使用者可以免费下载学术成果，进行无障碍的学术成果传播，比较有效地解决了学术成果的出版与传播。

---

① 开放存取（OA）资源是“用户可以免费检索阅读、下载传播，进行任何出于合法目的的使用的学术作品”。

开放存取以降低用户获取研究资料的代价、充实学术资源的公共服务为目的，可以为大学教师教学学术交流的模式设计提供启示。信息技术的飞速发展，给大学教师的学术发展提供了广阔的平台。论坛、博客、微博、QQ 群、微信等新媒介交流方式为大学教师搭建虚拟学术共同体提供了可能的空间，网络技术与视频压缩技术的不断进展，使得视频类网站和网络微格教学方式得到了空前发展。视频类网站将大学优秀的教师和课程资源通过网络共享，让更多的学习者参与到终身学习中来。网络微格教学方式为大学教师的发展提供了便利的平台，可以将自己上的课录制下来，供自己和相关人员观看，为教师的发展带来了新的机遇。

1. 教学研究成果的交流和共享

在情报科学领域，为保障开放存取学术资源的优化，加大了学术资源的在线集成服务平台建设。① 这可以为教学学术研究成果的交流和共享提供启示，G 大学可建立教学研究网站和教学研究开放存取期刊。学校教师教学发展中心制定相关政策，鼓励教师采用开放存取机制在开放存取期刊上发表论文，促进开放存取机制的发展，通过学校内部审核，教师用户可以将自己的教学研究成果上传到网络公共空间，供同行交流使用。同时，教务处、图书馆等组织牵头进行教学研究资源的发掘、整合和有效传播利用，具体如图 12 所示。

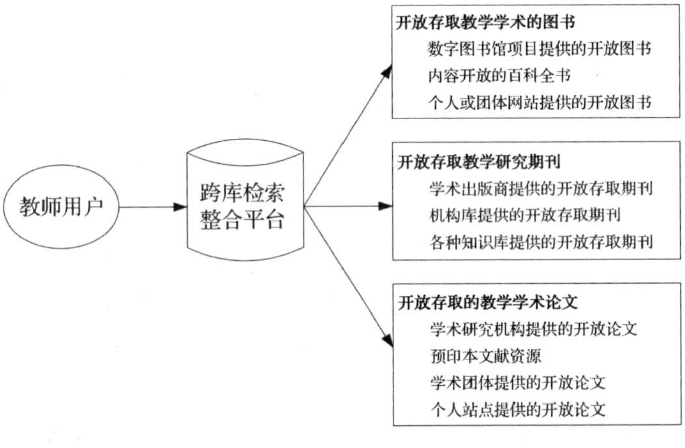

图 12　教学学术的开放存取资源整合服务

研究者以为，大学教师教学学术交流也可以借鉴这一模式，建立学校局域教学资源整合平台，方便教师检索国家精品视频公开课、精品资源共享课、国家资源公开课、慕课、微课，观看同行的授课。同时，教师可以通过学校的图书馆和教学研究网站，搜

---

① 曾涛，赵岚．开放存取资源在线集成服务平台建设模式与技术研究[J]．中小企业管理与科技(中旬刊)，2014(5)：223－224．

索开放存取的教学图书、教学研究期刊论文和教学学术论文。

腾讯 QQ 和微信等即时交流软件在教师的教学学术表达交流方面也可以为教师进行教学交流和教学研究提供方便快捷的途径。教师们可以在 QQ 群的聊天区就教学的各种问题进行讨论，在 QQ 群的文件区共享自己的教学研究成果。目前，中国教育青年学术 QQ 群、课程研究 QQ 群等综合性学术 QQ 群，运行良好，可以借鉴。

以中国教育青年学术 QQ 群为例。中国教育青年学术 QQ 群（China's Association of Young Educational Scholars；群号：232477422）建于 2012 年 5 月 2 日。目前，该群成员近 1000 人，是以全国高校、科研院所教育学博士和以博士生为主的学术网络平台，同时也吸纳了著名学者和博士生导师、中小学教师及出版社、编辑部、企业和报社相关人士。该群成立了群理事会和管委会，制定了入群须知，形成了群的宗旨、原则、内容、方式、成效和愿景。以汇聚教育学青年学术人才，共同研讨、分析中国教育界的理论和实践问题，增进教育学青年学者学术交流，繁荣中国教育学学术研究为宗旨。该群倡导学术为本、知行合一、尊重差异、和而不同的原则。该群主要以学术讲座、读书交流会和教育热点问题讨论为交流内容，以网上研讨交流为主要方式，倡导以文会友，文字沟通，聊天记录方便查阅。该群建立了群交流制度，倡导固定时间、固定内容开展读书会，进行专题研讨和主题讲座，形成“自选主讲选题—碰撞交流互动—对接发表平台”的成效机制。该群每周定期开展学术沙龙，原则上要求博士学历以上的群友须主讲一次专题报告。通过上述原则和活动，该群提出了“成为中国教育界青年学者交流、研讨的重要网络平台，打造信息时代中国教育界青年学者的学术共同体，成为影响未来 10～20 年中国教育理论研究的重要民间力量，成为影响未来 10～20 年中国教育改革与发展实践的重要民间力量”的愿景规划。

目前，该群已利用 QQ 语音平台，开展了 54 期语音讲座，讲座内容涉及教师专业发展、教师行动研究等。如 2014 年 6 月 9 日第 48 期语音讲座，由中国教育科学研究院姜朝晖博士主持，厦门教育科学研究院段艳霞主讲，讲座题为“于学习共同体的教师自主发展的行动研究——以厦门青年教师成长共同体为例”。2014 年 6 月 23 日第 50 期语音讲座，由西安市第 55 中学张晓明主持，华中科技大学教育科学研究院刘长海博士主讲，题为“伙伴协作与在职教师发展——基于武汉市 A 校的个案分析”。讲座之后，群管理员或者志愿者会将讲座录音上传至群文件共享区，以方便没有参与听讲的学习者下载学习。

中国教育青年学术群提倡共享资源，希望人人都是群分享者和建设者，管理员和热心群友会随时上传共享学术著作、期刊论文、学术会议通知等电子资源。目前，该群已共享 900 多本（篇）学术资源，内容涉及教育研究的各个领域，包括教育人文社会科学经典著作，关注度较高的学术研究成果、学术期刊分类、学术论文写作指导。同时，群内成员也相互共享学术会议通知、学术论文征稿、投稿等相关内容。

中国教育青年学术群的学术资源开放存取、学术观点互相碰撞、学术表达精雕细琢、学术成果异彩纷呈，促进了教育学学者的学术思想交流，消除了学术成果的发布者与潜在接收者之间的沟通障碍，证明了 QQ 群和微信群等即时交流软件在促进高校教师学术交流方面的强大生命力。

G 大学教师教学学术发展的交流方式，也可以借鉴上述学术群的做法，建议学校教师教学发展中心或其他部门管理人员建立 G 大学教师教学学术交流群，搭建校园教学学术交流平台，对群的入群规则、群的宗旨、群的交流原则、交流内容、交流方式和交流愿景做出明确说明。定期开展教师教学专题在线讨论、教育书籍阅读在线交流等，打造 G 大学教师教学学术网络共同体。

2. 课堂教学的公开和评价

在 G 大学，受个人专业主义文化等因素的影响，教师们自发公开课堂教学、进行交流的文化氛围还没有完全形成。目前主要依靠外部的政策激励教师公开教学实践、共享教学研究成果，如“课改课”、教学观摩竞赛课、精品资源共享课、精品视频公开课等。由此，研究者认为，政策激励需要发挥更持久的作用，促使教师更多地公开自己的教学，同时，现代信息技术与网络传播技术，为教师公开教学实践、进行教学交流创造了极好的条件。例如，可以利用类似于视频会议的形式，将“课改课”和教学观摩竞赛课公开，以方便那些无法走进课堂听课的教师学习交流。

学校还可以利用教育信息技术和网络通信工具，创建教师教学交流论坛，鼓励教师参与教学交流社群，与同行、专家等进行教学交流。具体操作上，既可以利用社会性软件构建网络环境，也可以专门设计开发网络交流平台。在这方面，我们可以学习基础教育教师博客群的创建案例。目前，苏州教育博客群、浙江海盐教研室教师博客、广州天河部落以及山东淄博新课程网络是我国颇有影响的四大教师博客群。这些典型应用实例可称为教育在线，即教师们在线书写自己的教学反思，提出结论或者疑问，吸引社区内其他教师、教育行政管理人员、专家学者以及各种关心教育的有识之士一起进行讨论，扩大教师的视野，给教师的教学研究予以灵感启发，为教师解决教学问题献计献策。

教师可以利用多媒体技术，把自己的教学录制成视频，上传至网络公共空间，在进行传播的同时，邀请同行和好友对自己的教学进行观看和评价，通过网络的互动特性接受来自同行的评价，改进自己的教学。微格教学法(或录像训练法)，即通过观看自己的教学录像，在专家或别人帮助下发现自己教学中的不足与问题，并进而寻求解决方法，是一项教师发展较好的应用形式。

目前，电子档案袋式教学反思在教师的教学交流与共享中越来越普及。在电子档案袋式教学反思中，教师可以把自己的行动、体验、反思以更强的表现力呈现出来，可采用文字、图片、动画、声音、录像等多种多样的形式，还可以超链接、存储、发布和更新，通过网络（E-mail、BBS等网络通信工具）发布出去，获取来自各方（专家、同行、学生）的反馈意见。

(四)教学学术制度化：大学教师教学学术发展的保障系统

制度化（Institutionalization）是群体和组织从特殊的、不固定的社会生活方式转向固定化的过程。在这个过程中，群体与组织不断成熟，整个社会生活朝规范化、有序化变迁。社会学家在研究制度化时，侧重点各异，有的把它作为组织的变迁的一种方式，有的则侧重于制度体系的完备。制度化的具体过程可以概括为确立共同的价值观念、制定规范和建立机构三个过程。本部分将从观念保障、机构保障和制度保障三方面分析大学教师教学学术发展的制度化进程。

1. 学术责任：大学教师教学学术发展的观念保障

大学教师作为创新学术知识、传播学术知识的直接个体，具有一定的学术责任，这种学术责任表现在自觉承担教师育人的责任、自觉承担研究教学的责任、自觉合作进行教育教学研究。

(1)自觉承担教书育人的责任

学术工作具有独特性，因而公众、政府等其他利益相关者基于自身知识背景的原因，无法对知识立法，无法对大学教师强加义务，唐纳德·肯尼迪（Donald Kennedy）曾专门写作《学术责任》一书，对大学教师的学术责任进行解释。学术责任是教师独立自由开展教学研究工作的内部约束，内外部共同协作才能保证学术工作的正常运行。但这并不是高等教育质量无法保证的借口，也并不是大学教师学术不端的缘由。大学教师为知识立法，对自己的行为负责，除了其自身再没有别的外在制度能够对此产生强有力的约束。大学教师在尽享学术自治的同时，也必须履行自己的学术义务，即学术责任。

具体分析，大学教师承担教书育人的责任包含如下：一是教师对学生基本知识和技能的培养，二是教学要能够促进学生智力的发展和能力的提高，三是教师要知道如何促进学生身心的健康发展和成长，四是教学要能够促进学生道德水平的提高和个性的发展。教师要真正肩负起上述四个方面的责任，首先应该确保学生对上述四个方面的教学意图有回应。也就是说，教师要有能力和方法使学生明白自己的教学意图，并使学生根据他们个人的兴趣与特点参与到教的过程中。如果没有学生的积极参与和主动探索，教师就是完成了教学大纲所规定的教学内容，也不等于真正地完成了教学任务和职责。[①]

(2)自觉承担研究教学的责任

大学教师要把握好角色,厘清个人愿景,自觉承担教书育人的责任。教师角色包含着“他我”与“自我”两个角色,“他我”表现为教师外在社会工具价值,“自我”表现为教师的内在自我主体价值,教师自我主体意识又取决于教师对自身职业的认识。教师如果把自身职业看作一种良知或者价值的体现,那么教师就会把“教师”这份职业看作“自己本身”,就会感受到自身职业的荣耀,也会从本职工作中感受到幸福快乐。但是教师往往又会处于“自我”与“他我”两种矛盾之中,“他我”的“他律”规范约束着教师,同时,“自律”又规范着个体生命中的“自我”,所以教师角色的自我把握尤其重要,这对于教师自我教学学术的发展起到非常关键的作用。教师要学会自我评价与行动反思。教师依据评价原则和内容主动对自己的工作做出一个客观公正的评价,并确定个人发展需求,制订发展目标。教师的自我反思、自我教育、自我提高是促进教师教学学术发展的有效途径。教师要学会在行动中反思自己,反思教学过程和教学研究过程中的优势和薄弱环节以求不断完善。教师还要不断推动自我超越,促进自己的教学学术能力的不断成长。自我超越就是教师不断厘清自我真实愿景,集中精力学习修炼,培养自己的耐心,实现自我价值,这是一个终身学习、自我发展、实现自我的修炼过程。

在研究教学的过程中,大学教师要清醒地认识到,教学研究不仅是一个不断学习、提高的过程,更是一个终身学习与不断进修的过程。教师在不同成长阶段应采取相应的发展方式来持续地提高自己。

(3)自觉合作进行教育教学研究

学术是一项团队和集体的活动,教师合作研究与教学学术发展密不可分。离开了合作研究,教学难以真正上升到教学学术的高度。无论是一般意义上的合作研究,还是具体的教学合作研究,均可看作教师教学学术发展的需要。研究者发现,G大学教师的教学,存在着个人专业主义倾向,教师们交流学习的欲望不强烈,主动观察听取同行上课的行为较少。张立新和付一书研究发现,高校教师与学生及本院系、校外、国外等不同层次、不同类型的人员的合作,对教师教学学术发展具有不同的影响。不同类型院校因组织特征和教师偏好的差异,教师合作程度不同。研究型大学的教师合作具有如下特点:教师与学生合作的趋势比较明显,且承担了除课堂教学之外的实验指导、论文指导等工作;教师与本院系同事合作研究比较活跃,更偏向研究;教师能认识到通过跨学科合作研究来学习,获取仅靠本学科知识无法获得的成果,更乐意

① 刘大文.教与学原理[M].北京:电子工业出版社,1989:59.

与其他院系的教师合作，认同合作对教学提高的作用；教师能够超越学校组织内部的限制，与校外的机构展开对话，与具有共同兴趣的人员进行合作，在合作研究中促进教学水平的提高；教师与国外人员的合作比较活跃，而且注重培养学生的国际视野。由此可见，合作研究既是教师专业发展的一种手段、形式，也是标志和内容，对教学学术发展产生重要的影响，大学教师应当重视研究对教学的促进作用，使得教研相长。① 教师要从改进教学的目的出发，加强合作研究，自觉把研究与教学结合起来。

2.组织建设：大学教师教学学术发展的平台保障

G大学教师教学学术发展组织保障，既要包括组织机构的建设，也要包括刊物和网站创建。前者，如加强对教师教学发展中心、院系教研组的建设和指导；后者如创办教学学术校内专刊，或者在学校校报、教学简报开辟专栏，定期刊登教师们的教学研究成果，以便教师们能够及时发表教学学术成果，交流教学的相关思想。

(1)形成职责明确、联系紧密的校、院、系三级联动机制，为教师提供专业化、规范化的教学服务。G大学教师教学发展中心虽然建立不久，并且各种措施都在探索当中，但制度相对完善，也配备了专门的负责人，专门负责教师教育技术、赴校外培训。因此，G大学组织机构的建设，重点是建设学院和系两级教师的教学发展教研室。从研究者的调查看，学院的教学研讨会或者流于形式，或者讨论比较宏观的专业建设问题，而较少关注教师教学中的困难，为教师的课堂教学提供实时的帮助较少，学院的教学系，则主要承担学生培养计划的制订、教学任务的安排。因而，强化各个学院和系教研室的功能，使它发挥推动教师交流教学的本质职能，在促进教师教学学术发展中起到基础性作用，是最具操作性的措施。具体上，学校教学发展中心能为教师创造更多教学技能和教育技术培训的机会，学院教研组能使自己成为服务本院系、专业教师发展教学学术的基础性组织，尽量集中教师进行课例研究。G大学教育学院教育学系从2012年开始，由系主任牵头组织，每月召开一次教学沙龙，确定一位教师报告自己感兴趣的教学或者学术主题，本系全体教师和研究生参加讨论。目前，这种形式已经持续2年多，势态良好。这表明，学院教研组具备促进教师教学学术发展的基础性能力。同时，学院教研组还应积极与其他学院交流沟通，方便教师的跨学院、跨专业的教学学术交流与合作。

(2)创办教学学术刊物、报纸及网站，为教师提供及时、快捷交流教学学术的平台。

刊物和报纸是以传播知识为目的，用文字或者其他信息符号记录人类思想的产物。它们具有出版周期短，报道内容及时、快速的特点。网络的崛起，更使得知识信

① 张立新，付一书. 教师教学学术发展：合作研究的视角[J]. 黑龙江高教研究，2012(12)：26—30.

息瞬时、大量传播。正是利用刊物、报纸和网站等传媒工具的优势，国际教学学术建立起了自己的“基础设施”，如创办以“教学学术”命名的刊物，召开教学学术国际研讨会，一些研究型大学创建校园教学学术网站等。借鉴国际及其他国家发展教学学术的经验，整合现有的资源和已有平台，G大学可以委托教师教学发展中心创办教学学术专门网站，及时发布教师教学发展中心的相关通知，发布国内外研究型大学教师教学学术发展的特色和前沿思想，为本校教师进行本科生教学改革、教学研究提供最新成果，也可以征集校内教师教学学术发展的已有论文，发布在网上，供教师交流，还可以推出一些教学研究项目，以激发教师们关心教学、研究教学的热情。

3.制度建设：大学教师教学学术发展的规范保障

任何一种理念或目标，都须通过一整套的制度安排来实现，否则它只是一种美好的乌托邦式的思想理念。考虑到制度的根本性、全局性和稳定性特征，鉴于制度具有承载人的意识和规范人的行为的重要作用，制度的设计要考虑到层次架构性，需增强制度系统的协调性，努力实现制度与制度相关人认知之间的契合，提高制度系统的适应性。① 发展教学学术，要从院校办学定位和专业特色出发，着力教学学术制度的整体构建，以促进其在高校的有效落实。G大学作为区域特色高水平研究型大学，在发展教师教学学术的时候，需要在学习其他国家研究型大学的经验上，进行本科教学改革，确保教学的中心地位；改革学术评价和教师评价机制，形成具有教学学术导向的教学质量评价体系，促进大学教师教学学术的发展。

(1)从教师的聘任和遴选入手选拔“好教师”

长久以来，我国大学在招聘教师时只考虑到了教师本身的学科背景和学历水平，往往忽视了对其教学技能和教育学知识的考量。人们普遍认为：好的学者即是好的教师。除了师范院校的毕业生，其他院校的学生在大学教育阶段，很少接受过专业化的教学技能训练和教育教学类的课程学习。他们进入大学从事教学，并不能总让学生满意。研究者访谈过的一位老师就认为：

“学校在这点上做得不好，对招收的博士，不经过培训，也不考虑他适不适合从事教学，就直接给他办证，让他上课。我们有个博士后师资的老师，(上课)就一直低着头念。我在下面跟他交流，他就永远一句话：学生都不听的！我说你要想啊，他们为什么都不听，你的课件字那么小，学生能看清楚吗？上课这东西和老师的性格也有关系，这个老师就不愿意和人交流。我去问学生，学生说听不懂啊，问他他也讲不清楚！”(I－AGR－21－LH)

教学是一种交往性的活动，较强的表达能力和人际交往能力，是一个大学老师应

① 蒯正明．制度系统的构成、层次架构与有效运作[J]．南部学坛，2010(6)：96－100．

该具备的素质之一,LH老师的谈话也印证了这一点。不喜欢交往的老师怎么能在愉快的交往中,使学生有效学习呢?G大学在招聘教师的时候,可能没有将这一项考虑在内。这也提示教师招聘和遴选教师人选的时候,应将应聘人员的个性品质、教育教学能力作为重要的考量因素。美国一些高校明确规定,招聘新教师的重要标准就是候选者的教学质量和教学经历,任何一个教师都必须既从事教学,又从事科研。[①]因此,G大学在招聘教师时,要对教师学科背景、学历水平、学术能力、个性品质、职业倾向、从教潜质等进行综合考虑,尽量使那些"乐教、适教"的优秀应聘者进入教师行列,成为大学教学的新生力量。

(2)从学术评价和职称晋升制度两方面探索教学学术的保障机制

"搞学术并不是少数人的副业,它是大学教师这一行业的核心。"[②]这是美国卡耐基教育基金会主席博耶对大学教师本质的论断。沿着这条论断,我们设问,如何通过对大学教师核心本质——学术评价制度的创新,确保大学教师在教学学术方面的努力得到客观公正的对待?在美国,博耶对教学学术概念的提出,是源于美国研究型大学在20世纪60年代提出的本科教学改革运动。[③]"教学学术"概念提出以后,美国一些研究型大学更是视之为挽回本科教学中心地位的"灵丹妙药",从重建大学激励体系、改革学术评价制度和教师的职称晋升制度等方面,确保教学在大学的中心地位,客观上保障着大学教师教学学术的发展。这些制度,在美国逐渐稳定。

制度要有效地运作,达到预期的作用,必须与它的环境相适应,与社会经济发展条件相适应。G大学是中国内地一所普通的"211工程"区域高水平特色研究型大学,它生长于与美国大学不同的土壤环境。目前看来,进行教学制度和评价制度的重建和整体建构显然非常困难,进展也会非常缓慢,从教师的学术评价和职称晋升两方面探索教学学术的保障机制则显得更为实际。

在教师的学术评价制度方面,教学学术评价体系的建立应该兼顾质性评价与量化评价,重点放在质性评价上,具体可以参考格拉塞克等人在1997年提出的学术工作的六条评价标准:明确的目标、充分的准备、适当的方法、显著的成果、有效的表达、反思性批判。克莱博基于教学反思提出的教学学术模型也可以作为评价大学教学的方向性指南,即:从事教学学术研究的学者对于教学、教育学和课程三个领域,基于理论和实践知识分别进行内容的、过程的和前提性的反思活动。三种形式的反思和三

① 陈超,郄海霞. 美国研究型大学的教学激励机制及其启示[J]. 高等教育研究,2011(5):70—76.

② 欧内斯特·博耶. 大学:美国大学生的就读经验[M]. 徐芃,李长兰,丁申桃,译. 北京:北京师范大学出版社,1993:118.

③ 陈超,郄海霞. 美国研究型大学的教学激励机制及其启示[J]. 高等教育研究,2011(5):70—76.

个知识领域一起构成有关教学学术的“3×3”矩阵，发生九种形式的反思。评估维度重在加强教学的质性评价，形成包括教师自评、同行评价、学生评价在内的多元评价主体，涵盖“第一课堂”和“第二课堂”教学实施的各个环节，建立过程化、动态化、常态化的教学基本数据监测系统，对教师的教学态度、教学能力、教学效果进行综合全面的评估。建立教学基本数据和教师测评结果发布制度。

在教师的职称晋升制度方面，要改变以科研的硬指标把关的现状。对教学的评价除了工作量的要求和附带一些软指标外，还要兼顾教学质量的要求。在这方面，美国哈佛大学的实践可以作为经验来参考。2007 年 1 月，哈佛大学文理学院颁布了“教学契约”(Compact on Teaching and Learning)，要求文理学院所有教师必须给优质教学以足够重视，并根据教学成绩调整终身教职人员的年薪。为此，文理学院首先从顶层的终身教职的教师开始，对他们进行教学考核，并以此为依据调整他们的年薪(Annual Salary Adjustments for Tenured Faculty)。人力资源部门更加希望终身教职人员能在教学上获得更大的物质报酬(Material Reward)。因此，哈佛大学教学优秀的教师将比教学低劣的教师获得更高的薪资。《教学契约》还提出，在教师职称评定和晋升尤其是授予新的终身教职方面，要更多地考虑教师的教学成绩。①

学习他国经验，结合自身实情，G 大学也可通过校内教师学术评价体系，通过奖惩两方面的措施促使教师重视教学。让那些在教学上卓有成效，但没有按照传统方式发表论文的优秀教师的教学得到承认，同时，让那些在本科生教学方面投入不足的教师真正体会到教学对自己物质利益的影响。

首先，G 大学也可以参照目前国内一些高校设立“教学型教授”②的做法，建立教学型教授或者教学型副教授制度。从教学创新、课程发展、学生指导、学术活动及奖励、教学专业发展等方面设置教学型教授评价标准。在教学创新方面，要有先进的教学理念，有创新的教学方法，不断反思教学的证据，并得到同行承认和学生认可的教学成功的案例。在课程发展上，不仅仅要发展有效的课程，而且要有课程的设计、设想在同行中传播，被同行应用的证据。在学生指导上，要有教师的影响导致学生成功的例子，学生指导方法的创新及论文发表。在学术活动及奖励上，要有对教学知识发

① Faculty of Arts and Sciences of Harvard University. A Compact to Enhance Teaching and Learning At Harvard [R]. http://isites.harvard.edu/fs/docs/icb.topic665403.files/Compact_Teaching_Career_Development.pdf.

② 教学型教授并不是意味着教学型教授的标准就是教学水平的高低，它指的是在教学方面进行研究，并得到同行的认可。事实上，教学方面做研究发表有创见的论文要比科学研究更难。因为很难有比较客观的评定标准，同时，这些研究的成果要在实践中有效果，被同行认可及推广应用才行。

展做出贡献的证据，有同行对教学论文质量的肯定，获得过国内外教学奖及显著的教学科研基金。在教学专业发展上，要有试验、反思，追求、发展教学理论及实践知识的记录，参与教学专业协会的活动，在同行中要有一定影响力。常被邀请在研究教学方法的大会上做报告，能获得国家级教学研究经费，论文的引用程度高，及获得同行人员在教学方面的高度评价等。

其次，G大学商学院每年会根据本科生的评价，对教师的教学进行打分，排名靠后者，下一年度的授课任务和绩效奖励将会受到影响。这一做法可以尝试在全校的一些学院推行。

(3)建立完善的基于教学学术的激励和引导机制

认可和激励是确保教师进行教学学术研究，关注教学的关键。因此，G大学可通过适当的激励和引导机制，鼓励教师关注教学、研究教学，完成教学学术成果，并对"公开发表"和"非公开发表"的教学学术成果进行表彰。

第一，对普通一线教师进行物质奖励和激励，激发教师的教学热情。目前，我国大多数研究型大学的教学奖项设立，还存在着偏重行政力量、学术权威和人脉关系的问题，这使得广大一线教师，真正教学的普通青年教师，无缘于这样的项目。基于此，G大学的教学奖励应从政策导向、评审标准、入选资格、评审程序等各个方面都规定制度性的引导，设立恰当的程序和评审标准，充分尊重学生的意见，建立充分保护广大一线教师利益的教学奖，真正将一线教师的教学工作放在第一位，尊重他们的合法权利和利益诉求，保障他们的基本利益和职业发展。

关于激励教学学术的方式，应该坚持物质和荣誉激励并重的原则。教师是具有经济人理性的社会成员，他们也希望学校通过物质利益的方式，激励教师投身本科生教学。例如研究者访谈过的教师说：

"需要详细的政策和奖励、培训计划，对真正教学好的，要奖励，反正就是用利益来激励。要不然，大家都把上课当作一种任务，完成了就完成了，干吗上那么难，你也简单，我也简单，你也好，我也好，大家都高兴，而不考虑学生的未来。"(I－SCI－9－SZ)

上述访谈对象的"抱怨"表明，如果没有利益的激励，大学教师会将教学看作一种完成任务的过程性活动，可能会简化教学的环节、降低教学的难度。最终，教学质量下降，大学生受影响。

国外高等教育发达国家，为了促使教师重视研究型大学本科教学，也是采取了物质激励的做法。例如，美国一些著名的研究型大学在过去的10年里，纷纷设立教学奖励或开发教学项目，以激励教师将更多的精力投入教学的实践和研究当中。如美国芝加哥大学的"昆特尔本科优秀教学奖"(Harriet Manchester Quantrell)已成为美国研究型大学教师最珍惜的奖励。为了得到这个奖励，包括诺贝尔奖获得者在内的大学教授都悉心投入本科教学，在教学实践和研究方面不遗余力地努力。诺贝尔物理学奖获得者詹姆斯·克罗宁（James Cronin）说自己“确实关心本科教学，它不仅是一种责任而且是一种快乐”，能够得到昆特尔奖的认可和奖励，“令我难以置信，它比我所获得的好多公共奖励都更好”。① 2007 年，斯坦福大学教学奖项目，如文理学院的霍兰德本科教学奖、医学院的劳伦斯·马瑟斯医学教学奖等，其教学奖总数达到 25 项，成为美国教学奖最多的研究型大学。

第二，基于一定的学术标准评选教学优秀奖，并加大教学优秀奖的奖励额度。与国外大学的教学优秀奖相比，我国大学的教学奖种类和额度都明显低于国外；与国内大学的科研奖励相比，也明显偏低。研究者通过分析发现 G 大学也存在着这样的现象。究其原因，一方面是科研导向的奖励体制难以撼动，另外一方面是教学奖励的标准难以制定。研究者以美国华盛顿大学卓越教学奖的获奖标准为例，来分析设立教学奖需要考虑的因素。华盛顿大学 1970 年设立了卓越教学奖，规定了 6 大标准：①掌握不断增长的学科专业知识，以及他或她在教学过程中所需的教育学科知识；②在教学过程中充满激情和创新；③具备在课堂内外调动学生的能力；④为学生独立的和原创性的思考做出有效的规划；⑤激励学生从事创造性工作的能力；⑥在课程和课程设计中做出创新。由此可见，教学奖励的标准要综合考虑教师的教学内容知识增长、教学过程创新、激发学生学习能力、引导学生思考和创新等因素。

第三，开发新的项目去帮助教师成为更有效的教师。教学研究项目和教师发展项目是促使教师从事教学研究，提升教学学术能力的重要组成部分。从 20 世纪 80 年代开始，美国联邦教育局、基金会和研究型大学纷纷设立教师发展项目，以促进教师专业化发展以及教师在院校间的流动，实现不同文化背景、不同种族、不同学科和不同大学机构之间教师的交流，使教师能更新、扩大自己的学术知识。如美国国家科学基金（NSF）设有“教育和人力资源”（EHR）项目，专门用于资助美国高等学校教师的教学、研究、人力资源培训和开发等，该项目下设“职业发展”子项目。2011 年 3 月，该项目发布了 2011—2013 年“教职员早期职业发展”（Faculty Early Career Development）计划，该计划通过资助初级教员（junior faculty）的教学、研究以及促进教学和研究的融合，使他们成长为优秀的教师—学者（teacher-scholars），进而成为 21 世纪科学和教育方面的领军人物。学习这一做法，G 大学也可以在原有高等教育教学改革工程项目的基础上，增加教师发展项目，以更多的外部激励，促使教师通过研究自

---

① 2018 Quantrell and Graduate Teaching Awards[EB/OL](2018-05-29)[2019-12-06]. https://www.uchicago.edu/features/2018_quantrell_and_graduate_teaching_awards/.

己和他人的教学,获得教学能力的提升。

(4)建立跨专业、跨学院协作教学和教学研究的制度

教学学术与专业学术(科研)的不同之处在于:专业学术一般属于学科研究,教学学术一般属于跨学科研究,这决定了教学学术的研究需要跨专业、跨学院进行研究。[①]

美国研究型大学的本科教学既重视教师个体的独创性和主动性,又重视教学集体的相互协作和影响,团队和协作的广泛存在为个体的发展创造了良好的环境。在基层专业,大多存在以知名教授为中心的某个或若干教学团队。在学院层面,存在以院长为中心的教学改革团队和以学科和跨学科知名教授为中心的若干个团队。在学校层面,存在以校长为中心的教学改革团队和跨学科、跨校的教学团队。在G大学,协作教学的机制尚未形成。在学科专业层面,许多一线教师和青年教师在教学工作中往往得不到资深教授的帮助和指导。有的资深教授和博士生导师甚至把自己的教学工作推卸给青年教师或自己的博士生承担,自己转而从事回报率更高的科研和社会服务工作,这不仅放弃了他们指导青年教师的责任,也放弃了本科教育的底线。在学院层面,教学工作往往是教师的个体劳动,教师之间很少就教学工作展开交流和帮扶,学院的教研室和教研组名存实亡。在学校层面,学校有关职能部门如教务处有时也会组织教学观摩、教学考核和教学竞赛等交流形式,但这些形式很难对教师的教学工作产生持久和实质性影响。无论在哪个层面,跨学科的交往大都基于科研和学术的交流,开放性的教学交流相对较少。

由此,研究者提出,G大学应该鼓励教师加强教学研究,从知识整合、创新的目的出发,鼓励组建教学团队,形成稳固的创新机制。将教学团队与研究团队的建设结合起来,实现知识创新和技术创新。要增进学校对教师合作教学及合作教学研究的指导,加强对教师教学和合作研究的评价机制建设。G大学应创造条件,支持和鼓励同学科、跨学科教师合作进行教学研究。对于同学科教师合作教学研究的支持,主要关注其学科特性,提供外围的物质和平台保障,给予其更多的研究空间和自由;对于跨学科或者多学科的教师合作教学研究的支持,应注意发挥学科群的协同效应,即知识对流、模块组合、方法互用、资源共享等,充分协调好各方利益,要从经费、政策和时间等各方面为教师开展合作提供条件,搭建平台。

---

① 张其志. 设置教学型教授的合理性辩解——基于教学学术的视角[J]. 高校教育管理,2013(3):59-62.

结　语

学术是大学的命脉和核心，学术既指通过创造和研究发现知识，也指传播知识和应用知识。大学对于学术的不同认识，对于学术评价和学术奖励的不同运用，在很大程度上会影响大学教师的价值取向和工作选择。大学教师正是在特定的学术评价和激励制度下，选择从事人才培养、科学研究的工作重点，谱画着自己的学术生活图景。如果把大学教师的教学学术发展放置在社会背景中考虑，则他们的学术工作选择，首先会影响大学的学术繁荣和大学功能的全部实现，最终会影响社会的进步和发展。大学是现代社会的中心机构，大学教师为了发表论文而无心钻研教学，导致人才培养的质量下降，大学毕业生的工作能力受限制，社会的进步必受制约。正是基于这样的担忧，博耶提出了教学学术的概念，呼吁大学重新认识教学的意义，重视本科生的教学。从这个意义分析，教学学术的发展不仅仅是大学教师的发展问题，更是促进大学更好地服务社会的问题。

本书通过阐释教学学术的理论内涵、阐明教学学术的内在要素，结合个案调查，分析了我国研究型大学教师教学学术发展的现状，建构了大学教师学术发展的模型。具有如下创新：

其一，研究以学术的要素和环节为基本框架调查大学教师教学学术发展问题，调查发现廓清了人们认识上的迷雾。首先，以往的研究认为大学教师不重视教学，这其实是一种笼统的判断。事实上大学教师在教学的准备阶段和授课阶段非常重视教学，只是在教学的反思和研究阶段较为不重视。是什么原因让他们不重视教学的反思和研究呢？笔者运用勒温的场域动力理论分析发现，在备课阶段和上课阶段，“既让自己学习理论知识，也让学生满意”的内在力量促使教师们认真备课和授课。而课后，外在激励动力的缺乏是教师不愿意进行系统、批判性教学研究反思的主要原因。其次，外在的政策激励在促进大学教师转化教学反思成果、从事教学研究、进行教学交流和共享教学资源方面的作用显著。因而，促进大学教师教学学术发展的措施，可以从加大外在的项目和政策激励开始，循序推进。

其二，研究是着眼于大学教师教学学术发展的系统研究。以往对大学教师教学学术的研究大多着眼于教学学术的内涵分析和教学学术制度建设的理论构想，并且以大学教师教学发展的框架研究为教学学术问题，并没有突出教学学术的本质特点，因而也就发现不了真正的问题。笔者首先从理论上追踪教学学术的历史渊源和发展脉络，理清教学学术的本质内涵和评价标准；其次以教学学术的本质特征为研究框架调查我国研究型大学教师教学学术发展的现状，结果为：大学教师教学学术知识生成的途径单一、教学学术研究的主题随机、教学学术交流的意识淡漠、教学学术的保障机制不健全。

其三，基于中国社会发展和高等教育改革的大背景，笔者运用场域动力理论分析影响大学教师教学学术发展的观念、理论和制度三大系统因素之间的关系。发现大学教师的观念因素消解了教师进行教学研究的个体动力；大学的相关制度削弱了学校场域给予教师发展教学学术的动力；高等教育教学理论的缺陷和重科研轻教学的态势形成了高等教育的整体社会场域系统，这个系统也不利于教师发展教学学术。研究既基于教学学术的内在逻辑，又基于我国高等教育发展的社会背景，发现了问题的实质，具有较好的内在效度。

其四，研究尝试构建了促进大学教师教学学术发展的理论路径：首先，大学教师通过职前培训与在职培训两种途径，以“研修环”与“实践环”为两种学习模式，创新、建构、展示、提升教学内容知识。其次，开展本科生研究性教学，进行有效的教学反思和系统的课堂教学研究。再次，充分利用现代教育技术资源，进行教学学术交流。最后，确立大学教师教学的学术责任、建立并完善大学教师教学学术发展的组织和制度保障。

教学学术是一个涉及众多因素的问题，因此大学教师教学学术发展是一个系统的工程。在大学教师教学学术发展的过程中，需要多主体自觉承担责任，共同努力发挥合力作用。

大学教师成为学者型教师。大学教师的学术，既体现在他们必须严肃认真、锲而不舍地从事研究工作，发现新知，拓宽知识的领域，使大学充满生机和活力；也体现在与“自己的专业并进，通晓所在领域的文献著作，并熟练地把这些信息传达给学生”。[①] 因此，大学教师是集学术研究与教书育人双重职业责任于一身的学者型教师。他们不仅要探索未知、获取新知，还要传播新知、培育心智，更要将学生领入科学研究的大门，与学生合作完成发现新知的任务。这决定了他们的教学重点在于刺激思维，激发灵感。他们必须有责任通过研究不断更新课程教学内容，主动学习掌握最新教学技能，不断提升自己的教学能力，使自己的教学保持较高的学术水平。同时，学者型的大学教师必须应当认识到自身对于大学教学制度改革负有不可推卸的责任，并勇于承担这一责任，从课堂教学组织与管理的基本方式开始，开启大学教学改革之旅。

① 欧内斯特·博耶. 大学：美国大学生的就读经验[M]. 徐芃，李长兰，丁申桃，译. 北京：北京师范大学出版社，1993：112.

教学学术共同体的创建是大学教师教学学术发展的行进过程。虽然大学教师是大学教学学术责任的核心行使者，但这种责任的行使需要大学内部诸多因素的共同协作，以保证教学学术工作的正常运行。大学要促进教师教学学术的发展，就要为教师创建适宜教学学术的环境和制度保障。首先，应重建大学教学评价和激励体系，平衡教师的教学和科研关系，并开发各类项目，促进教师教学能力发展，帮助提高教学质量。其次，应创建大学教学学术共同体。大学既要营造创新型教学文化氛围，构筑打破教学隔离、走向协作的教学研究团体，还要通过学校的相关机构和平台的良好互动，为教学学术共同体的有效运作创造良好的条件。

学术评价制度的改革是大学教师教学学术的保障。大学教师的学术评价制度影响大学教师切身利益，它的价值导向是大学教师学术选择的风向标。目前，人们重视教学的观念并没有动摇大学学术评价中科研高于教学的评价制度，这对大学教师评价制度中重论文出版而轻教学质量起到了决定性作用。由此，要保障大学教师的教学学术发展，就要从高校学术评价制度的根本性改革开始，使大学教学的学术得到与发现的学术同等的重视。加大教学学术在教师学术评价中的比重，增加教师职称晋升评审中教学学术评价的权重，采用量化评价和质性评价相结合的方法评价教师的教学，建立教师教学学术评价的激励机制等，都具有进一步细化研究的必要性。

笔者的研究存在着诸多的困难和不足之处。首先，我国大学类型多样，发展基础和目标各不相同。限于精力所限，笔者只选择了以建设"高水平区域特色研究型大学"为目标的一所大学为个案，调查了教师教学学术的现状和发展问题，构建了基于个案的教师教学学术发展路径。此案例若要在其他大学推广，具有很多的现实制约因素，需要结合具体的环境，在方法上进行一定的调整。其次，教学学术既是一种教学水平，又是一种学术类型，限于理论基础，本研究只选择从学术的要素视角分析大学教师教学学术的现状和发展问题，而非判断大学教师的教学学术水平高低。对于大学教师教学学术水平的审视，有待以后进一步努力。

另外，大学是一个由学者和学生组成的寻求真理的共同体。[①] 就本科生而言，他们既要接受狭义和特殊的职业训练，掌握特殊的技能，同时又要熟悉科研工作和科学方法。[②] 如何训练本科生的科研素养，使他们具备与大学教授合作发现新知的能力，奠定以后进行科学研究的基础，是大学教师教学的责任和目标之一。通过详细的计划，调查本科生的学习兴趣和需求，研究本科生学的学术，是促进大学教师教学学术发展极为重要的配套措施，也是本研究下一步努力的方向。

---

① 卡尔·雅斯贝尔斯．大学之理念[M]．邱立波，译．上海：上海人民出版社，2007：22．

② 卡尔·雅斯贝尔斯．大学之理念[M]．邱立波，译．上海：上海人民出版社，2007：90．

参考文献

中文著作类:

[1]泰勒.课程与教学的基本原理(英汉对照版)[M].罗康,张阅,译.北京:中国轻工业出版社,2008.

[2]麦克·F.D.扬.知识与控制:教育社会学新探 [M].谢维和,朱旭东,译.上海:华东师范大学出版社,2002.

[3]孙亚玲.课堂教学有效性标准研究[M].北京:教育科学出版社,2008.

[4]迈克尔·W.阿普尔.教育与权力(第二版)[M]. 曲囡囡,等,译.上海:华东师范大学出版社,2008.

[5]迈克尔·W.阿普尔.意识形态与课程[M].黄忠敬,译.上海:华东师范大学出版社,2001.

[6]小威廉姆E.多尔.后现代课程观[M].王红宇,译.北京:教育科学出版社,2000.

[7]余文森.有效教学的理论和模式[M].福州:福建教育出版社,2011.

[8]余文森.有效教学十讲[M].上海:华东师范大学出版社,2009.

[9]鲍里奇.有效教学方法[M].易东平,译.南京:江苏教育出版社,2002.

[10]佐藤学.静悄悄的革命——创造活动、合作、反思的综合学习课程[M].李季湄,译.长春:长春出版社,2003.

[11]范梅南.教学机智——教育智慧的意蕴[M].李树英,译.北京:教育科学出版社,2001.

[12]石中英.教育学的文化性格[M].太原:山西教育出版社,2001.

[13]亚里士多德.尼各马可伦理学[M].廖申白,译注.北京:商务印书馆,2003.

[14]陈向明.质的研究方法与社会科学研究[M].北京:教育科学出版社,2000.

[15]李悦娥,范宏雅.话语分析[M].上海:上海外语教育出版社,2001.

[16]李钢.话语　文本:国家教育政策分析[M].北京:社会科学文献出版社,2009.

[17]约翰·杜威.我们怎样思维:经验与教育[M].姜文闵,译.北京:人民教育出版社,2005.

[18]唐纳德·A.舍恩.培养反映的实践者[M].郝彩虹,等,译.北京:教育科学出版社,2008.

[19]约翰·布鲁贝克.高等教育哲学[M].王承绪,等,译.杭州:浙江教育出版社,1987.

[20]约翰·亨利·纽曼.大学的理想[M].徐辉,顾建新,何曙荣,译.杭州:浙江教育出版社,2001.

[21]欧内斯特·L.博耶.关于美国教育改革的演讲1979—1995[M].涂艳国,方彤,译.北京:教育科学出版社,2002.

[22]王墨卿.听李敖讲学问[M].西安:陕西师范大学出版社,2009.

[23]欧内斯特·博耶.大学:美国大学生的就读经验[M].徐芃,李长兰,丁申桃,译.北京:北京师范大学出版社,1993.

[24]欧内斯特·L.博耶.学术水平反思——教授工作的重点[A].国家教育发展研究中心.发达国家教育改革的动向和趋势(第五集)[C].北京:人民教育出版社,1994.

[25]约翰·S.布鲁贝克.高等教育哲学[M].王承绪,等,译.杭州:浙江教育出版社,2001.

[26]严群.亚里士多德及其思想[M].北京:商务印书馆,2011.

[27]张汝伦.激情的思想[M].济南:山东教育出版社,1999.

[28]国家教育发展研究中心.发达国家教育改革的动向和趋势(第五集)[M].北京:人民教育出版社,1994.

[29]罗曼.掌握教学技巧(第2版)[M].洪明,译.杭州:浙江大学出版社,2006.

[30]玛丽埃伦·韦默.以学习者为中心的教学:给教学实践带来的五项关键变化[M].洪岗,译.杭州:浙江大学出版社,2006.

[31]托马斯·A.安吉洛,K.帕特丽夏·克罗斯.课堂评价技巧:大学教师手册(第2版)[M].唐艳芳,译.杭州:浙江大学出版社,2006.

[32]戴尔蒙德.课程与课程体系的设计和评价实用指南[M].黄小苹,译.杭州:浙江大学出版社,2006.

[33]戴维斯.教学方法手册[M].严慧仙,译.杭州:浙江大学出版社,2006.

[34]斯蒂芬·D.布鲁克菲尔德.大学教师的技巧:论课堂教学中的方法、信任和回应[M].周心红,洪宁,译.杭州:浙江大学出版社,2005.

[35]L.迪·芬克.创造有意义的学习经历:综合性大学课程设计原则[M].胡美馨,刘颖,译.杭州:浙江大学出版社,2006.

[36]威尔伯特·麦肯齐.大学教学精要:高等院校教师的策略、研究和理论[M].

徐辉,译.杭州:浙江大学出版社,2005.

[37]李德顺.价值论:一种主体性的研究(第3版)[M].北京:中国人民大学出版社,2013.

[38]马克斯·范梅南.教学机智——教育智慧的意蕴[M].李树英,译.北京:教育科学出版社,2001.

[39]乔治·赫伯特·米德.心灵、自我与社会[M].赵月瑟,译.上海:上海译文出版社,1992.

[40]陈向明.搭建实践与理论之桥——教师实践性知识研究[M].北京:教育科学出版社,2011.

[41]吕洪波,教师反思的方法[M].北京:教育科学出版社,2006.

[42]钱伟长.论教育[M].上海:上海大学出版社,2006.

[43]唐纳德·舍恩:反映的实践者[M].夏林清,译.北京:教育科学出版社,2007.

[44]施良方,崔允漷.教学理论:课堂教学的原理、策略与研究[M].上海:华东师范大学出版社,1999.

[45]雅斯贝尔斯.什么是教育[M].邹进,译.北京:生活·读书·新知三联书店,1990.

[46]蔡春.在权利与权利之间——教育政治学导论[M].北京:北京师范大学出版社,2010.

[47]刘大文.教与学原理[M].北京:电子工业出版社,1989.

[48]范良火.教师教学知识发展研究[M].上海:华东师范大学出版社,2003.

[49]卡尔·雅斯贝尔斯.大学之理念[M].邱立波,译.上海:上海人民出版社,2007.

中文学位论文类:

[50]李利.职前教师实践性知识发展研究[D].苏州:苏州大学,2012.

[51]张立新.教师实践性知识形成机制研究——基于教师生活史的视角[D].上海:上海师范大学,2008.

[52]程凤农.教师实践性知识管理研究[D].济南:山东师范大学,2014.

[53]陈振华.论教师成为教育知识的建构者[D].上海:华东师范大学,2003.

[54]李志超.三级课程管理的权力运作研究[D].重庆:西南大学,2013.

[55]韩春燕.高校教师教学学术理念的更新研究[D].重庆:西南大学,2013.

[56]李欢.博耶教学学术思想研究及启示[D].开封:河南大学,2010.

[57]宋燕.大学教学学术及其制度保障[D].武汉:华中科技大学,2011.
[58]王恩华.学术越轨与大学学术管理[D].武汉:华中科技大学,2004.
[59]杨鸿.教师教学知识的统整研究[D].重庆:西南大学,2010.

中文期刊论文类:

[60]毕力格图.数学教师学科教学知识发展的双环模式探究[J].中小学教师培训,2011(1).

[61]周作宇,周廷勇.大学生就读经验:评价高等教育质量的一个新视角[J].大学·研究与评价,2007,1.

[62]申继亮,刘加霞.论教师的教学反思[J].华东师范大学学报(教育科学版),2004(3).

[63]徐燕兰.论交流、合作与教师专业发展[J].教育与职业,2006(29).

[64]马廷奇.论大学教学自主与教学责任[J].中国高等教育,2008(11).

[65]张书晗.开放存取:重构学术交流机制的新模式[J].现代情报,2006(6).

[66]金钊.骨干教师培训的理论基础[J].北京教育学院学报,2012(2).

[67]杨鸿,朱德全.论教学知识的结构[J].复印报刊资料(教育学),2009(3):108—114.

[68]辛涛,申继亮,林崇德.从教师的知识结构看师范教育的改革[J].高等师范教育研究,1999(6).

[69]王建华.大学教师发展——"教学学术"的维度[J].现代大学教育,2007(2).

[70]王玉衡.试论大学教学学术运动[J].外国教育研究,2005(12).

[71]屈波,程哲,马忠.基于自主性学习和研究性教学的本科教学模式的研究与实践[J].中国高教研究,2011(4).

[72]程彦楠:大学青年教师专业发展实施模式探析——以上海海洋大学推进FD制度为例[J].中国轻工教育,2008(4).

[73]陈向明.实践性知识:教师专业发展的知识基础[J].北京大学教育评论.2003(1).

[74]龚放.高等教育的本质特点不容忽视[J].高等教育研究,1995(1).

[75]陈志伟.20世纪80年代美国高等教育改革启示[J].河南科技,2009(6).

[76]徐陶.杜威的探究理论与当代认知科学研究[J].天津社会科学,2010(3).

[77]姚丽霞,洪明.美国真的处于危险中吗?——20世纪80年代以来美国教育改革主旨探析[J].福建师范大学学报(哲学社会科学版),2006(1).

[78]张春蕾.浅析美国大学学费上涨新趋势[J].牡丹江教育学院学报,2013(3).

[79]王晓瑜.极端中创造平衡　构建新型学术范式——论大学教学学术思想的发展轨迹[J].现代教育科学,2010(2).

[80]王玉衡.试析印第安纳大学布卢明顿分校提高本科生教学质量新举措[J].世界教育信息,2009(8).

[81]陈伟,易芬云.从遮蔽到去蔽:教学学术发展的制度分析[J].高教探索,2010(4).

[82]周光礼,马海泉.教学学术能力:大学教师发展与评价的新框架[J].教育研究,2013(8).

[83]袁维新.教学学术:一个大学教师专业发展的新视角[J].高教探索,2008(1).

[84]王江,杨全印.关于教育研究的目的、结果与思维方式的思考[J].江苏高教,2001(1).

[85]王玉衡.美国大学推进教与学学术研究的新举措[J].中国大学教学,2009(8).

[86]王玉衡.让教学成为共同的财富:舒尔曼大学教学学术思想解读[J].比较教育研究,2006(5).

[87]王玉衡.美国大学文化发展新趋向——教师发展从关注自身专业到关注学生学习[J].外国教育研究,2008(9).

[88]李政云,徐辉.卡内基教学促进基金会对美国高等教育的影响及其机制分析[J].高等教育研究,2007(6).

[89]王玉衡.卡内基教学促进基金会:美国大学教学学术运动的推动者[J].大学研究与评价,2008(5).

[90]俞信,于倩.着力提高大学教师的教学学术水平[J].中国高等教育,2000(13).

[91]耿冰冰.大学教师教学学术水平初探[J].学位与研究生教育,2002(2—3).

[92]綦珊珊,姚利民.教学学术内涵初探[J].复旦教育论坛,.2004(6).

[93]姚利民.教学学术及其价值[J].河北科技大学学报(社会科学版),2010(4).

[94]蒋喜锋,彭志武.当教学成为学术——教学学术理论的深层意蕴及启示[J].江苏高教,2011(1).

[95]张其志.大学教师教学学术评价的若干问题[J].高教探索,2011(4).

[96]周鲜华,黄勇,马季坤.基于“九成份”模型的教学学术评价体系研究[J].沈

阳建筑大学学报(社会科学版),2011(7).

[97]宋燕. 基于“四维度”的我国大学教学学术水平现状分析[J]. 现代教育管理,2013(10).

[98]王若梅. 大学教学学术评价方法之研究[J]. 江苏高教,2012(5).

[99]魏戈. 国内一流大学教师教学学术研究——来自北京大学的实证调查[J]. 复旦教育论坛,2014(2).

[100]陆根书,等. 大学教师的学术工作:类型、特征及影响因素分析[J]. 复旦教育论坛,2010(6).

[101]王玉衡. 威斯康星大学实践美国大学教学学术思想述评[J]. 比较教育研究,2008(1).

[102]史静寰,许甜,李一飞. 我国高校教师教学学术现状研究——基于44所高校的调查分析[J]. 高等教育研究,2011(12).

[103]冯军. 论大学教学学术的培育[J]. 教育发展研究,2010(7).

[104]方学礼. 基于教学学术的大学教师职务评聘制度重构[J]. 教师教育研究,2010(4).

[105]杨超. 大学教学学术发展的制度环境及其治理途径[J]. 现代教育管理,2014(3).

[106]刘春宏,时伟. 大学教学管理制度的缺陷与对策——大学教学学术的视角[J]. 理工高教研究,2008(2).

[107]王芳亮,道靖. 教学学术视阈下高校教学评价制度的反思与重建[J]. 黑龙江高教研究,2012(8).

[108]步达,郭胜伟,胡琦石. 基于“教学学术”理论的大学制度构建路径之探析[J]. 现代教育科学,2012(6).

[109]项聪. 基于教学学术的高校本科教学内部质量保障体系构建[J]. 黑龙江教育(高教研究与评估),2011(8).

[110]孙艳霞. 教学学术视角下的高校教师教学监控能力标准探析[J]. 河北大学学报(哲学社会科学版),2012(3).

[111]黄培森. 教学学术视角下大学初任教师专业发展的逻辑[J]. 首都师范大学学报(社会科学版),2014(3).

[112]姚利民,綦珊珊,郑银华. 大学教师成为教学学术型教师之路径探讨[J]. 大学教育科学,2006(5).

[113]韩建华. 教学学术观念及其对大学教师专业发展的启示[J]. 江西社会科学,2009(8).

[114]昌晓莉.高校管理者教学学术理念的确立与大学教师的专业发展[J].教育探索,2011(11).

[115]高晓清:学术自由与学术规范[J].现代大学教育,2003(2).

[116]李志厚,王嘉毅.教学知识工程化:一个理论见之于实践的研究领域[J].教育理论与实践,2009(28).

[117]林一钢,潘国文.探析教师实践性知识及其生成机制[J].全球教育展望,2013(10).

[118]李家鹏.论促进高校青年教师成长的策略[J].江苏高教,2008(1).

[119]付八军.论大学教师的职前培养体制[J].教育研究,2011(4).

[120]奚丽萍.教育同质化现象论[J].教育研究与实验,2009,(5).

[121]卢彩晨.论大学趋同现象[J].大学研究与评价,2008,(4).

[122]韩洪文,田汉族,袁东.我国大学教学模式同质化的表征、原因与对策[J].教育研究,2012(9).

[123]曾涛,赵岚.开放存取资源在线集成服务平台建设模式与技术研究[J].中小企业管理与科技(中旬刊),2014(5).

[124]张立新,付一书.教师教学学术发展:合作研究的视角[J].黑龙江高教研究,2012(12).

[125]蒯正明.制度系统的构成、层次架构与有效运作[J].南部学坛,2010(6).

[126]陈超,郄海霞.美国研究型大学的教学激励机制及其启示[J].高等教育研究,2011(5).

[127]张其志.设置教学型教授的合理性辩解——基于教学学术的视角[J].高校教育管理,2013(3).

[128]刘奔.交往与文化[J].中国社会科学,1996(2).

[129]张忠华.教学学术研究的实施方式[J].中国高等教育,2012(7).

英文期刊和著作类:

[130] Adcroft A, Lockwood A. Enhancing the Scholarship of Teaching and Learning: An Organic Approach[J]. *Teaching in Higher Education*, *2010*, *15*(5).

[131]Altbach P G. *The International Academic Profession: Portraits of Fourteen Countries* [M]. Princeton: The Carnegie Foundation for the Advancement of Teaching, 1996.

[132]Atkinson M P. The Scholarship of Teaching and Learning: Reconceptualizing Scholarship and Transforming the Academy[J]. *Social Forces*, *2001*, *79*(4).

[133]Barr R B, Tagg J. From Teaching to Learning: A New Paradigm for Undergraduate Education[J]. *Change*, *1995*, *27*(6).

[134]Bass R. The Scholarship of Teaching: What's the Problem? [J]. *Invention*, *1999*, *1*(1).

[135] Bergland H M. *Scholars Learning Communities: An Investigation of Community as Bridge between Acdemic and Student Affairs*[D]. Dissertation Presented in Partial Fulfillment of the Requirements for the Degree of Doctor of Philosophy with a Major in Education in the College of Graduate Studies, University of Idaho. December 2005. Abstract. Iii.

[136]Bender E T. CASTLs in the Air: The SoTL "Movement" in Mid-flight [J]. *Change*, *2005*(37).

[137] Boyer E L. *Scholarship Reconsidered: Priorities of the Professoriate* [M]. San Francisco: Jossey-Bass, 1990.

[138]Braxton J, Luckey W, Helland P. Special Issue *Institutionalizing a Broader View of Scholarship through Boyer's Four Domains*[M]. San Francisco, CA: Jossey-Bass, 2002.

[139]Brew A, Ginns P. The Relationship between Engagement in the Scholarship of Teaching and Learning and Students' Course Experiences[J]. *Assessment and Evaluation in Higher Education*, *2008*, *33*(5).

[140]Burke D D, Johnson R A, Kemp D J. The Twenty-First Century and Legal Studies in Business: Preparing Students to Perform in a Globally Competitive Environment[J]. *Journal of Legal Studies Education*, *2010*, *27*(1).

[141] Burns S, Merchant C, Appelt E. Campus Survey on the Status of the Scholarship of Teaching and Learning (SoTL) by Health Science Faculty[J]. *Education*, *2010*, *133*(4).

[142]Buskist W, Carlson J F, Christopher A N, Smith R A. Models and Exemplars of Scholarship in the Teaching of Psychology[J]. *Teaching of Psychology*, *2008*, *35*(4).

[143]Cambridge B L. The Scholarship of Teaching and Learning? [J]. *Journal of Scholarship in Teaching and Learning*, *2000*, *1*(1).

[144]Clarkv T N. Institutionalization of Innovation in Higher Education: Four Models[A]. In Baldridge J V (ed.), *Academic Governance: Research on Institutional Politics and Decision Making*[C]. Berkeley, CA: McCutchan, 1971.

[145]Colbeck C, Michael P W. The Public Scholarship: Reintegrating Boyer's Four Domains[A]. In BraxtonJ(ed.), *Analyzing Faculty Work and Rewards: Using Boyer's Four Domains of Scholarship* [C]. San Francisco, CA: Jossey-Bass, 2006.

[146]Cross K P. Classroom Research: Implementing the Scholarship of Teaching[J]. *New Directions for Teaching and Learning*, *1998*, *75*(4).

[147]Curry B K. Institutionalization: The Final Phase of the Organizational Change Process[J]. *Administrator's Notebook*, *1991*, *35*(1).

[148]Daniel D B, Poole D A. Learning for Life: An Ecological Approach to Pedagogical Research[J]. *Perspectives on Psychological Science*, *2009*, *4*(1).

[149]Dewey J. *Logic: The Theory of Inquiry*[M]. Carbondale and Edwardsville: Southern Illinois University Press, 1991.

[150]Diamond R M, Adam B E. *The Discipline Speak II: More Statements on Rewarding the Scholarly, Professional, and Creative Work of Faculty*[M]. Washington, DC: American Association for Higher Education, Stylus Publishing, LLC, 2000.

[151]Elbaz F. *Teaching Thinking: A Study of Practical Knowledge*[M]. London: Croom Helm, 1983.

[152]Felder R M. The Scholarship of Teaching[J]. *Chemistry and Engineering Education*, *2000*, *34*(2).

[153]Glassick C E, Huber M T, Maeroff G I. *Scholarship Assessed: Evaluation of the Professoriate*[M]. San Francisco: Jossey-Bass, 1997.

[154]Healey M. Developing the Scholarship of Teaching in Higher Education: A Discipline Based Approach[J]. *Higher Education Research and Development*, *2000*, *19*(2).

[155]Henderson B B, Buchanan H E. The Scholarship of Teaching and Learning: A Special Niche for Faculty at Comprehensive Universities? [J]. *Research in Higher Education*, *2007*, *48*(5).

[156]Huber M T, Hutchings P. Building the Teaching Commons [J]. *Change*, *2006*, *38*(3).

[157]Hutchings P, Shulman L S. The Scholarship of Teaching: New Elaborations, New Development [J]. *Change*, *1999*, *31*(5).

[158]Kagan D M. Professional Growth Among Preservice and Beginning Teach-

ers[J]. *Review of Educational Research*, *1992*, *62*(2).

[159]Kember D, Ginns P. *Evaluating Teaching and Learning*: *A Practical Handbook for Colleges*, *Universities and the Scholarship of Teaching*[M]. Routledge, 2012.

[160]Kornblith G J, Lasser C. Beyond Best Practices: Taking Seriously the Scholarship of Teaching and Learning[J]. *The Journal of American History*, *2006*, *92*(4).

[161]Kreber C. Implementation in Faculty Development and Graduate Education [J]. *New Directions for Teaching and Learning*, *2001*(86).

[162]Kreber C. *Scholarship Revisited*: *Perspectives on the Scholarship of Teaching* [M]. San Francisco, CA: Jossey-Bass, 2001.

[163]Kreber C. Controversy and Consensus on the Scholarship of Teaching[J]. *Studies in Higher Education*, *2002*, *27*(2).

[164]Kreber C. Teaching Excellence, Teaching Expertise, and the Scholarship of Teaching[J]. *Innovative Higher Education*, *2002*, *27*(1).

[165]Kreber C. Charting a Critical Course on the Scholarship of University Teaching Movement[J]. *Studies in Higher Education*, *2005*,(4).

[166]Kreber C, Castledenb H, Erfani N, Wright T. Self-regulated Learning about University Teaching: An Exploratory Study[J]. *Teaching in Higher Education*, *2005*, *10*(1).

[167]Kreber C, Cranton P A. Exploring the Scholarship of Teaching[J]. *The Journal of Higher Education*, *2000*, *71*(4).

[168]Kuh G D, Shouping Hu. Learning Productivity at Research Universities [J]. *The Journal of Higher Education*, *2001*, *72*(1).

[169]Lewin K T. *Resolving Social Conflicts*[M]. New York: Harpper and Brother Publishers, 1948.

[170]Lewin K T. *Field Theory in Social Science*[M]. New York: Harpper and Brother Publishers, 1951.

[171]Micheal T, John A. Assessing the Scholarship of Teaching: Valid Decisions from Valid Evidence[J]. *New Directions for Teaching and Learning*, *2001* (86).

[172]Martensson K, Roxa T, Olsson T. Developing a Quality Culture through the Scholarship of Teaching and Learning[J]. *Higher Education Research and Development*, *2011*, *30*(1).

[173]Martin E, Benjamin J, Prosser M, & Trigwell K. Scholarship of Teaching: A Study of the Approaches of Academic Staff in Improving Student Learning [A]. In Rust C (ed.), *Improving Student Learning Outcomes*[C]. Oxford, Oxford Centre for Staff and Learning Development, Oxford Brookes University, 1999.

[174]McKinney K. The Scholarship of Teaching and Learning: Past Lessons, Current Challenges, and Future Visions[J]. *To Improve the Academy*, *2004*(22).

[175]McKinney K. *Enhancing Learning through the Scholarship of Teaching and Learning*[M]. San Francisco, CA: Jossey-Bass, 2007.

[176]Mckinney K. *Teaching and Learning*: *The Challenges and Joys Juggling* [M]. San Francisco: Jossey-Bass, 2007.

[177]Menges R J, Weimer M. *Teaching on Solid Ground*: *Using Scholarship to Improve Practice*[M]. San Francisco: Jossey-Bass, 1996.

[178]Moser D. To lift the Leaden-Eyed: The Historical Roots of Ernest L. Boyer's Scholarship Reconsidered[J]. *American Educational History Journal*, *2014*, *41*(2).

[179]Ochoa A. The Scholarship of Teaching: Yesterday, Today, and Tomorrow [J]. *The Journal of the Professoriate*, *2011*, *6*(1).

[180]Palmer A, Collins R. Perceptions of Rewarding Excellence in Teaching: Motivation and the Scholarship of Teaching[J]. *Journal of Further and Higher Education*, *2006*, *30*(2).

[181]Patton M Q. *Qualitative Evaluation and Research Methods* (*2nd ed.*) [M]. Newbury Park: Sage, 1990.

[182]Paulson M B. The Relation Between Research and the Scholarship of Teaching[J]. *New Directions for Teaching and Learning*, *2001*,(86).

[183]Prosser M, Trigwell K. *Understanding Learning and Teaching*: *The Experience of Higher Education*[M]. Buckingham: Society for Research into Higher Education and Open University Press, 1999.

[184]Rice R E. Toward a Broader Conception of Scholarship: The American Context[A]. In Whiston T G and Geiger R L (eds.), *Research and Higher Education*: *The United Kingdom and the United States*[C]. Buckingham: Society for Research into Higher Education and Open University Press, 1992: 125.

[185]Reynolds M C E. *Matter Knowledge Base for the Beginning Teacher*[C]. Oxford: Pergamon Press, 1989.

[186]Robinson J M, Nelson C E. Institutionalizing and Diversifying a Vision of the Scholarship of Teaching and Learning[J]. *Journal on Excellence in College Teaching*, *2003*(14).

[187]Schon D A. *The Reflective Practitioner: How Professionals Think in Action*[M]. New York: Basic Books, 1983.

[188]Schon D A. The New Scholarship Requires a New Epistemology[J]. *Change*, *1995*, *27*(6).

[189]Shapiro H N. Promotion and Tenure and the Scholarship of Teaching and Learning[J]. *Change*, *2006*(1).

[190]Shulman L S. Knowledge and Teaching: Foundations of the New Reform [J]. *Harvard Educational Review*, *1987*(57).

[191]Shulman L S. Taking Learning Seriously[J]. *Change*, *1999*, *31*(4).

[192]Shulman L S. From Minsk to Pinsk: Why a Scholarship of Teaching and Learning? [J]. *Journal of Scholarship of Teaching and Learning*, *2000*, *1*(1).

[193]Shulman L S. Taking Learning Seriously[A]. In Hutchings P(ed.), *Teaching as Community Property*, *Essays on Higher Education*[C]. San Francisco, CA: Jossey-Bass, 2004.

[194]Shulman L S. Just in Case: Reflections on Learning from Experience[A]. In Wilson S M (ed.), *The Wisdom of Practice: Essays on Teaching, Learning, and Learning to Teaching*[C]. San Francisco: Jossey-Bass, 2004: 480.

[195]Thomas P Y. Cloud Computing: A Potential Paradigm for Practising the Scholarship of Teaching and Learning[J]. *The Electronic Library*, *2011*, *29*(2).

[196]Trigwell K, Martin E, Benjamin J, Prosser M. Scholarship of Teaching: A Model[J]. *Higher Education Research and Development*, *2000*, *19*(2).

[197]Trigwell K, Shale S. Student Learning and the Scholarship of University Teaching[J]. *Studies in Higher Education*, *2004*, *29*(4).

[198]Uzokaa Faith-Michael, Fedoruka A, Osakweb C, Osujic J, Gibbd K. A Multi-criteria Framework for Assessing Scholarship Based on Boyer's Scholarship Model[J]. *Information Knowledge Systems Management*, *2013*, *12*(1).

[199]Walker J D, Baepler P, Cohen B. The Scholarship of Teaching and Learning Paradox: Results without Rewards[J]. *College Teaching*, *2008*, *56*(3).

[200]Weimer M. *Enhancing Scholarly Work on Teaching and Learning*[M]. San Francisco, CA: Jossey-Bass, 2006.

附　录

附录一　大学教师教学学术发展访谈提纲

受访教师化名：　　　性别：　　　教龄：　　　职务/职称：　　　访谈时间：

访谈人：

1.您经常学习自己所教学科的基本理论和前沿思想吗？途径是？

2.您经常学习教育和教学的基本理论和前沿思想吗？途径是？

3.您认为大学教师的角色和任务是什么？

4.您认为大学教师的学术是什么？大学教师的学术和教学的关系是什么？您是如何处理教学和学术的关系的？

5.请您谈谈所教课程的备课情况。

6.请您谈谈您的教学经验。

7.从教这些年，您的教学成长和教学经验主要来源于哪里？

8.您对自己的教学进行过反思吗？

9.对这些反思成果，您是如何处理的？

10.您平常写教学反思笔记、教学经验或者教学论文吗？可否略举一二例子？

11.您在教学中遇到问题(专业知识问题、课堂组织管理问题等)是怎么办的？

12.您个人和同事之间经常互相听课、互提建议吗？

13.您所在的学院，有哪些教师交流和发展的政策？

14.请您谈谈自己参加过教育教学的培训和感受，并谈谈自己参加过的教学研讨会。

15.您认为自己在所教学科和课程中，自主的成分有多少？

16.您认为教学是一门学术吗？为什么？

谢谢您的宝贵意见！

附录二　大学教师课堂教学行为观察记录表

教师化名：　　性别：　　教龄：　　课程：　　　　观察时间：　　观察人：

项目	分类	主要事件	观察者的解释
呈示	语言呈示		
	文字呈示		
	声像呈示		
	动作呈示		
	实物呈示		
对话	讨论		
	问答		
指导	指导阅读或练习		
	指导探究或实验		
	指导合作学习		
激发学生学习兴趣	言语激发		
	非言语激发		
教学交流	课堂上的交流		
	课间休息时的交流		
课堂强化技术	言语强化		
	非言语强化		
	符号强化（标志性强化）		
积极的教师期望	向学生传递积极的期望		
课堂教学时间分配	复习导入		
	学习新内容		
	总结课程内容		
课堂教学行为问题的管理	对学生迟到的处理		
	对课堂纪律的维持		
	对其他问题的态度		

后　记

本书是本人承担的国家社科基金教育学青年项目“大学青年教师教学学术发展机制研究”的研究成果之一。成书之际，向十几年来一直鼓励我、支持我的师友、亲人表达最诚挚的谢意。首先要感谢读博期间的两位导师——曾天山研究员和靳玉乐教授。曾老师持守相本，风度庄严，平易近人。靳老师学识渊博，幽默机智，宽厚仁爱。两位导师对我的学术研究和做人的引导，才使我有幸具备申请项目、完成项目的知识与能力。

其次要感谢靳老师的资助，将本书收录他担任总主编的“学校教育理论的创新与实践丛书”，并在国家一级出版社——西南师范大学出版社出版，这对于我这样一个刚开始做研究的青年教师而言，是莫大的鼓舞。作为他的学生，我唯有以更大的热情投入我国教师教育的研究，才是对老师最大的回报。

为了开展本研究，接受课题组访谈和观察课堂的21位教师，为我们无私奉献了他们精湛的上课技艺，毫无保留地共享他们关于教学的观点，丰富了我们的思想。如果没有他们的可贵资料，这个研究将无从进行，本书将无法成稿。

在书稿出版的过程中，西南师范大学出版社的黄璜主任和责任编辑黄丽玉老师不辞辛劳，时时提醒，处处把关，从书稿的封面到每一个文字，都仔细核对。这对于刚开始做研究、希望用更多的文字表达观点的我，是一个方向和指引。深深地感谢你们。

学然后知不足，教然后知困。与其说本书稿的完成是对本研究的一个段落交代，毋宁说它让我们发现了更多需要改进的地方，发现了更加无知的自己。学术之路漫漫矣！浮躁的心境无法达成做学问的“苦役”。若想为学术踵事增华，还是要潜心钻研。

历时五年的研究，将在本书的出版之际画上小小的句号，我也为此书的出版倾注了大量的心血。然而，它可能只是我个人不成熟的观点，其中更不乏错漏之处，还望细心的读者不吝赐教，我定会虚心更正。

李小红

2018年12月20日于南宁